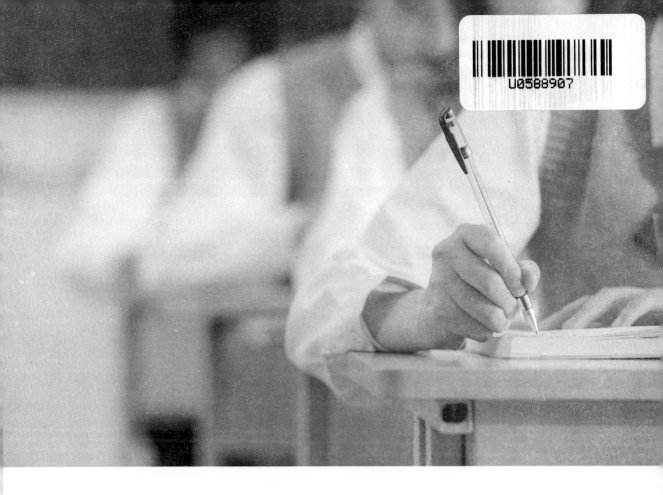

高校教育教学模式研究

郑小冬　李雅琳　张立立◎著

吉林出版集团股份有限公司
全国百佳图书出版单位

图书在版编目（CIP）数据

高校教育教学模式研究 / 郑小冬, 李雅琳, 张立立
著. -- 长春 : 吉林出版集团股份有限公司, 2023.9
　ISBN 978-7-5731-4246-7

　Ⅰ.①高… Ⅱ.①郑… ②李… ③张… Ⅲ.①高等学
校—教学模式—研究 Ⅳ.①G642

　中国国家版本馆CIP数据核字(2023)第172512号

高校教育教学模式研究

GAOXIAO JIAOYU JIAOXUE MOSHI YANJIU

著　　者	郑小冬　李雅琳　张立立	
责任编辑	孙　璐	
助理编辑	牛思尧	
开　　本	787 mm × 1092 mm　　1/16	
印　　张	11.25	
字　　数	260千字	
版　　次	2023年9月第1版	
印　　次	2023年9月第1次印刷	

出　　版　吉林出版集团股份有限公司
发　　行　吉林音像出版社有限责任公司
　　　　　（吉林省长春市南关区福祉大路5788号）

电　　话　0431-81629679
印　　刷　吉林省信诚印刷有限公司

ISBN 978-7-5731-4246-7　　定　　价　48.00元

如发现印装质量问题，影响阅读，请与出版社联系调换。

前　言

　　进入 21 世纪以来，随着改革的日益深入和我国经济社会的不断发展，我国高校教育的宏观背景和微观环境已发生了重大变化，培养具有创新精神和实践能力的人才成为社会对高校教育教学的必然要求。高校教育教学管理始终是我国高等教育的主要组成部分。随着社会主义市场经济的深入发展，我国高等教育由精英教育阶段迈向大众教育阶段之后，教育观念、教育价值及社会对人才的需求等诸多方面的变化都对高校教育教学提出了新的要求，促使高校教育教学和考试管理在观念、内容、方法等各个方面不断发展和改革，以适应知识和信息时代的社会变化及现代教育理念的新要求。

　　高等教育的创新发展与国家经济、政治、科技、文化等有着千丝万缕的联系，要聆听时代的声音，回应社会的呼唤。创新是前进的动力，从实践的角度来看，在高校教育中围绕培养创新型人才这一目标，有针对性地提高创新能力和技能的研究和实践，这是需要进行深入研究和探索的。教育教学创新重在实践，实践的核心在于教师，实践的主体在于学生。

　　本书是高校教育教学模式方向的著作，从高校教育教学的基础理论介绍入手，针对高校教育教学管理系统、教学管理功能以及教学的管理创新与实践进行了分析研究；另外，对高校教育信息化管理及教学、"互联网+"背景下高校课堂的教学模式及构建、"互联网+"的高校教育中慕课及微课教学模式做了一定的介绍；还对"互联网+"背景下高校教学模式的创新提出了一些建议；旨在摸索出一条适合高校教育教学模式工作创新的科学途径，帮助工作者在应用中运用科学方法，提高效率。

目 录

第一章　高校教育教学的基础理论

第一节　高校教育教学的概述

一、高校教育教学的作用与功能

高校教育教学的作用与功能就是教学活动的基本目标与任务，它主要源于三个方面：教师的需求目标、学生的需求目标、社会的需求目标。所以，教学活动的目标必须同时考虑教学活动的主体，即教师和学生的个人需求。教师通过教学传播知识，促进自我的进一步探究，同时引导学生获得专业技能的训练，从而获得满足与成就感。学生通过对社会愿望、个人兴趣以及基本能力的综合考虑，主动接受高校教育、参与教学活动，以达到身心和智力的全面发展。社会对教学活动的需求可能是具体而分层次的，教师和学生对教学活动的需求可能是抽象而含糊的。对这种矛盾冲突的认识和化解有利于教学方法的创新。

二、高校教育教学的主体与环境

高校教育教学的主体与环境是教学活动赖以开展的基本条件。教学主体就是有目的、有意识地进行教学实践活动和认识活动，并在教学活动中确立和体现主体地位的人。

这里的人包括三层含义：现实的人、动态发展的人、个体与群体相统的人。因此，学生也是教学活动的主体之一。教学环境是相对于教学主体而言的，它包括教学活动中除了教学主体之外的一切物质的、时空的、媒介的关系等方面，尽管环境在教学活动中处于从属地位，但对实现教学目标有极其重要的影响。

三、高校教育教学的形式与内容

高校教育教学的形式与内容往往表现得最为具体、生动，既反映内容与形式的对应关系，也反映形式与环境的协调关系，还反映教学活动直接主体（教师与学生）与间接主体（教学管理者）协商一致管理的特征。单从教学活动形式来看，就是内容、环境、主体的统一，如课堂教学、课外练习、社会实践三者关系的不同组合结果。如果从教学活动主体的作为来看，则有讲授活动、听课活动、师生研讨活动等，每一种活动，各自主体地位的表现是不同的。目前，我国开始注意发挥教师和学生的主动性，虽然对教学内容的选择权有所放开，但与教师自主裁量教学内容和学生在完全学分制下自由选择教学内容还有相当一段距离，且学生的职业规划与学校的学业指导工作短时间内难以跟上。

四、高校教育教学的特点与过程

高校教育教学的特点与过程是联系在一起的，教育与教学是一个循序渐进的过程，世界上没有任何一种瞬时性的教学活动，过程性本身就是教学活动的普遍特点，因此很多学者用"教学过程"代替"教学活动"，专注于研究高校教学过程而不刻意研究高校教育教学活动也是可以理解的，只是过程性特点不为高校教育教学所特有。所以，将两者混淆是不合理的，无论是对高校教育教学活动的瞬时考察还是从教学效果上分析，高校教育教学活动的特点都是十分明显的。具体有如下一些特点。

其一，专业性教学与综合性认知相结合。高校教育与基础教育的最大不同就在于知识的专业系统性，是属于建立在基础教育之上的专业教育：教学目标和内容按照不同学科专业领域的知识体系进行设计，教学组织形式也分专业进行。同时，高校教育教学活动的综合性认知也十分明显：在专业性教学内容与教学情景中，学生的知识、能力、素质得到全面培育。即使是一门十分专业的课程，在课程设置、活动设计中，也安排有定分量的基本素质和能力训练的内容和项目。教学活动对学生的影响是综合性的，对学生的培养是多方位的。其二，隐性教学与显性教学相结合。高校教育教学活动对人才培养的影响趋于多样化，传统课堂的直接影响、作业与练习的直观影响等属于显性活动部分，还有许多潜移默化的教学活动，如学术报告会、参观学习、社会调查、教师对学生得体的表扬或批评等，这些看似不规范的教学活动属于隐性教学活动，它的教育意义和对学生的影响绝不只是现场表现出来的结果，而要比现场深远得多、广泛得多。教育中的所谓"启发""养成"，其实就是对这种隐性教学活动功能的表述。其三，教学活动与科研活动相结合。科学研究活动是人类有意识地探究世界的实践活动，我们说高校教育教学活动是一种类似于人类认识世界实践活动的有效组织方式，本意在于表明高校教育教学活动不是纯粹的知识传授活动，也不纯粹是师生交往与情景感悟活动，而是以有目的地引导学生学会认知和探究世界的方法、训练基本的认知能力的活动。如果说本科生教学对这方面的要求只是初步的，那么研究生的教学则是典型的认识已知与探求未知的统一，就是教学活动与科研活动的统一，教师和学生在各自的教学活动任务中都可以实现认识已知与探索未知的结合。

五、高校教育教学的构成要素

高校教育教学是一个以动词为主的、内涵比较宽泛的偏正词组，它可以指由学校为实现人才培养目标所组织的任何行动。由于各校、各学科专业的人才培养目标、质量规格、层次要求不同，高校教育教学活动也表现出较大的差异性。但从每一个具体教学活动单元的结构来说，它们又有许多相似性，即都是由若干基本相同的要素所构成的开放性系统，不同教学情景就由这个系统的要素的不同组合产生。

关于高校教育教学活动构成要素的研究，历来有不同的争论。有的从共时性角度分析而有的从历时性角度分析。有的从关系角度分析而有的从表象角度分析，有的从深层结构分析而有的从表层结构分析。不同的分析角度决定了不同的分析结果，以至于出现从"三要素说"（教师、学生、教材）到"七要素说"（学生、教学目的、教学内容、教学方法、教学环境、教学反馈、教师）的巨大差异。客观地看，这种差异是正常的，特别是更加精细的结构要素划分，只要在逻辑上没有包含或遗漏，精细的分析应该得到提倡。联系高校教育教学活动的几个特点，我们认为一个比较完整的具体教学活动应该由教学主体、教学目的、教学信息、教学媒介、教学组织、教学环境六个要素构成。

①关于教学主体。以前往往以机械认识论为理论基础，从施教与被教角度考虑，认为教育参与者包括作为教育者的教师和受教育者的学生两个方面，即教学主体是教师，教学对象是学生。这实际上忽视了高校教育教学的特殊性，因为隐性的教学效果、探究性的教学活动都依赖于学生主体性作用的发挥，所以教师与学生是高校教育教学活动的共同主体。②关于教学目的。这是任何教学活动的基本要素，只是不同目的有层次上的高低差别。即使是高校教育的教学活动，其目的也有层次之分，比如一个专业培养方案中的教学目的、一门课程的教学目的、一节课堂的教学目的等等。就教学方法研究需要而言，这里的教育目的主要指一个课堂之类的教学活动的目的，其中有比较抽象的一般要求，也有比较具体的内容、技能目标。③关于教学信息。以前通常用教材等教学内容来表示。但实际上，教学内容有一部分应该包含在教学目的之中，作为目标性任务加以明确。同时，教材是教学内容的传统载体，而鉴于现在高校教育可供使用的教学材料日益丰富，来源途径远多于教材，故教材在高校教育教学活动中的地位越来越低。④关于教学媒介。教学媒介就是教学方法及实施方法的手段，由于现代教学技术在飞速发展，传统的方法归纳已经不能准确反映教学活动的实际情况。很多现代教学设施、技术被应用到高校教育教学活动中，其究竟属于什么方法，尚未明确界定。因此，我们称其为教学媒介，既包含了传统意义上的教学方法，又包含了现代教学技术，它是传递教学知识、

信息，增强教学信息刺激强度，提高教学影响效果的途径。⑤关于教学组织。没有组织就没有活动，就一个教学活动而言，教学组织不可缺少。在什么样的时间和空间、由哪些教师和学生参与、参与人员的规模以及教师或者学生在教学时间内的教学秩序维护等，都是教学组织的内容。还有教学评价，但它属于教学过程与质量管理范畴，不属于一个教学活动的内容。⑥关于教学环境。高校教育教学环境对教学活动的影响越来越大，根据教学活动的需要，不断对教学环境进行必要的调节和控制，有利于教学活动的顺利进行。经过选择、净化、提炼和加工处理的教学环境有利于教学主体实现追求真理、掌握知识、发展身心等目标。

六、高校教育教学模式，

（一）"集中式学习"的教学模式

相对来说，集中式学习是一种较为传统的教学模式。集中式学习是以教师为中心，即由教师根据教学计划中统一规定的课程内容和教学时数，把学生集中到一起按照学校的课程表进行分科教学的一种组织形式。该教学模式强调教师的主导作用。当教学规模不是很大时，集中式学习的这种组织形式相对来说是比较经济、有效的。

在这种组织形式下，教师的主导作用易于发挥，便于教师组织、监控整个教学活动的进程；有利于教学管理，使教学有目的、有计划、有组织地进行；有利于自然学科的学习，因自然学科中许多内容需要进行演示、分解和剖析以及有些内容需要学生亲自去感触等；其四是有利于学生之间以及师生之间的情感交流，充分体现情感因素在学习过程中的重要作用。尽管集中式学习有上述优点，但在高校教育教学活动中存在的弊端也是十分明显的。首先，这种教学模式无法解决学生参加学习时存在的工作与学习的矛盾、家庭与学习的矛盾以及分散居住与集中学习的矛盾；其次，它忽视了成人学生不同于其他学生在学习活动中的自主性和独特性；最后，集中式学习方式过分强调标准化、同步化、模式化，对学生知识的扩展会产生不利的影响。针对学生在学习过程中凸显的矛盾和问题，要真正保证教学效果、提高教学质量，就必须对现有的单一教学模式进行改革。

（二）"分布式学习"的教学模式

随着经济和信息技术的不断发展，社会总体人力资源的需求也发生了巨大变化，对各类高素质、高学历的专业技术人员的需求提高到了一个新的层次，对高校教育提出了更高的要求，并使得传统的教学模式受到了极大的挑战。

新的信息技术在教学活动中的应用。计算机网络的发展能够使教学内容得到有效的远距离传递，学生可以不必像以往那样，全体集中到一个地点，由教师面对面地传授知识。电子邮件可以支持学生之间、师生之间的交流与合作，解决学习中的问题，开展各种讨论，教学模式不再单一。因此，"分布式学习"的教学模式便应运而生，并迅速推广，借助国家把高校教育政策手段投入各地办学实践中。"分布式学习"是远程教育的建构主义，采用建构主义的学习环境的设计思想，将传统的以教师为中心改变为以学习者为主体，着重于为学习者提供丰富的资源建立自己的认识和理解。我们将这种新的远程教育形式称为"分布式学习"。

目前对"分布式学习"的教学模式的理解有几种观点：很多国家的学者认为"分布式学习"和远程教育是一样的，指的是各种不同于面对面教学的教育；还有的认为"分布式学习"是指开放和远程教育在传输课程时逐渐向使用新信息技术的转变；另有观点认为"分布式学习"可作为人机交互工作的一个整体。尽管对"分布式学习"有各种不同的描述，但"分布式学习"实际是一种教学模式，它强调的是"分布"，强调为学习者提供灵活的、突破时空限制的教育，适应社会经济发展以及对人才的需求。"分布式学习"教学模式的出现，使面对面教育和开放远程教育之间的边界逐渐消失而趋于融合；加强了以学习者为中心，更有效地促进学习者的学习；使我们认识到要根据时空分布方式的变化调整学习和教学策略；"分布式学习"强调的是学习环境，学习者分布在不同环境中，有着共同的任务，在"分布式学习"环境中共同合作完成学习任务，学习是不同环境的分布，不一定受限于正式的机构设置。

可以说"分布式学习"是未来学习方式发展的一个新趋势。也有人认为"分布式学习"模式可以结合传统课堂教学应用、结合远程教学应用或可用于创建有效的教学课堂。学生可能身处远方参加远程教育，也可能是集中式学习中的一员，但他们在索取资源、汲取知识时，所利用的资源不仅仅局限于教师或者某个机构，而是充分利用现代信息技术，利用分布在各个不同地方的资源，使学习资源远比以往的单纯的传统课堂授课方式丰富得多，所以，"分布式学习"强调的是资源的非集中化。另外，"分布式学习"的教学模式除了可以使学习者获得丰富的资源外，还可以是传统课堂授课方式的补充和灵活运用，如可通过电子邮件交作业、答疑，通过网络与教师、学生甚至专家进行交流和讨论，等等。这一教学模式在成人教育教学活动中的优势十分明显，首先它解决了学生在学习中存在的工作与学习、家庭与学习、分散居住与集中学习的诸多矛盾，同时丰富了学习资源，学生获取知识的渠道更加宽广，教与学的方式变得更加灵活，学生学习的自主性也得到了加强，对于学生的发现性学习和研究性学习能力的培养也起到了很好的促进作用。

（三）"双元制"教学模式

"双元制"教学模式也可称为"双轨制"教学模式，是在传统的学徒培训制度基础上发展而形成的，"双元制"中的"一元"指职业学校，另"一元"则指企业。学校承担学习文化和基础技术理论，企业承担职业技能培训，两元结合完成教育任务，故称之为"双元制"。"双元制"是学校与企业分工协作，以企业为主；理论与实践紧密结合，以实践为主的一种成功的教育模式。学生在企业里接受职业技能培训的同时，又在学校里接受专业理论和普通文化知识的教育。这样，既能够使学生具备毕业后立即上岗的能力，又通过学校教育使之基本素质得到提高，从而具备继续学习和终身学习的基础。

"双元制"教学模式具有以下特征。职业培训在两个完全不同的地点进行 —— 企业和学校；受训者兼有双重身份 —— 学生、学徒；培训者由两部分人承担 —— 实训技师（师傅）、理论教师。教学内容原则上分两部分：企业培训按政府的培训条例和大纲进行；学校教育按国家和省级教育主管部门公布的教学大纲进行；教学管理上，企业培训由政府管理，受政府法规、条例等约束，学校教学由教育主管部门管理，受教育类法规约束。经费来源的两个渠道：企业培训的费用由企业承担；学校教学的费用由政府和学生承担"双元制"教学模式是以职业能力为本位的培训模式；以市场和社会需求为导向的运行机制。

"双元制"在20世纪90年代，应用到高校教育教学实践中，成为一种特点鲜明同时富有成效的人才培养模式。经过多年的发展，已经取得了一些成就。有许多实践性较强的专业已采取了这种教学模式，例如，汽车维修、炼钢和轧钢、保险、物业管理、机械制造和医疗等。"双元制"教学模式的应用为我国教育发展提供了宝贵的案例资源，从中可以看到"双元制"教学模式的以下一些优势：

第一，改革了专业课的课堂教学模式，促进了学生技能的提高。"双元制"教学以职业能力为本位，各院校在实践中都突出了实践性的原则，使学生在学习的同时获得了职业工作的经验，与传统的课堂型职业教育形式相比存在明显的优势。

第二，加强了学校与社会和企业的联系。"双元制"教学模式打破了传统封闭的办学方式，由学校和企业共同承担培养学生的责任。因此，在办学中学校增强了与外界的沟通，更多地了解了社会和企业对人才的需求情况，克服了以往办学的盲目性。

第三，加快了师资队伍的建设，教师的理论水平和实际水平都有所提高。在"双元制"办学过程中，提高了专业教师的实践能力，改变了以往的教师基本上是学科型的、实践能力不高、动手能力不强的状况。

第四，各院校借鉴"双元制"教学模式，改革了课程结构，丰富了教学内容，使教学方法灵活多样，促进了教学模式的改革。

第二节　高校教育教学的理念

一、更新教学理念

（一）更新教育思想，形成实践教育教学理念

实践是指将高校教育教学内容中的自然科学知识、人文知识、德育等各种理论知识教育，通过具体的系统实践来消化、固化、融合、升华。在实践中统一科学教育与人文教育，把实践育人贯穿人才培养的全过程，培养学生的实践能力和创新精神，并提升个人人文素质和科学素质，从而达到完全与社会实际需要相符合。高校在校园文化建设中要建立一种新的激励机制，带动学生积极展开创新创业活动，并给予大力支持，全面推

进实践教育。

（二）树立以生为本的教学理念

在教育教学中要体现出对学生主体地位的充分理解和尊重，对学生潜能的充分诱导和挖掘，对学生人格的充分培养和塑造，把学生的个人意愿、社会的人才需求、学校的积极引导有机结合起来，使学生在知识、能力、思想道德、身心健康等各方面得到均衡、全面地发展，从而促进学生成长和成才。这一教学理念要充分贯彻体现到高校教学环节之中的各个方面。在教学模式上，实施弹性教学计划，建立学分制、主辅修制，让学生有一定的选择权和支配权，可以自由支配属于自己的时间和空间，着力于学生创新能力和实践能力的培养；在教学目的上，要一切为了学生，为了学生的一切，为了一切学生；在教学方法上，要大力提倡"以学生为主体、教师为主导"的互动式教学方法，鼓励进行问题式、案例式、讨论式、情境式教学法，开展"启发、互动、探究式"的课堂教学实践，采取一系列措施，使教师由传统式知识传授型教学向现代式研究型教学转变，引导学生由被动接受型学习向研究型学习转变。

（三）灵活多样的教学组织形式

在教学组织的具体实施方面，应采取灵活多样的教学组织形式，对传统教学方式进行创新，充分发挥学生的个性，对学生进行激发和引导，使学生经过探索研究而学会自主学习，同时使教学方式从传授知识向培养学生认知能力和全面素质转变。转变以教师、课堂、书本为中心的教学局面，进行师生互动，展开专题讨论，鼓励自主探索与合作的学习方式，培养学生的探索精神与批判性思维；重视教学的创新性和学生个体间的差别指导，让学生在与教师的朝夕相处中耳濡目染，接受熏陶；以学生亲自动手实践为主，采取提供实践平台、鼓励学生积极参与科学研究实践课程创新的手段，增强教学活力，并培养学生获取新知识、分析和解决问题、交流与合作的能力。

（四）制定均衡的高校教育资源配置政策

在重点大学和普通大学之间要实现教育资源配置的均衡。在建设和发展"双一流"大学的同时也要兼顾一般大学，着力改善一般大学的办学条件。还要针对目前不同区域间高校教育差距越来越大的现象，制定相应的区域高校教育政策，寻求不同教育资源在区域间配置的平衡，增强区域高校教育发展的动力。

科学合理地安排高校教育的学科专业布局，加强教学内容和课程体系创新。合理安排课程设置，高校的办学理念、专业与课程设置、教学模式要与社会需求相一致，培养与社会需求相符的人才。首先，在进行学科专业建设时依据"厚基础"原则构建培养本学科专业人才的基础知识、能力和素质结构。其次，在安排学科专业布局时要依据"宽口径"原则，拓宽学生的专业知识面，把专业设置从对口性向适应性改变，实行"宽口径"的专业教育，优化课程整体结构，拓宽专业课程交叉培养，提高教学质量，以及提高学生的综合素质，培养学生科学全面发展，为社会提供高素质人才。最后，高校要抓住自身特色，合理定位，遵循差异性原则，建设优势学科，避免模式单一，合理配置教育资源，促进教育公平，并促进高校教育科学发展。

（五）因材施教，树立以生为本的教学理念

因材施教，就是根据不同学生的个性特点来进行不同的教育活动，通过对差异性的辨析制订出适合其特点的教学计划。教育公平的实质不是使每一个学生都要获得同样的教育，而是使每个学生都获得适合自身的教育，这就是教育公平的适合性原则。我们要充分认识到学生是教育活动的主体，学生是发展的独立的人，每个学生都有自己独特的个性，我们要做到在制定教学目标、教学模式、教学内容以及教学方法等方面坚持以生为本的教学理念，尊重学生的主体地位，充分挖掘学生的潜能，使学生的个性得到充分发展，塑造学生的健全人格，促进学生的全面发展，并促进教育公平的实现。

（六）构建高校教育教学质量保证体系

高校教育教学的质量直接影响着人的全面发展，最终影响经济社会的发展，我们要依据相应的政策法规建立高校教育教学质量保证体系，规范学科专业建设，避免重复建设和教育资源浪费，构建独立的、有权威性的高校教育教学质量评估机构，加强对高校教育教学质量的监督，完善高校教育教学评估政策，充分发挥社会的监督作用，对高校教育教学质量进行监督。

总而言之，追求高校教育教学公平是促进高校教育公平的核心所在，也是促进高校教育创新发展的不懈动力，我们必须继续深化高校教育教学创新，优化高校教育结构，不断提高高校教育教学质量，实现人的全面发展，最终促进高校教育教学公平的实现。

二、办学特色形成

办学特色的形成如下：

第一，教育教学创新，培育办学特色。一所有特色的高校必定拥有自己独特的教育思想和教育教学理念，这种教育思想和教育教学理念能够在特定的时空环境中，指导高校在办学发展过程中的办学思想和办学理念，并能适应时代和社会对教育和人才培养的要求，符合教育思想和教育教学理念的创新要求，还符合教育创新发展和社会进步的一般规律，能够促进教育发展方向、人的全面发展及人才培养过程的优化。教育教学的创新必将带来教育思想的转变，先进的教育思想必将促进先进办学思想的实践，包括新的办学目标、办学模式的重新定位标准，是如何实现这一标准所采用的方法、途径以及对此办学实践效果的综合评价。

第二，构建学科特色，促进办学特色。学科特色建设是促进形成高校办学特色的关键所在。学科建设作为高校培育人才、科学研究和服务社会三大职能的具体承担者，它的建设和发展水平对高校的人才培养、科学研究、专业建设和师资队伍建设等方面的质量有着重要的影响，对高校办学特色的形成有着强有力的支持作用，并决定着学校的服务能力和水平及办学层次的高低。学科特色是高校办学特色中的标志性特色，是构成高校教育核心竞争力的主要组成部分。学科特色，一是特色学科，指某一特定的学科特色；

二是学科结构体系特色，指由几个特色学科共同组成的学科特色。特色学科是学科特色发展的基础，学科结构体系特色是学科特色的扩展，真正的特色学科具有不可替代性，是难以被模仿和复制的。

高校在学科建设上不能求"大"、求"全"、求"新"，而要求"精"和"尖"，要因校制宜地构建优势学科，发挥优势学科所附带的"品牌"效应，形成办学特色。有学者曾经说过，世界上地位上升很快的学校，都是首先在一两个学科领域中有所突破，而不可能在各个领域中同时突破，达到世界一流水平。学校要全力支持最优秀的学科，要有先有后，把优势学科变成全世界最好的，其他学科也就会自然而然地提升上来。所以，从某种意义上来讲，一所高校的学科优势所在，也就是这所大学的办学特色所在。

第三，发扬高校精神，形成办学特色。高校应该是思想自由、学术自由，培养人、完善人，不断提升人格和道德，追求学术真理的地方。高校精神就是在学校里做学问的心理状态和文化立场。高校精神是一所学校内所有成员在长期办学实践中共同创造、传承、逐步发展起来的，被学校所有成员共同认可而形成的一种精神理念，反映了一所学校的历史文化传统及面貌，是学校的精神信念和意志品质的准确表达，也是学校独特气质的精神形式和文明成果的表现，还是学校所有成员的精神支柱。高校精神犹如个人的品格，是高校最为核心和高度抽象的价值追求和行为规范，决定着高校的行为方式和高校发展的方向，是高校存在和发展的基石，也是高校的灵魂和本质所在。高校精神是高校保持永久活力的源泉，也是高校优良传统文化的结晶，还是高校在长期教育实践中积淀下来的最具典型意义的精神象征，体现了高校所有的群体心理定式和精神状态，展现了高校的整体面貌、风格、水平、凝聚力、感召力、生命力，最终凝聚形成独有的办学特色。高校的办学理念以及办学实践应该有利于高校精神的形成和发展，并使之形成一种特色教育，经久不衰。

三、推进师资队伍建设

逐步取消高校行政级别，精简高校管理机构，压缩行政费用开支，使教师真正在高校中处于主导地位，同时进行师资队伍建设。百年大计，教育为本；教育大计，教师为本。教师之所以重要，就在于教师的工作是塑造灵魂、塑造生命、塑造人的工作。一个人遇到好老师是人生的幸运，一所学校拥有好老师是学校的光荣，一个民族源源不断地涌现出一批又一批好老师则是民族的希望。国家繁荣、民族振兴、教育发展，需要我们大力培养造就一支师德高尚、业务精湛、结构合理、充满活力的高素质专业化教师队伍，需要涌现一大批好老师。

（一）优化高校师资队伍结构

高校师资队伍的结构内容主要包括教师的学历、职称、年龄等几个方面，它可以直观地反映出教师队伍的质量、能力和学术水平的一些基本情况。

这些年来，我国陆续实施了"高层次创造性人才工程""高校青年教师奖""骨干教师资助计划""硕士课程进修"等多项高级资质队伍建设工程。我们要继续加大对骨干教师和优秀学科带头人的引进力度，强化高层次带头人队伍建设。对于高职称的学科、学术带头人、紧缺专业人才要给予一定的政策倾斜，根据学科发展的目标，有目的地吸引高层次人才，以确保高校师资队伍的职称结构比例合理。还要通过有效措施引进高学历人才，提高师资队伍的学历层次。加强本校优秀人才的培养，吸纳来自不同地区和高校的人才，引进与培养相结合，推动人才与资源的有效整合，以利于各学科专业教师整体知识结构的优化，最终促进高校师资队伍结构的协调发展。

（二）提高高校教师综合素质

高校师资队伍建设是高校教育教学创新发展的基石，它直接关系着高校教学质量的提高与否。高校教育的快速发展对高校教师的教育教学思想、知识结构、教学方法等综合素质提出了更高层次的要求，要求教师具有熟练应用现代信息技术和现代教育手段的能力、教学与科研的创新能力、理论联系实际的能力、将知识服务于社会的能力以及良好的社会交往能力，要建设这样一支学术过硬、综合素质较高的教师队伍，我国的高校教育师资队伍建设任重而道远。提高高校师资队伍的综合素质要把师德建设放在首位。师德建设是师资队伍建设的基础，不断加强师德建设，是全面贯彻党的教育方针政策的根本保证，是培养德才兼备的高素质的社会主义建设者和接班人的必然要求。在高校师资队伍建设中要遵循"以人为本"的原则，牢固树立"师德兴则教育兴、教育兴则民族兴"的教育教学理念，要求教师不断更新观念，用现代教育思想充实自我、完善自我，推进高校师资队伍建设，建设一支为人师表、作风优良、爱岗敬业、治学严谨、教学科研能力强、与时俱进的高素质教师队伍。

提高高校师资队伍的综合素质要注重教师教学素质的培养。教学是培养人才的直接途径，也是高校的主要工作。教师是教学的实施主体，培养教师的教学科研能力是提高教师教学水平的主要途径。要改变过去只注重学历的提高而忽视教育教学能力培养的状况，既要注重教师专业学术水平的提高，也要重视教师教学水平的提高。要求教师掌握教育教学理论、教学方法以及教学规律，增强教师提高教育教学水平的积极性和自觉性。还要加强教师对科研工作的重视，为教师提供进行科研创新的条件，提高高校师资队伍的科研能力、学术水平和教师职业化水平。以"特色专业—精品课程"建设和聘任重点学科带头人为龙头，加强重点学科带头人、学术带头人、学术骨干队伍建设，在部分学科领域中形成独具特色的人才群体，致力于学术大师和教学大师的培养，带动师资队伍整体水平的提高。

总之，我们要把高校师资队伍看作一个整体，通过多种方式培养高校师资队伍的现代教育教学。提高教师的专业理论学术水平、教育教学能力、科学研究能力以及科学文化素养，全面提升它的教育教学功能、团队协作功能、科研开发功能及社会服务功能，使其掌握先进的教学、科研方法，具有崇尚科学、勇于创新的开拓精神，具有为高校教育事业不懈追求的精神，为高校培养一支具有良好的职业道德、较强的教学科研能力和充满活力的高素质师资队伍。促进高校教育教学质量和水平的提高，推进师资队伍建设的良性循环，促使我国高校教育教学创新，为高校教育创新的跨越式发展奠定基础。

四、创新课程体系及教学内容

（一）课程体系创新

首先，要优化和调整学科专业课程结构，因材施教，分层次教学、分类别培养，同时进行主辅修、双学位、定向培养、中外合作办学等多样化的人才培养模式，在满足不同基础学生学习的需求和发展需要的同时也能促进人才培养质量的提升；其次，在课程结构上，打破传统的单一课程结构类型，重新调整课程结构，优化课程体系。综合课程、必修课程和选修课程都要各自占有一定的比例，以"本科规格＋实践技能"为特征，重视学生的个别差异，坚持四个结合，即理论与实践、人文教育与专业课程教学、课内与课外、校内与校外相结合，构建一种合理的适合学生发展的课程体系，最终培养学生具备两个方面的素质——文化素质与创新素质，提高四个方面的技能——基本技能、通用技能、专业技能、综合技能。

在高校基础课程教育上，构建综合基础教育体系，所有学科专业都进行国防教育、人文教育、自然科学基础教育、德育实践等基础知识培训。要构建综合实践体系，搭建公共实践平台，包括专业实验、实习、设计、毕业设计（论文）、德育实践、科技文化实践、创新实践等。还要构建学生实践能力考核体系，对学生的综合实践能力进行考核。进行"创新课程"研究，转变理论基础。创新课程所依据的理论基础是由心理学扩展为社会学、经济学、文化学、政治学和生态学等更具包容性的学科领域。创新不仅包括首次创造，也包括对他人所创造出来的成果的重新认识、重新组合和设计应用。

创新课程并不是以学科的方式向学生传授一整套如何创新的知识、方法和策略，也不是以学生获取学科知识为中心，而是以综合实践的方式为学生提供相对独立的、有计划地进行研究性学习、设计性学习、体验性学习、实践性学习、反思性学习和生活性学习的学习机会，让学生从自己的现实社会生活中自主选择研究课题并通过对开放性、社会性、综合性和实践性问题的探究，形成自己独特的学习方式，培养学生的创新精神、探究能力、开放性思维、社会实践能力和社会责任感。同时，创新课程也是一种创新性理念，指在一种课程开发与实施的过程中除了独立的综合实践课程之外，原有的所有课程科目在具体实践中都要设置一些必要的干扰性因素，并通过课程内容的复杂性、模糊性来增加课程的难度，以培养学生的探究能力。

（二）教学内容创新

遵循"厚基础、宽口径、强能力、重质量"的复合型人才培养原则，重新规划和设计教学内容与课程体系。改变过去只在专业学科范围内设置专业课、专业基础课、基础课的"三级"课程编排方式，构建专业必修、专业选修、学科必修、公共必修、公共选修五大课程体系，对教学内容与课程体系进行重新规划和设计。按照学科专业普遍大类平行设计学科专业类课程、新公共基础课程、文化素质教育课程和实践性教学课程等较大教学课程内容体系，增加选修课，减少必修课，对公共课进行分级分类教学。

厚基础就是使学生熟练地掌握各个学科专业的基础理论、基础知识、基本技能，并能扎实地运用到实践中去，强化学生基础知识体系，打造精品课程。进一步加强学生基础理论、基础知识、基本技能和基本方法的学习与实践，进行优秀主干课程建设和基地品牌课程建设，重点建设基础较好、适应面广的学科专业基础课、主干课和专业课，使之达到国家精品课程建设的标准。

宽口径就是拓宽学生的专业知识面，把专业设置从对口性向适应性改变，实行宽口径的专业教育，提高学生的综合素质，为社会提供高素质人才。在课程体系建设上，优化课程整体结构，拓宽专业课程交叉培养，提高知识质量，加强学生文化素质教育。在公共必修课程之上可以设置学科必修课程，按照分类搭建课程平台，注重文理交叉，在课程体系中设置跨专业课程，强化专业运用，为学生的宽口径发展搭建学科基础平台。优化学生知识结构，让学生根据自己的专业特长、兴趣爱好和发展趋向自由选择，进一步拓宽专业口径，培养学生综合素质。

强能力、重质量就是从培养学生全面发展、提高学生综合素质出发，以分析、模拟、教学等基本形式展开实践教学，加强课堂内外的实践教学环节，并通过组织社会实践、社团活动、专业实习等实践活动培养学生的务实能力、操作能力。注重学生的人格塑造，充分挖掘学生的潜能，注重培养学生"从一般到个别"的解决能力，着重训练学生"从个别到一般"的调查分析能力，帮助学生养成可行性分析的良好思维习惯，使培养出的学生具备强能力、高质量的特征。

（三）注重实践教学创新

针对我国高校教育教学创新中出现的各种状况，有关文件决定实施教育教学质量工程，中央财政投入大量的资金支持质量工程建设。同时，有关部门指出要重点落实实践环节，拓宽高校学生校外实习、实践渠道，与社会、行业以及企事业单位共同建设实习、实践教学基地，力求提高高校学生的实践能力。对学生进行实践教育，并多方面采取各种有效措施，确保学生专业实践和毕业实习的时间和质量，把教育教学与社会实践紧密地结合起来。

开展实践教学，要求学校通过开辟各种有效途径为学生搭建实践平台，建立一个相对稳固的课内、外学生实习和实践基地，并积极组织学生进行社会实践、调研、实习等活动，逐步培养高校学生的敬业精神，培养他们艰苦奋斗的精神和坚韧不拔的意志，有计划、有目的地推动大学生自觉地加强职业道德素养。逐步培养学生的实践创新能力，积极支持学生创新创业活动，致力于学生创新素质的发掘和培养。创新素质主要包括创新意识、创新精神、创新能力等三个层面的内容。在一个创新型国家的建设进程中，这种全新的创新素质正逐渐成为学生在就业市场竞争中的核心竞争力。

五、教学模式和方法创新

人才的培养是一个复杂的教育系统工程，必须不断探索其内在的规律，摒弃不合理的教学模式，认真细致地研究教学，研究其内在的多重因素——教学理念、教学内容、教学方法、教学模式等，从而掌握教学的规律。因此，我们提出了"教学民主"的教学观念，对传统的教学模式进行创新，开创研究性教学、开放性教学和互动性教学等一些能够体现"教学民主"的经典教学模式，充分突出学生的主体性地位，激发学生的主动参与意识，开发学生的学习潜能，创设民主、和谐的学习氛围，指导学生学会学习，在教学中建立一种和谐的师生关系，充分调动学生学习的自发性和积极性，以保证学生和谐地全面发展。

（一）推广研究性教学，培养学生的创新意识

教学从知识传递向注重能力培养的转变，必然要求教学方式方法的变革，推进研究性教学正是深化教学创新的重要路径，也是研究型大学人才培养的一个基本特征。研究性教学是一种将教师自身的研究思想、方法和最新成果引入教学过程的教学模式。通过研究性教学，使教学建立在科研基础上，科研促进教学的提高，教学与科研互动并向学生开放，从而引导学生在参与教学过程中步入科研前沿，激发学生主动思考、主动探索、主动实践的创新意识。

第一，研究性学习的过程是情感活动的过程。通过让学生自发地参与探究性学习活动，获得亲身体验，逐步形成一种在日常生活和学习中勇于探索、努力求知的良好习惯，从而激发探索和创新的积极欲望。

第二，研究性学习的过程就是一个探索的过程。在一个相对开放的环境中寻找问题和探讨解决问题的过程。通过这一过程，可以培养学生的思维能力、学生发掘和解决问题的能力，让学生掌握一定的科学的学习方法，增强学生对资料的收集能力、分析能力、总结能力以及学会利用多种有效手段、多种途径获取信息的能力都有积极的推动作用。

第三，研究性学习的过程是一个互动的学习过程。在这个互动的学习过程中离不开学生与团体、学生与学生之间的沟通与合作，可以说研究性学习为学生提供了一个人际沟通与合作的良好空间，为学生分享研究资料、学习信息、创意和研究成果以及发扬团队精神提供了一个很好的交流平台，培养学生学会合作、发现问题、克服困难、共同解决问题的能力。研究性学习的过程也是一个实践的过程，要求学生从实际出发，实事求是，尊重他人的研究成果，严谨治学，积极进取。

第四，研究性学习的过程也是一个培养学生全面素质提高的过程。通过学习实践加深了对科学的认知以及科学对自然、社会的积极意义与价值，使学生善于思考国家、社会、人类与世界和谐发展等伟大命题。在培养学生的创造能力和实践能力之余还培养了学生形成积极的人生观、价值观。研究性学习过程也为学生提供了综合运用各门学科知识的机会，加深了学生对已学知识的重新记忆，培养学生的积极参与能力以及自主创新能力。

（二）推广开放性教学，培养学生的创新能力

开放性教学是为了鼓励学生积极主动地去探究知识规律，对传统教学过程中影响学生发展的不合理因素进行创新，从而培养学生自主创新性学习能力的新型教学。开放性教学的主要思想理念在于以学生的发展为本，通过教学目标、教学方法、教学内容以及整个教学过程的开放，从传统的课堂教学走向开放式教学，充分发挥学生的主体作用，让学生自己掌握学习主动权，自己去探索、发现，培养学生的创新能力。在开放性教学中，教师不能仅仅拘泥于教材、教案的内容，要给学生提供充分发展的空间，创设有利于学生自主发展的开放式教学情境，根据学生的发展状况不断调整教学过程的每一个环节，激发学生学习的动力，促进学生在积极主动的探索过程中健康、全面、和谐地发展。开放性教学不只是一种教学方法、教学模式，它还是一种教学理念，它的根本目的是让学生的创新潜能得到充分发展，以开放的教学活动过程为路径，并以最优教学效果为最终目标。

（三）开创互动性教学，提高教学质量

互动性教学就是在教学过程中充分发挥师生双方的主动性，师生之间相互交流、相互探讨，促进师生共同发展，最终优化教学效果，共同实现教学目标的一种教学模式。互动性教学可以活跃课堂气氛，而且能够及时反馈学生的学习进度以及掌握知识的规律。互动性教学包括教与学的互动、教学理念的互动、心理的互动以及形象和情绪的互动等。互动性教学是一种富有生命力的创造性教学，有着现代性、互动性和启发性的特点。它要求教师按教学计划组织学生系统而有目的地学习，并要求教师按学生的发展要求有针对性地因材施教。促进教师努力探索、学习，不断提高自己的专业水准和教学水平，同时激发学生学习的积极性，促进学生个性的发展，提高教学效果和效率，最终提高教学质量。互动性教学以学生为主体，以教师为主导。提倡师生平等地沟通、交流，让学生在没有压力的情况下轻松自由的学习，让学生参与教学计划、教学决策，有利于培养学生自觉学习和主动学习的能力以及创新学习的能力。

第二章 高校教育教学管理系统

第一节 系统理论概述

一、老、新"三论"

（一）系统论、控制论和信息论

系统论要求把事物当作一个整体或系统来研究，并用数学模型去描述和确定系统的结构和行为。所谓系统，即由相互作用和相互依赖的若干组成部分结合而成、具有特定功能的有机整体，而系统本身又是它所从属的一个更大系统的组成部分。系统论旗帜鲜明地提出了系统观点、动态观点和等级观点，指出复杂事物的功能远大于某组成因果链中各环节的简单总和，一切生命都处于积极运动状态。有机体作为一个系统能够保持动态稳定是系统向环境充分开放，获得物质、信息、能量交换的结果。系统论强调整体与局部、局部与局部、系统本身与外部环境之间互相依存、相互影响和制约的关系，具有目的性、动态性、有序性等基本特征。

控制论是为适应近代科学技术中不同门类相互渗透与相互融合的发展而创立的。它摆脱了牛顿经典力学和拉普拉斯机械决定论的束缚，使用新的统计理论研究系统运动状态、行为方式和变化趋势的各种可能性。控制论是研究系统的状态、功能、行为方式及变动趋势，控制系统的稳定，揭示不同系统的共同的控制规律，使系统按预定目标运行的技术科学。

信息论是用概率论和数理统计方法，从量的方面来研究系统的信息如何获取、加工、处理、传输和控制的一门科学。信息就是指消息中所包含的新内容与新知识，是用于减少和消除人们对于事物认识的不确定性。信息是一切系统保持一定结构、实现其功能的基础。狭义信息论是研究在通信系统中普遍存在着的信息传递的共同规律，以及如何提高各信息传输系统的有效性和可靠性的一门通信理论。广义信息论被理解为运用狭义信息论的观点来研究一切问题的理论。信息论认为，系统正是通过获取、传递、加工与处理信息来实现其有目的的运动的。信息论能够揭示人类认识活动产生飞跃的实质，有助于探索与研究人们的思维规律和推动与进化人们的思维活动。

系统论、控制论和信息论发展到今天，已经并非过去的简单概念了。随着科学技术的发展和社会的进步，系统论、控制论和信息论被赋予了新的生命，仍然是我们研究分析事物的前提和工具，并且仍然被广大的科学技术工作者和管理工作者所运用。

（二）耗散结构论、协同论和突变论

耗散结构论提出开放系统有三种可能的存在方式：热力学平衡态、近平衡态、远离平衡态。耗散结构论认为，系统只有在远离平衡的条件下才有可能向着有秩序、有组织、多功能的方向进化，这就是"非平衡是有序之源"的著名论断。在长期的研究工作中发现，当一个远离平衡态的开放系统，由于有许多复杂因素的影响而出现非对称的涨落现象，当系统达到非线性区时，在不断与外界进行物质和能量交换的条件下，系统将可能发生突变，由原来的无序混沌状态自发地转变为一种在时空或功能上的有序结构。事物的这种在非平衡状态下新的稳定有序结构就称为耗散结构，而耗散结构论则是探索耗散结构微观机制的。关于非平衡系统行为的理论，系统论所要寻求的也就是这种具有有序性的稳定结构。

协同论指出自然界是由许多系统组织起来的统一体，这些系统就称为小系统，这个统一体称为大系统。在某个大系统中的许多小系统既相互作用，又相互制约，它们的平衡结构在协调与合作中由旧的结构转变为新的结构，则有一定的规律，研究这种规律的科学就是协同论。协同论是处理多因子、多系统的复杂系统中的矛盾的一种策略。协同论研究的目的是建立一种用协作统一的观点去处理复杂系统的概念和方法。协同论的重要贡献在于通过大量的类比和严谨的分析论证了各种自然系统和社会系统从无序到有序的演化，是组成系统的各元素之间相互影响又协调一致的结果。它的重要价值在于，既为一个学科的成果推广到另一个学科提供了理论依据，也为人们从已知领域进入未知领域提供了有效手段。

突变论研究重点是在拓扑学、奇点理论和稳定性数学理论基础之上，通过描述系统在临界点的状态来研究自然多种形态、结构和社会经济活动的非连续性突然变化现象，通过将耗散结构论、协同论与系统论联系起来，对超大系统进行研究和实施运作。因此，

对系统论的发展产生了巨大的推动作用，特别是在现代科学研究和发现的领域里，突变理论通过探究客观世界中不同层次上各类系统普遍存在着的突变式质变过程，揭示出系统突变式质变的一般方式，说明了突变在系统自组织演化过程中的普遍意义；它突破了牛顿单质点的简单性思维，揭示出物质世界客观的复杂性。突变论中所蕴含着的科学、哲学思想主要包含以下几方面的内容：内部因素与外部相关因素的辩证统一，渐变与突变的辩证关系，确定性与随机性的内在联系，质量互变规律的深化发展。突变论的哲学思维方式给我们以重要的启示，它与马克思主义、毛泽东的哲学思想有着相同之处。当能量达到一个峰值的时候，将会出现拐点，但也可能出现突变。

二、一般系统理论

亚里士多德早就说过"整体大于部分之和"，这里面就有系统的观念，对系统的研究可以说从古代就已经开始了。现代系统论的基本思想是由奥地利生物学家贝塔朗菲提出的，只不过它一开始是作为"机体生物学"，这是生物学中的有机论概念，强调生命现象是不能用机械论观点来揭示其规律的，而只能把它看作一个整体或系统来进行考察。1968年，贝朗塔菲发表了一般系统论的代表著作《一般系统论——基础、发展与应用》，经过发展，当代系统思想已经形成了一股重要的思潮，在政治、经济、军事、工程等领域中，日益发挥着重大而深远的影响。

（一）系统的含义

系统论的内涵和外延在理论界现在说法不一。人们现在把系统论作为介于哲学和具体科学之间的科学来对待。它被用作比具体学科更一般化的科学理论加以研究，但又不同于哲学。现代系统论具有可证明性、抽象性、数理性特点。贝塔朗菲把一般系统概念定义为"系统是处于一定相互关系中的与环境发生关系的各组成成分的总体"或"系统 —— 由两个或两个以上的要素组成的具有整体功能和综合行为的统一集合体"，钱学森把极其复杂的研究对象称为系统。

（二）系统的属性

系统的整体属性，即非加和性。系统不是各部分的简单组合，而有统一性，各组成部分或各层次的相互协调和连接，提高系统的有序性和整体的运行效果。

1.系统的相关性。系统中相互关联的部分或部件形成"部件集"，各部分的特性和行为相互制约和相互影响，这种相关性确定了系统的性质和形态。

2.系统的功能性。大多数系统的活动或行为可以完成一定的功能，但不一定所有系统都有目的。人造系统或复合系统都是根据系统的目的来设定其功能的，这类系统也是系统工程研究的主要对象。例如，经营管理系统要按最佳经济效益来优化配置各种资源，军事系统为保全自己、消灭敌人，就要利用运筹学和现代科学技术组织作战。

3.系统的层次性。一个大的系统是由多个子系统组成的，出现系统的层级，正是这些系统按照层级的形态出现，因此，系统具有有序的层次性特点。如行政系统分为科、处、局、部、委等，军事系统分为排、连、营、团、师、军等，都是按照一定的规律，使系统表现出合理的层次性。

4.系统的复杂性。物质和运动是密不可分的，各种物质的特性、形态、结构、功能及其规律都是通过运动表现出来的，要认识物质首先要研究物质的运动，而物质的运动使得系统的动态性表现出它的生命周期。然而，开放系统与外界环境有物质、能量和信息的交换，系统内部结构也可以随时间变化，这就造成了系统的复杂性。

5.系统的适应性。一个系统和包围该系统的环境之间通常都有物质、能量和信息的交换，外界环境的变化会引起系统特性的改变，相应地导致系统内各部分相互关系和功能的变化。为了保持和恢复系统原有的相对稳定特性，系统必须具有对环境的适应能力。

（三）系统的分类

按系统的规模，可将系统划分为小型系统、中型系统、大型系统和巨型系统。按其组成要素的性质，可以划分为自然系统、人造系统和复合系统。

1.自然系统。原始的系统都是自然系统，如天体、海洋、生态系统等；又如人的呼吸系统、消化系统、循环系统、免疫系统等。自然系统是一个高阶复杂的均衡系统，如季节周而复始地变化形成的气象系统、食物链系统、水循环系统等。自然系统中的有机物、植物与自然环境保持了一个平衡态。在自然界中，物质流的循环和演变是最重要的，自然环境系统没有尽头，没有废止，只有循环往复，并从一个层次发展到另一个层次。从自然科学的认识论来看，这是遵循的一种物质不灭的规律，即使系统发生了变化，系统的物质也是存在的。

2.人造系统。人造系统是人类在生产生活中有意或无意形成或制造的系统，如航空系统、航天系统、交通系统、商业系统、金融系统、工业系统、农业系统、教育系统、文艺系统、军事系统等。人造系统是随着科学技术的发展、人类文明的进步而产生和发展的，生产力发展越快，人们越需要通过制造人造系统来为自己服务，或自然地形成一个人造系统。原始人类对自然系统的影响不大，但近几百年来，科技发展很快，它既造福于人类，又带来危害，引起了人们极大的关注。人造系统如果控制得不好，往往会对自然系统产生影响，例如，温室气体的无序排放，对大气层产生影响，破坏臭氧层，使得地球的两极冰盖加速消融。当然，一般来讲，这种对自然系统产生影响的人造系统都具有它的极端的两面性，而很多人造系统是一种中性的系统，如某些人文社会系统等。

3.复合系统。复合系统由两个及以上的系统组成，它既可以是人造系统与人造系统的组合，又可以是自然系统与自然系统的组合，同时，也可以是自然系统与人造系统的组合。一般来讲，系统工程所研究的对象大多数是复合系统。

按系统与环境的关系，可将系统分为开放系统、封闭系统和孤立系统。

（1）封闭系统是一个与外界无明显联系的系统，环境仅仅为系统提供了一个边界，不管外部环境有什么变化，封闭系统仍表现为其内部稳定的均衡特性。在科学系统和生产系统中，密闭容器中的化学反应系统就是一个封闭系统，在一定初始条件下，不同反应物在容器中经化学反应达到一个平衡态，类似的还有核反应堆系统。在某一个军事系统中，为了保密，它的内部是一个极其封闭的系统。

（2）开放系统是指在系统边界上与环境有信息、物质和能量交互作用的系统。例如商业系统、生产系统或生态系统，这些都是开放系统。当环境发生变化时，开放系统通过系统中要素与环境的交互作用以及系统本身的调节作用，使系统达到某一稳定状态。因此，开放系统通常是自调整或自适应的系统。

封闭与开放的系统有时候也是相对的。有些系统可以说是相对的封闭系统或者相对的开放系统，部分的封闭、部分的开放系统。

此外，还有实体系统和抽象（概念）系统。按学科领域还可以分为自然系统、社会系统和思维系统。按规模范围来划分，则有宏观系统、微观系统。按状态来划分，有静态系统和动态系统。还有平衡系统、非平衡系统、近平衡系统、远平衡系统等。

（四）系统工程

一般来讲，系统工程是指要完成某一项大的工作，我们用系统的思想和方法对这项工作的称呼，因为具有一定的规模，具有一定的复杂性，它是一项工程，然后，通过我们的认识和分解的集合，称这项工程为系统工程。一些科学家从管理的角度来讲，认为系统工程是一种管理技术。这样，系统也好，管理系统也好，都可以应用在管理活动中。

因此，系统工程是从整体出发，运用系统科学合理地设计、开发、生产、实施某项工程的技术。它根据总体协调的需要，综合应用自然科学和社会科学中有关的思想、理论和方法，利用数学与计算机科学作为辅助工具，对系统的结构、要素、信息等进行分析，以达到最优规划、最优设计、最优管理和最优控制的目的。

系统工程以复杂的大系统为研究对象，到了20世纪七、八十年代系统工程技术开始融社会、经济、自然等各个领域中，逐步分解为工程系统工程、企业系统工程、经济系统工程、区域规划系统工程、环境生态系统工程、能源系统工程、水资源系统工程、农业系统工程、人口系统工程、教育系统工程等，成为研究复杂系统的一种行之有效的技术手段。

系统工程的应用十分广泛，主要有以下几方面。

· 工程系统主要研究大型工程项目的规划、设计、制造和运行。

· 社会系统主要研究整个国家和社会系统的运行、管理问题、可持续发展问题。

· 经济系统主要研究宏观经济发展战略、经济目标与金融管理体系、宏观经济政策、投入产出等。

· 农业系统主要研究农业发展战略、农业结构、农业综合规划等。

· 企业系统主要研究工业结构、市场信息、市场营销、生产管理等。

· 科学技术管理系统主要研究科学技术发展战略、预测、规划和评价等。

· 军事系统主要研究国防总体战略、作战系统、情报通信系统、参谋指挥系统和后勤保障系统等。

· 环境生态系统主要研究环境系统和生态系统的规划、建设、治理等。

· 人才开发系统主要研究人才需求预测、人才结构分布、教育规划、智力投资等。

·交通运输系统主要研究铁路、公路、航运、空运系统的运输规划、调度、效益分析。城市交通网络优化系统等。

·能源系统主要研究能源结构、需求预测、能源发展战略等。

·区域规划系统主要研究区域人口、经济协调发展规划、区域资源最优利用、区域经济结构等。

第二节　高校教育系统

一、高等教育系统的概念

系统是由要素组成的具有特定的结构、性质、功能的整体。它是宇宙间万事万物的一种存在形式。高等教育系统是高等教育活动的主体，在一定的物质文化条件作用下，相对于高等教育活动的客体结成的具有特定功能和目的的有机整体。在理解高等教育系统的概念时，应把握几个主要的方面。

（一）高等教育系统是由多个要素组成的体系

前面我们分析过，系统由元素组成，是元素及其关系要素联系的总和。构成高等教育系统的元素有很多。但每个元素对于高等教育系统的意义不同。我们考察高等教育系统时并不能考察到它的全部元素。而是考察其主要的元素。从微观高等教育管理来看。高等教育系统的组成要素主要包括教育者和受教育者，还有教学内容和手段、教学条件、制度环境，也包括高校内部管理的行政部门。

（二）高等教育系统各要素相互作用并构成有机的整体

高等教育系统各要素之间存在着一定的有机联系，并在高等教育系统的内部形成一定的秩序和结构。高等教育系统各要素之间的关系决定了各要素在高等教育系统中的地位和作用，如高等教育系统中教育者和受教育者的关系所构成的教学结构。这种对教学信息的传导结构决定了教育者和受教育者在教学过程中所处的地位和作用。其中。教育者起着主导作用，受教育者起着主体作用。

（三）高等教育系统是一个具有特定功能的系统

高等教育系统依其所具有的特定功能而存在。高等教育系统的功能是指其所具有的作用与效能，主要包括本体功能和社会功能两方面，本体功能是指高等教育促进个体身心和谐发展与个体潜能充分发挥的功能。社会功能是指高等教育促进社会政治、经济、文化发展的功能。高等教育系统的功能不仅决定于高等教育系统各要素所具有的功能，而且决定于各要素之间的相互关系，即高等教育系统的结构、高等教育系统的要素功能及结构功能共同构成了高等教育系统的整体功能。

（四）高等教育系统处于社会大系统中

高等教育系统不是孤立存在的，而是在一定的社会环境中的系统，既受一定环境的作用，又作用于一定的环境。高等教育系统是社会系统中的一个子系统，以社会系统作为其存在的环境，与社会系统中的政治、经济、文化、科技等子系统发生相互联系和相互作用，进行物质、信息、能量的交换，在交换中实现自身的功能，并反作用于社会的政治、经济、文化等子系统。

二、高等教育系统的构成

从宏观来看，高等教育系统是为了实现其特定功能而由各要素组成的整体，是一个复杂的大系统，包括若干子系统。依据职能的不同，可以把高等教育系统看作由高等教育行政系统与高等教育实施系统所组成的结构系统。

（一）高等教育行政系统

高等教育行政系统是行使高等教育管理职能的各级政府机构的总和。各级高等教育行政机构依据社会政治、经济、科技、文化发展的需要，通过运用立法、拨款、规划、信息服务、政策指导和必要的行政手段对高等教育事业进行宏观调控和管理。具体来说，高等教育行政系统的职能包括以下四个主要方面。

·通过规划与立法，指导高等教育发展，使之与社会政治、经济、科技、文化发展相适应，并确保高等教育在整个社会系统中应有地位。

·通过经费筹措及拨款，解决高等学校部分办学经费，并体现政府对高等教育发展的导向作用。

·通过评估与监督，保证高等学校的办学方向、办学水平、办学质量。

·通过协调与指导，保证高等教育系统内部各个子系统间的相互配合、协调发展。

长期以来，我国高等教育实行"统一领导，分级管理"的领导管理体制，即高等教育由中央统一领导，中央和省、自治区、直辖市两级管理。具体来说，我国高等教育行政系统相应的组织机构包括：教育部，各省、自治区、直辖市教育委员会，或各省、自治区、直辖市有关教育厅（局）等。

教育部是我国教育事业的最高行政管理机构，隶属于国务院。它可以在权限内制定我国高等教育事业发展的方针、政策和重大行政措施，颁布规章制度和发布命令、指示。同时，它还直接管理少部分具有重要影响的高等学校。

各省、自治区、直辖市教育委员会或教育厅（局）主管地方高等院校，同时，对本地区的教育部直属高校具有一定的监管权。

（二）高等教育实施系统

高等教育实施系统是由具体实现高等教育功能的机构——高等学校所组成的系统。

高等学校具体从事各种高等教育的实践活动，包括培养各类高级专门人才，开展科学研究，提供社会服务。通过教育和教学为社会发展培养急需的各类专门人才是高等学校的根本使命。因此，培养人才是高等学校工作的基本出发点和终极目标。高等学校的教学、科研、行政、服务等各项工作都要围绕培养人才这个中心来开展。高等学校开展科学研究是科技、经济发展的需要，也是高等学校自身发展的需要。高等学校进行科学研究是培养人才不可缺少的手段，教学内容的更新、交叉学科的形成、新兴学科的发展都有赖于科学研究的开展。学科的发展为专业教育提供了先进的教学内容和条件。高等学校为社会服务是20世纪以来兴起的一种新职能，特别是在20世纪40年代后，高等学校直接为社会服务成为全球高校发展的共同趋势。高等学校为社会服务既是社会发展的要求，也是高等学校自身发展的需要，它不仅推动了学校与社会、经济的密切结合，还推动了高等教育的发展与社会的发展。高等学校职能的有效发挥直接决定了高等教育系统功能的实现。同时，高等学校本身所具有的特定职能决定了高等学校是一个相对独立的高等教育子系统，能相对独立地承担和完成一定的任务。所以，从这个意义上说，每所高等学校都可以看成一个高等教育子系统。

在高等教育实施系统中，根据教育形式和受教育对象的不同，又可以分为普通高等学校系统和成人高等学校系统。普通高等学校系统包括综合型大学和理工院校、语言院校、师范院校、农林院校、医药院校、体育院校、财经院校、政法院校、艺术院校等相对单科或者多科的大学（目前，单科型大学基本向多科型大学发展了），主要承担职前培养各级各类专门人才的任务。成人高等教育系统包括广播电视大学、函授学院、职工大学等，主要承担各级各类专门人才在职培训的任务。

在高校系统的内部，一般包括两级教育机构层次，即校级和院（系）级；也有部分高等学校是三级教育机构层次，即校级、院级和系级。还有学部设置的大学，一般来讲，这类的大学是以科研为主的大学，学术水平相对比较高，学术的影响力比较大。院（系）级单位是高等教育活动的基本组织形式，它把教学和科研活动结合在一起。校级层次则把各院（系）活动结合为一体，以实现一个学校的整体功能。院（系）级层次是系级和校级层次之间的一个中间层次，其目标是更便于协调系级层次的活动与学校的整体活动。有些大学的内部有校院（系）两级管理，同时，也存在校、院、系三级管理，可以说是一种混合模式。

三、高等教育系统的要素

高等教育系统是一个要素众多、层次复杂、关系错综、目标功能多样的系统。人们可以从不同的层次、不同的角度、不同的目的对它做出不同的划分，寻找出不同的要素，建构出不同的描述方式。但不论进行怎样的划分和抽象，也不论是从宏观整体的角度还是从微观局部的角度，高等教育系统都是人的活动系统，是以人的集合为主要构成要素的系统。因此，高等教育系统包含高等教育活动主体、主体的实践活动、主体从事实践活动所凭借的条件以及高等教育的客体等基本要素。

（一）高等教育系统的主体

高等教育系统的主体是指在高等教育系统中为实现系统的行为、目的、价值、功能而活动着的人，这里的"人"，或者是个人，或者是由个人组成的群体、组织。高等教育的主体是由人组成的，没有人就没有了教育。从这个角度讲，人是高等教育系统的主体是毫无疑义的。但在具体的高等教育系统中，作为人而构成的高等教育活动的主体却是极为复杂的，并不是任何人在任何条件下都是作为主体而存在的。另外，在一定条件下，那些接受主体行为、动作承受对象的人们就处于系统的客体地位。因此，此时的主体在彼时可能就是客体。在具体的高等教育系统中，具体的人或集团究竟是主体还是客体，要做具体分析。高等教育的主体包括：高等教育行政主体、高等学校办学主体、高等学校经营主体、高等学校教学主体、高等学校学习主体。

1.高等教育行政主体。高等教育行政主体是代表政府对高等教育活动行使领导管理权的政府教育行政机构，它依法拥有高等教育的决策统筹权。

2.高等学校办学主体。高等学校办学主体是指高等教育机构的创立者，或者依法负责创立者所创立的高等教育机构的继任者，它依法拥有高等教育机构的产权。

3.高等学校经营主体。高等学校经营主体是指高等教育机构的具体经办、管理者，受办学者委托，全面负责高等学校的经营管理工作，它依法拥有高等教育机构的经营权。

4.高等学校教学主体。高等学校的教学主体是教育者。广义的教育者包括教师及教学辅助人员，狭义的教育者仅指教师。教师是高等学校中履行教育教学职责的专业人员，依法享有进行教育教学活动，开展教育教学改革和实验，从事科学研究、学术交流，参加专业学术团体，在学术活动中充分发表意见，指导学生的学习和发展，评定学生的品行和学业成绩等权利。

5.高等学校学习主体。高等学校的学习主体是学生。他们是身心发展已趋向成熟的青年，是受教育的对象，依法享有参加教育教学计划安排的各种学习活动，使用教育教学设备、图书资料，按照国家有关规定获得奖学金、贷学金、助学金，在学业成绩和品行上获得公正评价，完成规定的学业后获得相应的学业证书、学位证书等权利。

高等教育的多主体性决定了高等教育系统的复杂性、层次性、多功能性。

高等教育是一种培养高级专门人才的社会实践活动。在高等教育实践活动中，一方面高等教育活动的主体根据一定的目的、计划、意志、愿望作用于活动的客体，证实主体自身的存在和价值，同时又接受周围环境及客体对自身的影响，改变着自身的存在和价值。另一方面高等教育的实践活动使得高等教育系统的各种要素得以彼此结合，脱离了主体的实践活动，高等教育系统的主体、客体、各种活动条件都成为静态的、孤立的要素。因此，主体的教育实践活动是使构成高等教育系统各种要素彼此结合起来的唯一途径和方式，唯有主体通过各自的实践活动，利用各种物质文化条件并同客体进行物质、能量、信息的交换，这些要素才被有机地结合起来，成为高等教育系统中发挥作用的要素。通过实践活动，主体之间，主、客体之间才建立起了丰富多彩的关系，从而使高等教育系统成为一个有机的整体。没有一定的关系，各要素只能机械地集合为一"堆"，不能形成整体性的行为和功能。因此，不难说明，主体的实践活动及由此而形成的关系本身就构成了系统的一种"要素"。

高等教育主体要顺利、有效地从事高等教育的实践活动，必须依靠一定的物质文化条件。物质文化条件制约着高等教育系统与外部环境的关系，制约着高等教育主体之间的关系，制约着主、客体之间的关系，制约着高等教育活动的规模、形式、目的，从而制约着整个高等教育系统，以及制约着高等教育系统要素作用的发挥。物质文化条件对高等教育活动的制约主要体现在物质生产水平决定了高等教育发展的速度和规模。进行高等教育活动需要巨大的投入，包括人力、物力、财力，这需要一定的经济发展水平作保证。一般而言，经济发展到什么水平，高等教育才能发展到什么水平。物质文化条件对高等教育活动的制约还体现在学校的物质设备、教学设施仪器、教育教学技术手段等，这些都是一定的科学技术和生产工具的发展水平在教育领域中的反映。把新的科技成果引进教育领域，把教育教学设备、教育教学手段建立在现代科学技术的基础上，将大大提高高等教育主体活动的效率。

（二）高等教育系统的客体

高等教育系统的客体是指高等教育系统中特定主体的实践活动所作用的对象。由于高等教育主体的多样性，能够纳入高等教育系统的客体也是相当多样的。前面讲过，从高等教育主体之间的关系看，由于高等教育的层次性和高等教育主体之间关系的复杂性，高等教育活动主体和客体的区分是相对的。就具体的人或具体的系统来说，在一种关系、一种层次上是主体，在另一种关系、另一种层次上又可能是客体。如国家高等教育行政主体是教育部，省级教育委员会或者教育厅（局）是接受国家教育行政领导的客体，但相对于所属的高等学校来说，它又是高等教育行政的主体。高等教育系统主、客体区分的复杂性、相对性并不否认高等教育主体和客体区分的确定性。只要把具体的范围、关系、系统加以确定，那么高等教育活动主、客体区分和确定的问题也就迎刃而解了。从高等教育的目的看，高等教育教学和学习的客体是知识，在高等教育系统中，知识以学科的形式而存在。对教师来说，它是加工、整理、传授的主体；对学生而言，它是接受、理解、掌握的对象，是客体。

高等教育活动的客体虽然是作为被认识、被利用、被改造的对象进入高等教育系统的，但它有自身存在发展的规律。相对于学生与知识来讲，学生是主体，知识是客体，是主体对客体的认知，主体的实践活动只有和客体的规律相一致、相符合才能实现系统的目的功能。因此，主体必须把自己的目的、计划建立在对客体规律正确认识的基础之上。

上述高等教育系统的各个要素及其相互关系的规定、制约，保证着高等教育系统在整体上的目标、功能和行为的实现，同样，高等教育系统在整体上的目的、功能也规定着系统的各个要素及相互关系。所以，高等教育系统就形成了特定的价值、规范和行为。

四、高等教育系统的结构

结构是系统内部诸多要素相互联系和相互作用的方式。高等教育系统的要素按照一定的关系结合起来就形成了高等教育结构。高等教育结构是高等教育要素和高等教育系统的中间环节，也是高等教育系统的存在方式，还是高等教育系统能够成为整体而显示出有别于系统要素的性质、行为、功能的内在依据。我们所理解的高等教育结构应是那种使高等教育系统成为整体的高等教育要素之间的相互关系。这里所说的高等教育要素既可以指我们前面所说明的构成高等教育系统的那些基本要素，也可以指由那些基本要素构成的高等教育系统和高等教育活动。

高等教育系统是一种极为复杂的系统，存在着大量的要素，各要素之间发生着各种各样的关系。因而高等教育结构也是极为复杂的，可以从实践和认识的不同目的出发对高等教育系统进行不同的结构分析，概括出不同的结构要素和结构关系，形成不同的结构模型。在此，我们把高等教育结构分为宏观结构和微观结构。

（一）高等教育的宏观结构

高等教育的宏观结构是指由高等教育系统中有关要素连接而成的，事关高等教育整体的结构，主要包括形式结构、科类结构、层次结构等。

1. 高等教育的形式结构

高等教育的形式结构主要是指高等教育系统中按办学形式和办学主体的不同而划分的高等学校接受教育者的构成状态。高等教育形式结构涉及：第一，全日制、半日制和业余高等教育等办学形式之间的比例及其联系方式，包括全日制大学、业余大学、函授大学、自学考试等。第二，国家办、地方办、民间办、私人办等高等学校之间的比例及其相互联系方式。高等教育的形式结构由国民经济的消费和分配结构以及国民经济中生产资料的所有结构所决定，同时，也与科学技术的发展有着紧密的联系。世界各国的高等学校，根据办学主体的不同，可概括为公立高等学校和私立高等学校两种类型。由于各国公立、私立高等学校数量和在校学生数的比重有着显著的差异，因此高等教育的办学形式结构呈现出三种模式：第一，私立主导型办学形式结构。其特征是在整个高等教育系统中，私立高等学校及在校学生数所占比重居优。第二，公立主导型办学形式结构。其特征是在整个高等教育系统中，公立高等学校及在校学生数占绝对优势。第三，双轨型办学形式结构。其特征是在整个高等教育系统中，公立、私立高等学校及在校学生数所占比重比较接近。

2. 高等教育的科类结构

高等教育的科类结构是指高等教育系统中不同学科领域及受教育者的构成状态，是高等教育系统培养人才的横向结构，反映了社会职业分工对人才种类的要求。由于各国职业分类的差异，高等教育科类结构的划分也不尽相同，如法国将高等教育学科分为法学、经济学、人文科学、自然科学、医药科学、工程科学、农业科学等7大类；我国高等教育学科则分为文科、理科、工科、农林、医药、财经、政法、师范、体育、艺术、管理等类别；同时我国又按照哲学、经济学、法学、教育学、文学、历史学、理学、工学、农学、医学等 10 个学科门类授予学生学位。高等教育的科类结构主要受制于国民经济的产业结构，与就业结构也有密切的关系。高等教育系统中每一科类或专业的招生数、在校学生数、毕业生数，只有与同期产业结构对不同种类、专业的高级人才需求数量相适应，才能保证国民经济的发展。

3. 高等教育层次结构

高等教育的层次结构是指在高等教育系统中，不同程度和要求的教育水平及其受教育者的构成状态，是高等教育系统培养专门人才的纵向结构，反映了社会分工对人才层次、规格的要求。对于高等教育层次的划分，高等教育的层次结构主要受制于国民经济的技术结构，国民经济技术结构反映了社会生产力的发展水平。在高等教育系统中每一层次的招生数、在校学生数、毕业生数，只有与同期国民经济技术结构对不同层次专门人才的需求数量相适应，才能保证高等教育系统促进经济发展的功能的实现。

（二）高等教育的微观结构

一般来讲，高等教育微观结构是由高等学校内部有关要素连接而成的，事关学校内部活动的结构，主要有高等学校组织结构、高等学校师资结构、学校的教育结构、学科结构等。

高等学校组织结构指高等学校内部各种组织要素之间的构成状态。有人认为组织结构包含 5 个基本要素，即纵向层级、平行的单位和部门、职位的任务、责任和义务、直属机关和领导机关、组织结构的设计直接关系到高等学校效率和效能的发挥。

高等学校师资结构是指高等学校教师群体中职务、学历、年龄、学缘等因素的构成状态。教师队伍的结构在很大程度上反映着教师队伍的整体素质和适应能力，合理的师资结构有利于发挥教师群体的优势，最大限度地实现高等学校教书育人、创造科学技术成果的职能、高等学校主要的师资结构包括四个方面；第一，教师职务结构，指教师群体中各级职务教师的构成状态，高校教师职务分别是教授、副教授、讲师、助教，高校教师职务结构是衡量教师队伍业务能力和水平，反映教师队伍整体素质的一项重要标志。第二，教师学历结构，这一结构指在教师队伍中各级学历教师的构成状态，它在一定程度上反映出教师的教育训练水平和学术发展潜力。因此，高校一般对教师的学历或学位有着很高的要求。第三，教师年龄结构，指在教师队伍中各级职务教师的平均年龄和各年龄段教师的构成比例，它反映了教师队伍整体教学科研的活力和兴衰趋势。第四，学缘结构，这一结构指在师资队伍中的成员相互的关系，在一个学科群中，大量的近亲繁殖，如果摆脱不了师生关系和学术环境的束缚，就不利于学科的发展。总之，合理的师资结构可以使教师队伍的整体素质和适应能力处于最佳状态，发挥最佳的教育、科研功能。

学校的教育结构是教育主管部门根据学校的资源状况规划确定的。学科结构是学校在长期的办学中培育和形成的。

五、高等教育系统的特性

高等教育系统的基本特性是指在高等教育系统中各个元素与系统整体及环境之间在相互联系、相互作用中表现出的固有属性，它是高等教育系统存在的一般特性。

（一）高等教育系统的整体性

从宏观高等教育管理来看，高等教育系统的整体性是指高等教育的整个行政系统、实施系统。从微观高等教育管理来看，高等教育系统主要是由教育者和受教育者等要素构成的整体，是具有特定功能的整体。高等教育系统的整体性主要表现在高等教育系统整体的不可分性。高等教育系统的要素不能脱离系统的整体而存在，要素是系统中的要素，而不是单独存在的要素，只有存在于一定的系统中，要素才具有它的功能。

1.高等教育系统功能的整体性。高等教育系统的功能是以其整体功能而论的，而不以其某一要素的功能而论。高等教育系统的整体功能不等同于要素的功能或其要素功能的简单相加。各个要素只有在系统整体功能目标指导下，以合理的方式相互联系在一起并充分发挥各自的功能，才能保证高等教育系统整体功能的实现。

2.高等教育系统整体的放大性。要素的功能可以在系统中得到放大，教育者个人的特长可以在高等教育系统中得到发挥和发展。一个学术带头人可以在教师群体中发挥自己经验丰富、学识渊博、思维敏捷的优势，从而带动整个学术群体发展壮大。

（二）高等教育系统的关联性

高等教育的宏观系统与整个社会系统是相关联的，是高等教育系统与要素之间、高等教育系统内部各要素之间存在着相互制约和相互依赖的关系。高等教育的微观系统的关联性主要是指教师群体的变化（如年龄、职称结构、学术水平、教学能力等）必然影响到整个高等教育系统整体功能的发挥，同样，学生群体、管理人员群体的变化也会影响到高等教育系统整体功能的发挥。而各群体在性质和功能上的变化也会影响和制约其他群体活动的开展和功能的发挥，教师群体的学术水平对学生群体的学习质量有着直接的制约和影响。高等教育系统的关联性正是体现于系统与要素之间、系统各要素之间的相互依赖、相互制约的关系中。可以看出，在高等教育系统中某一要素的功能以及系统的整体功能都要依赖于系统中相互联系着的其他要素的性质及功能。在高等教育改革中，任何决策与措施都应该纳入系统的研究之中，要考虑到高等教育系统各要素之间的相互依赖与相互制约。也就是说，高等教育的改革要"配套"进行，不管是全国范围、全地区范围还是全校范围的高等教育改革，都应如此。

（三）高等教育系统的目的性

高等教育系统因一定的社会需要而产生，为满足一定的社会需要而存在。无论是哪一个历史阶段或哪一种性质的社会，其高等教育系统都有明确的目的。高等教育系统的目的由社会系统所规定。社会的发展对高等教育的发展提出了要求，并为高等教育的发展提供了可能。高等教育系统目的的实现又为社会的发展创造了条件。同时，高等教育系统目的的实现还受到高等教育系统内部各种因素的影响，包括教育者的水平与素质、受教育者的接受能力及有关的物质条件，这些因素都在一定程度上促进或延缓高等教育系统目的的实现。高等教育系统为一定的目的而存在，因此，高等教育的目的是高等教育系统一切活动的出发点和归宿。从高等学校的管理方面来看，这种目的性表现为在建立一所高等学校之初就明确规定了培养目标和主要发展方向，学校的一切教育活动必须紧紧围绕这一目标展开，不能偏离目标和方向。当评估高校教育工作的优劣成败时，也应以初始的目标为依据。这样，就可以以目标为准绳，将学校的教育活动控制在向着目标不断前进的轨道上。高等学校教育系统为实现其特定的目的而形成了一个以教育者和受教育者为主要构成要素的系统，人具有主观能动性，因此，只有把系统的目的与个人的目标有机地结合起来才能更大限度地发挥高等教育系统的功能。

（四）高等教育系统的有序性

凡是系统都有结构，结构应该是有序的。高等教育系统的有序性表现在高等教育系统的层次上。从总体上看，高等教育系统有宏观、微观之分，在微观领域中还有院、系、教研室等层次。由于高等教育系统中层次的普遍性，高等教育系统概念的本身也就具有层次性。高等教育系统有大系统、子系统等区别。高等教育系统相对于教育系统是一个子系统，而相对于具体某一所高等学校它又是一个大系统。因此，高等教育系统中的大系统或子系统是相对的，子系统又由更小的子系统所构成。高等教育系统的层次性决定了高等教育系统应该是有序的。一些系统处在较高层次上，居于支配的地位；一些系统处于较低层次上，处于附属地位。正是各个子系统在整个高等教育系统中所处的地位不同、任务不同，才形成了整个高等教育系统的结构，使得大系统能够协调和控制各子系统的活动。高等教育系统的有序性，不仅表现为构成系统的各个子系统处于不同的地位，形成不同的层次，还表现为系统的结构确定后，高等教育系统中的物质、信息和能量按照一定的通道，有秩序地流动。例如，在高等教育的招生工作中，上一级教育主管部门把招生计划下达给各个高校，各高校再把招生计划分配下达给各个院系。此外，高等教育系统中处在同一层次的子系统也按一定的方式进行物质、信息、能量的交流，如校际间教师的流动和学术交流；高校中各系学生跨系选课等。高等教育系统的有序性是使其作为一个整体发挥功能的重要保证。如果高等教育系统内没有一定的秩序，高等教育"整体大于部分之和"的功能就不可能产生。这就要求我们在管理工作中设置合理的组织机构，健全各种规章制度，使各项工作有法可依、有章可循，并落到实处，从而保证高等教育系统功能的发挥。

（五）高等教育系统的适应性

任何系统都存在于一定的环境中，不能脱离环境而独立存在。高等教育系统也是这样，也不能脱离政治、经济、科学技术、文化等社会环境的因素而独立存在。它同社会之间有着物质、信息和能量的交换，不断地从社会环境中得到人、财、物的支持，又不断地为社会提供专门人才、科技成果等直接服务。社会的政治、经济、文化、科技的发展必然引起高等教育系统规模、结构、质量和发展速度等方面的变化。因此，高等教育系统必须适应外界环境的变化，否则就不能继续存在和发展。从这个意义上说，现存的高等教育系统或多或少地具有环境适应性，只是对环境中各种变化的适应能力各不相同而已。迅速而灵活地适应环境的变化是高等教育系统持续不断发展的必要条件。高等教育系统要做到这一点就必须成为一个动态的、开放的系统，经常改变自身系统的结构，以适应外部环境变化的要求。

高等教育要适应外界环境的变化，促进社会的发展，从这一点上讲，还必须充分地考虑到高等教育系统反映的滞后性这一自身特有的现象。从教育功能来讲，高等教育系统中的教育教学系统的功能是造就人才，而人才的培养和成长有一个过程，需要一定的周期，这就是所谓的"十年树木，百年树人"。培养一个高级专门人才，一般来说从高中毕业到大学毕业需 4 年左右的时间，如果到研究生毕业，所需的时间就更长。社会和人才市场今天急需的人才，几年后才能培养到位，这就是人才培养的滞后性。高等教育的这种滞后性，要求人才培养有一个提前期，才能与社会和人才市场需要相适应。同时，高等教育教学系统培养出来的人才进入社会和人才市场后，并不能立即发挥其全部作用，所学的知识也不能立即全部投入使用，需要有一段时间才能逐渐成熟、逐渐适应工作岗位的要求，这是人才使用的滞后性，这种滞后性要求社会上的人才有一定的储备。高等教育教学系统的滞后性，要求高等教育加强计划与预测工作，通过人才需求预测，了解社会政治、经济、科技、文化发展对高等教育教学发展的需求；通过决策，修正高等教育教学系统发展的目标，调整系统内部的结构，扩展系统自身的功能，最大限度地实现高等教育教学系统与社会环境的协调发展。

第三节 高校教育管理系统

宏观高等教育管理系统和微观高等教育管理系统的区分是根据现实的中国高等教育管理体制，便于分析高等教育管理的层次、管理的职能来进行的。宏观系统和微观系统都是相对的，是人为的。因为，宏观系统与微观系统的界线有时候是难以区分的，并且，也不是一句对宏观高等教育管理与微观高等教育管理的描述就能讲清楚中国高等教育管理的几个层次的。

一、宏观高等教育管理系统

宏观高等教育管理系统是根据宏观管理的功能要素形成的。宏观高等教育管理的系统结构主要是对高等教育发展战略、高等教育组织办学方向、学科发展、教育质量等的规划和控制管理，它主要是高等教育的行政管理。高等教育行政管理是国家教育行政部门依据高等教育发展的规律和国家高等教育的目的，有计划地协调整个高等教育系统的各种关系和资源，以确保国家培养高层次人才目标实现的过程。高等教育行政管理解决的是政府教育行政部门和高校之间的关系问题。它是在高等教育管理中具有全局性的组织制度，具体包括机构设置、责权划分、领导关系以及管理方式（如行政的、法律的、经济的）等。同时，它也是决定高等学校管理的前提，规定了行政部门和高校的工作职责和管理范围。在我国，高等教育行政管理是国家教育行政的重要组成部分，也是国家教育行政机关为实现高等教育目的，使高等教育有组织、有系统地开展，依法对各类高等教育事业和所属高等教育机构进行经济而有效的领导和管理活动。具体地讲，高等教育行政管理的结构含义及内容主要包括以下五个方面。

1.高等教育行政管理是国家的一种专业性行政管理。不同于一级政府的"一般行政"或"普通行政"，作为国家一级管理的专业机构，其职权由宪法所规定，在它所属的行政范围和区域内统一领导各种教育职能机关的工作，其行政活动带有全面性和综合性。

2.高等教育的两级行政管理。高等教育行政活动的主体是国家和地方政府教育行政机关，即中央教育行政机关和地方教育行政机关。中央教育行政机关和地方教育行政机关是领导与被领导的关系，地方教育行政机关接受上级教育行政机关和本级政府的双重领导，同时，地方教育行政机关又对本地方的教育组织行使宪法赋予的管理权，它本身具有一定的自主权。

3.高等教育行政活动的客体是各类高等教育事业和所属高等教育机构。高等学校举办者因从事教育活动而成为高等教育行政的客体，有人把国民因接受高等教育或参与高等教育活动而称为高等教育行政的客体，这是值得研究和思考的。如果我们把高等教育的接受者作为客体的话，从关系来讲，接受者就是获得方、被动方。目前，高等教育的接受者已经对高等教育进行投资，国家义务教育阶段后的教育都是一种具有投资成本的教育。因此，主体与客体的关系正在发生一些变化。

4.高等教育行政管理的目的是实现国家法律规定的教育目的，保障公民接受高等教育的基本权利，提高全民族素质，培养国家所需要的各类专门人才。因此，国家对高等教育具有管理的权利，但更多的是具有管理的责任和服务的义务。高等教育行政应当为实现高等教育目的创造必要的条件，保障高等教育事业的发展和教育改革的成功。

5.高等教育行政管理的手段和方法，在于通过实施《中华人民共和国高等教育法》和有关法律法规、教育政策来规范高等教育行为。通过这些手段和方法来调动各方面办学的积极性，使高等教育活动有组织、有系统地展开，经济、规范有效地运行，保证国家高等教育目标和任务的实现。

从高等教育行政管理的国际比较的角度看，高等教育行政管理体制并非空中楼阁，它是在本国的社会背景以及历史传统的基础上发展起来的。因此，不存在哪一种模式比另一种模式更好的问题，而只存在哪一种模式更适合国情的问题。在我国，高等教育行政管理应该注意的两个方面：一是管理体制应该实行统一领导、宏观指导、分级管理的体制。我国地域辽阔，在现有综合国力的条件下，要取得教育事业的更大发展，高等教育行政管理必须实行统一领导，在加强中央宏观控制和指导的同时，真正地把发展多样性的高等教育（如部分以面向地方服务为主的普通高等教育、高等职业教育等）的责任和权力交给地方，调动社会各方面办高等教育的积极性，形成分级管理、分级办学的严格体系。二是高等教育行政管理应该实行法律化和民主化。高等教育行政管理体制改革的主要问题不单单是一个管理权限的下放调整问题，关键在于制定和有效地执行《高等教育法》及相关法律法规。我们要发扬我国高等教育管理中的一些好的做法（如民主集中制原则），同时借鉴一些其他国家在高等教育管理中的业务咨询、管理监督、决策参谋的服务性功能，这样才能有效地提高高等教育行政管理的质量、水平、效益。高等教育的行政管理主要体现为教育部和地方教育行政部门有关司、局、处等职能机构对高等教育组织进行的管理，这些方面的管理就构成了高等教育行政管理的下位概念，这些下位概念的整合构成了高等教育行政管理的全部内容。具体的管理内容包括：申办高校审批的管理、学科专业设置的管理、学位与毕业证书的管理、办学方向的管理、高校领导班子的管理、办学规模与层次的管理、办学经费管理、教育质量的管理、科学研究的管理、招生与就业的管理、政治与国防教育的管理等。当然，高等教育行政管理的下位概念有些也可以说是中观管理概念。既然有下位概念的话，那么上位概念是什么呢？可否指一个国家和地区的高等教育战略的管理？这种战略管理的含义大致有这么几个方面：第一，各时期国家高等教育发展目标与发展规划的管理；第二，国家高等教育布局、区域发展的协调管理；第三，国家高等教育发展的调控管理，包括教育立法、教育发展（层次、规模、速度）、国家教育投资等的管理。

宏观高等教育管理系统的表现形式是比较简单的，从系统的性质来看，它主要实施的是规划、决策、监控。规划和决策是一种行政权力性组织管理活动，利用专家系统和组织系统按照政策法规办事就可以解决的问题，而监控要涉及具体的微观管理活动的方方面面，有时间、程序、规范、机制等方面的管理活动，因此，有必要成为一个系统。所以，宏观高等教育管理系统主要表现在战略规划与监控调节方面，而管理活动重要的一方面则是反映在监控系统运行的好坏，因为监控的结果直接影响规划和决策的落实。

相对微观高等教育管理系统，宏观高等教育管理系统结构是上位；系统结构，毫无疑问，上位系统的改变或者出现问题，下位系统也必然会出现变化或者问题。从一个国家的层面上讲，特别是宏观高等教育行政管理，宏观系统的权力强度大，这种系统的行政功能也就大。因此，对于上位系统的作用认识的重要性再怎么看重也不过分。现代宏观高等教育管理系统的研究表明，系统中的行政功能要逐步弱化，还要逐步加入一些社会的元素使其参与到高等教育的宏观管理中，使高等教育的宏观功能发生变化，这个变化向着有利于微观高等教育管理系统生机勃勃地运行，挖掘微观高等教育管理系统的最大潜力，使微观高等教育管理功能发挥到极致。当然，这种系统功能的转变要有一个过程。

二、微观高等教育管理系统

微观高等教育管理系统结构是根据管理的功能要素形成的。微观高等教育管理是指实施高等教育活动的高等教育组织，依据高等教育目的和高等教育发展的一般规律，有意识地调节组织内外的各种关系和资源,有效地达到既定的高等教育系统的目的的过程。它是高等教育管理系统中的下位主体系统,作为高等教育的主体系统,涉及具体的高等教育管理的活动,可塑性大,可作为性强,因此,是我们研究的重点。本书的高等教育组织主要是指高等学校,但不应该只是高等学校,因为,高等教育组织除了高等学校外,还有高等教育科研机构、高等教育咨询服务机构等其他组织。不过,现行的这一类研究一般是指高等学校组织管理的研究,以及由此形成的高等教育管理系统的研究。

(一)高等学校内部管理的依据

1. 高等教育组织运作的一般规律

高等教育组织运作的一般规律包括两个方面:一是高等学校的办学与经济社会协调发展的规律,有人称之为高等教育发展的"外部关系规律"。具体地讲,教育的规模、结构、质量通过人才培养、科学研究的社会效益反映出来,高等教育组织要在高等教育行政管理之下有效地发挥自己的职能,表现在与系统的关联性和与外部的适应性。二是高等教育活动与学校客观功能的发挥相适应。学校的社会定位确定了这所学校的功能,这就是学校的客观功能。培养各级各类高级专门人才的教育功能是大学的核心功能,同时,对于研究型大学,还有科学技术创新、知识创新的功能。作为教育,有利于学生身心发展是教育的最基本的规律;作为科学研究,还要遵循学科发展与研究的一般规律;作为学校内部的管理,还要遵循大学组织管理中人、财、物等资源利用的规律。这些被称为高等教育组织的"内部关系规律"。

2. 高等教育的目的是高等学校管理的依据

高等教育最根本的目的是培养社会主义的建设者和接班人以及各级各类高层次专门人才,高等学校的一切教育活动都应围绕这一目的展开。因此,高等学校管理必须依据这一目的,实施符合教育规律、有中国特色且有学校特点的管理方式。高等学校的教学管理、科学研究与学科专业建设的管理、学校党务管理、学校行政管理、学校后勤管理等必须围绕这一目的开展,否则,就会失去目标,偏离方向。

(二)高等学校内部管理系统

学校内部管理系统的划分没有一定的规定,一般来讲,可以分为行政管理系统、党务管理系统和后勤管理系统。行政管理系统主要是日常的人、财、物等教育资源的管理调配,各项行政活动的计划、组织、协调、监督管理。党务管理系统是体现党对基层组织领导的保障系统,通过思想政治、宣传、社团(工、青、妇)等工作,调动各方积极性,促进学校办学目标的实现。后勤管理系统是支撑学校生活服务保障的系统,是学校的三大系统之一,在当前,即使通过后勤社会化改革,大学组织内部的后勤功能也已经慢慢弱化,但这一系统仍然具有很重要的作用。

1. 行政管理系统

学校的行政及直属部门管理系统可以分为四个层次。第一个部分为教学、科研管理系统。它是学校行政管理系统中的两个主要的子系统，之所以说它是主要的两个管理系统，是因为它是学校内部管理的最主要的功能性系统，学校的教育性功能和科学研究性功能都反映在这两个子系统上。第二个部分是支撑这两个功能实现的子系统。即人力资源管理系统、财务管理系统、资产管理系统、学生管理系统。第三个部分为行政协调和监督系统。即学校办公室、监察审计部门等。第四个部分是根据学校发展需要设置的行政直属部门以及某些临时部门。

（1）教学与科研管理系统。

高等学校教学管理是指高等学校在一定的时间和空间中，为了实现一定的教学目标，合理有效地调配高等学校中的人、财、物，特别注重管理活动中的管理工作者、教师、学生等三方面的能动性的发挥，以保证教育教学及人才培养的质量，最终达到教育教学目标的行为过程。

目前，我国大学设置的教学组织是院、系，系下设教研室（组），系、教研室（组）是教学活动具体的执行组织，是最基层的行政组织。有的大学是以学科专业来设置教学组织的，通过学科带头人来行使组织管理及实施教学工作的职能。学校内部的教学组织系统一般是由学校的职能部门教务处和院、系下设的教研室（组）组成的，一般大学为校、院（系）两级管理。

教务处在主管、校长的领导下协调全校的教学活动，通过制度进行管理，是学校教学管理的职能部门，其主要工作职责有：

第一，专业和人才培养计划的管理。根据学校发展规划和发展定位，论证和申办新专业，调整旧专业。按照专业培养的目标要求，制订人才培养计划。

第二，组织教学计划的实施，进行教学的日常管理。修订年度教学计划，修订课程教学大纲，提出课程教学要求。下达年度教学计划，编制校历，协调教学资源，按照教学环节的目标要求进行过程管理。

第三，教学制度的管理。制定教学的各项规章制度，包括教学管理人员、教学人员的管理制度，各教学组织单位的管理制度，学生的学习管理制度，学业及学位、毕业证书的管理制度，与教学相关的其他制度等等。

第四，教学质量管理。对各个教学环节进行过程控制，组织期中教学检查、年度教学工作考核，确保教学活动的正常进行。开展教学研究，建立和完善教学管理的有效工作机制，促进教学质量的提高。开展品牌专业、精品课程的评估评选活动，保证专业人才培养的质量。

教学院（系）落实学校下达的各项教学任务，具体实施本院（系）专业的教学活动。以教书育人为目的，调动本院（系）教师、学生共同参与教学的积极性，把人才培养质量的具体指标落到实处，把教学的投入、产出工作做到实处，履行好院（系）的责、权。

学校的专业建设是保证教育教学质量的重要手段。学校的专业建设主要是专业教育的建设，具体反映在人才规格要求、课程结构、教材及课程内容、条件平台、教学方法及手段、师资队伍等方面。它根据社会对人才的要求，不断地调整人才培养的目标，不断地更新教育教学内容，不断地改进教育教学方法，优化课程设置，形成合理的课程结构与体系。同时，它与学科建设一样，最核心的也是师资队伍建设的问题。

教学管理是高校人才培养重要管理的组成部分，是在教学活动过程中实现的。实施教学质量管理和制定科学的教学管理制度，形成全方位的质量保障机制，是高校教学活动成功与否的关键。

高等学校科研管理是与学科建设相关联的，是指高等学校在特定的时空范围内，依据科技发展和高校科研的特殊规律，为实现特定的科研创新目标，合理有效地调配人、财、物，以适应高等学校内外环境的变化，最终达到科研目标的行为过程，并由此形成了科研管理系统。我国高等学校的科研管理工作，由校（院）长或主管科研工作的副校（院）长负责，主管全校科研工作的职能部门是科研处，各院（系）分管科研工作的领导，根据学校的科研目标任务，有步骤地实施科研计划。

科研处的工作职责主要包括：

第一，科研计划管理。编制科研中长远计划，制订近期工作计划。

第二，科研组织与制度管理。代表学校制定科研管理政策，组织申报各级科学研究项目，组织评审科研成果，组织科研成果奖励的申报，组织科学技术成果的推广，组织科研信息及学术的交流，开展科研的信息服务。

第三，其他管理包括学术委员会或科学委员会的组织服务工作，专利事务的日常工作，协调科研团队培育科研创新的工作，科研事务的其他工作等。

院（系）主要是根据学校的科研目标总体要求，分步实施科研计划，较好地完成学校对院（系）的科研投入与产出。

（2）教学科研的主要支撑系统。

第一，人力资源管理系统。它是指组织或社会团体运用系统学理论方法，对组织的人力资源方方面面进行分析、规划、实施、调整，对人才的使用实行引进、使用、培养、考核、晋升等，通过制度进行调配，提高人力资源管理水平，使人力资源有效服务于组织或团体目标。

第二，财务管理系统。它通过预算、决算和财务制度的管理，量入为出，增收节支，对各项财务的支出进行有效的控制和管理。大学内部的财务管理有的实行的是学校高度集中管理，有的大学实行的是两级管理，学校的经营部门实行的则是独立核算的管理方式。

第三，资产管理系统。现代大学的资产管理分为有形资产和无形资产，有形的资产是实物性资产，它包括地产、房产、教学科研仪器设备、生产生活设备等。无形的资产则是包括学校的校名、学校在多年的办学过程中形成的文化品牌、科学技术的发现发明创造以及注册的商标等知识产权方面的资产。

（3）行政协调和监督系统。一般学校的学校办公室、监察审计部门等为学校的行政协调和监督部门，由此组成行政协调和监督系统。

（4）行政直属系统。根据学校工作要求的不同，学校设置的发展规划部门、政策法规部门、教育研究部门、图书馆、期刊社，以及其他直属部门等构成学校的行政直属系统。

（5）其他系统。有的学校设有专业的、临时的直属管理部门，如考核评估直属部门、学科建设办公室、"211"办公室、学位管理办公室等，也有的学校是将这些单位融合在某个职能部门。

2. 党务管理系统

党务管理系统是保证大学的办学方向，确保大学把党的办学方针和政策落到实处。通过工、妇、青等组织，调动广大教职工的办学积极性，为完成学校的发展目标做好政治思想保障工作。

除了学校一级的党务工作部门外，学校还在院（系）和有一定规模党员人数的单位设立党的基层组织，如党的总支委员会、党的支部。

3. 后勤管理系统

高等学校后勤管理是指依据后勤社会化的一般规律和高等教育培养人才的特殊规律，通过调节高校内外部相关的后勤资源，最终为培养人才的教育目标服务的行为过程。由日常生活生产服务、基本建设与维修等部门构成后勤管理系统，也称后勤服务系统。

我国目前大多数高校后勤工作实行甲乙方模式，由后勤集团、基建维修部门、其他服务公司等组成后勤服务系统，实行公司化运作。学校分管校长通过后勤管理的后勤处作为学校的甲方代表，提出学校后勤工作的目标任务，后勤服务公司采取协议的形式、招标的方式得到服务项目，采取有偿服务。

随着经济和政治体制的改革，高等学校后勤社会化正在不断地深化，不断地配套和完善。高校后勤管理改革的根本目的是理顺高校的职能，使高校做自己应该做的事，改变过去高等学校办社会的局面，把社会该做的事情让给社会去做，减轻学校的负担，使学校轻装上阵，行使好自己的职能。后勤服务工作是为学校教学、科研各项工作提供服务，以提高高等学校办学效益为目的。为保证高校后勤管理社会化的具体实施，在经费上要实行定额承包，组建自负盈亏、独立核算的经济实体。我国大学传统的后勤管理机构主要是各级行政领导通过行政命令的方式进行管理，组织活动经费由行政事业费统一下拨，是一种"供给制"。在市场经济条件下，必须发挥组织机构效能，其原则是实行政企分开。将后勤服务机构分成两种不同性质的类型：第一是后勤行政管理部门。负责对大学后勤日常行政进行管理，制订、执行后勤实施计划，接受上级监督、检查，根据规章制度行使日常管理。第二是经营性质的服务或生产型经济实体。按照所有权、经营权适度分离的原则，这些实体以经营为主，自负盈亏，独立核算，享有独立的法人地位。后勤服务活动的多样化要求组织管理的标准化、规范化，制定一系列相应的后勤管理规章制度是后勤改革的要求。

4. 其他管理系统

根据学校功能和性质的不同，学校可以选择多样的管理模式，因此，我国大学目前的内部管理模式出现了多样化，及一些新的管理系统。

（1）学科建设系统。有的高校重视学科建设工作，成立校院（系）两级工作管理部门，形成专门的学科建设与管理系统。学科建设是一个比较复杂的系统工程，并且是一项长期的工作。人们一般把学科建设作为高校工作的龙头，一流的学科专业水平就有可能培养一流的学科专业人才。学科水平的标志是科学研究的水平，科学研究的成果和水平直接反映学科的水平，科学研究依托学校的三大建设：一是学科专业队伍建设，二是科学研究平台建设，三是管理制度建设。学科建设的管理有的学校放在科研处，有的学校设有专门的学科建设管理机构。今后，大学的竞争一个是人才培养质量的竞争，另一个是学术水平的竞争，学术水平又直接反映学科专业的水平，影响人才培养的质量。因此，随着人们对高校学科建设意义的真正了解，真正认识到学科建设的龙头地位，学科建设系统将越来越重要。

（2）目标管理系统。学校推进内部管理的改革，引进现代企业管理模式，实行大学目标管理，形成了一种新型的管理系统。大学目标管理打破了常规的大学管理方式，打破了常规的大学管理系统，不是靠单一的行政职能部门管理某个方面的工作，而是对院（系）、对学校的工作进行综合管理。目标管理的核心是确定学校各时期、年度的工作目标，工作的目标是全方位的，涉及学校工作的方方面面。因此，学校必须有一个部门牵头进行统筹协调，由多个部门参与，形成一个协调的、权威的管理系统。

（3）学生管理系统。根据目前我国的国情，学生的管理承担着很大的社会责任和家庭责任。因此，学生管理系统是学校最复杂的管理系统之一，事务性的管理内容比较多并且繁杂，关乎学校和社会的稳定。学生管理系统由学校党政共同负责，齐抓共管。

三、宏观与微观高等教育管理的关系

（一）宏观和微观的管理实际上是"条"和"块"的管理

我们认为，高等教育行政管理是一种专业性的行政管理。既然是专业性的行政管理，那么存在一个领导和被领导的关系，有上位管理和下位管理之分，它们的管理是上、下位之间的关系，上、下级之间的关系。教育部和各级地方教育行政部门将教育事业有机地分解为若干个工作方面，每一方面都与高等学校的某一方面有着直接的联系，形成了一条纵向的链条，我们称之为"条"的管理。"条"的管理体系表现为中央、地方、高等学校3个层次。地方的高等教育的管理相对于中央、各省市的高等教育的管理又是"块"的管理。高等学校相对于上级的管理部门，全国高校依法自主管理，各高等学校又是"块"的管理。高等学校从总体上进行着与培养人才有关的各种活动，而这种"块"的管理中的各种活动（如教学、科研、学生管理、师资队伍建设等）都受上级教育行政主管部门的领导与协调。从这个意义上说，高等学校的管理又是一种"条块"结合的管理。这种关系着重表现在高等教育的管理体制上，特别是领导体制上。高等教育领导体制是指在高等教育系统中组织机构设置以及权限划分的制度，主要包括政府对高等学校的领导关系、高等学校内部的领导关系。一般习惯上把前者称为宏观领导体制，即高等教育领导体制，把后者称为微观领导体制，即高等学校内部领导体制。

处理好"条块"的关键是明确"条块"各自的功能和职责,各"条块"该做什么,不该做什么,在一个法治社会应该用法律把它明确下来。当然,要理顺这种关系是复杂的,有时候是两难的,要等到上位的改革达到一定的程度以后,下位的改革才有可能相对应地进行配套完成。

(二)宏观和微观管理体制之间的集权与分权

高等学校内部的领导关系包括学校的领导制度、机构设置、管理权限及其相互关系的根本性组织制度。它是学校内部带有整体性、全局性的制度,直接支配着学校的全部管理工作,是高校微观管理能否搞活的关键。目前,我国高等学校领导体制主要是党委领导下的校长负责制。在这种体制中,党委是学校的政治核心,校长受政府委托,在党委领导下管理学校,对学校行政工作全面负责、教职工代表大会实施民主监督和民主管理,这是一种相互促进、相互制约的体制。从技术的角度分析,高等教育管理无论是宏观层次还是微观层次,都存在着计划、组织、领导、控制等技术手段,只是在不同层次上运用的程度和方法有所不同而已。因此,在技术的层面上,宏观高等教育管理和微观高等教育管理也是有机地结合在一起的。高等学校内部管理的方方面面既与宏观高等教育管理相协调一致,其自身内部也是具有整体一致性的,即围绕培养人才的总体目标有机地结合在一起,需要强调的是,高等学校管理的有效性很大程度上取决于高等学校本身的自主权,即微观高等教育管理既与宏观高等教育管理存在着一致性,也存在着一定的矛盾性,其矛盾的焦点是高等学校办学自主权的问题。

高等教育管理的分权问题不能简单地来看待。第一,要明确为什么要分权,不是什么权都可以分掉的。在没有搞清楚权力划分原则的情况下,简单地提分权的问题是盲目的。第二,分权不仅仅是简单地下放权利,而是在分权的同时,把上下位各自承担的责任理清楚。

四、高等教育管理系统构成分析

既然高等教育管理是一个系统,那么,系统的构成以及呈现的状态应当具有各自的独立性。

(一)发展与需求构成的目标系统

高等学校总体的发展目标必须是与国家和各级政府的教育发展目标相一致的,国家和各级政府的要求也是如何使得高等教育的发展与社会发展相适应,具体的表现就是人才培养的质量与数量需求,科学知识的创新与科学技术的创造能推动社会文化的发展与社会的进步。高等学校的发展目标虽然根据各自的学校情况的不同,发展的目标也不同,但是,归纳起来仍然是学科建设的发展目标,教育质量的目标,科学研究的发展目标,以及办学的质量、水平、效益的协调发展目标。因此,宏观与微观的需求,国家的高等教育目标与高等学校的发展目标,共同构成了中国高等教育的目标系统。

（二）体制与功能构成的组织系统

从宏观管理体制来讲，中国高等教育分为中央和地方两级管理。地方主要是省级人民政府、中央人民政府通过教育部专业政府机构来管理国家的高等教育。地方人民政府通过教育厅来管理所属高等学校。两级管理的内部又分为多项具体的业务管理部门。

（三）人、财、物构成的资源系统

人、财、物是为了实现高等学校的功能所配置的资源。人力资源是社会性资源，财、物主要是国家投资性资源，部分是学生缴纳的学费和社会筹措。人、财、物是高等教育的基础性资源，缺一不可。资源的充足与否直接影响学校的生存与办学，资源系统优质率的高低直接影响高等教育的水平和质量。

（四）政策与机制构成的运行系统

高等教育的运行实际上是高等教育管理过程的具体表象。能否正常地运行，能否高质量、高效率地运行，关键是需要依靠健全的法规政策和依法管理的力度，形成一种有效的管理机制和有效的运行模式。高等教育的管理实际上是通过政策、制度等对高等教育资源系统地、有效地配置与运用。

第四节　高校教育管理系统中的组织理论与技术

一、组织理论

由于组织建立的原因和组织设计前提依据不同的观点，形成了不同的组织理论。组织结构建立的动因在于受到管理幅度的限制，对管理幅度及与之相关的管理层次的研究形成了组织结构的理论。

行为科学家们一直在研究关于合乎需要的管辖人数及其所形成的高耸结构或扁平结构的组织。一般而言，管辖人数的界限影响着组织层次的多少，管辖人数越少，管理层次就越多。虽然建立组织在于使人类的合作有效，但是，我们却发现，组织级数的起因受管辖人数的限制。

在现代管理实践中，一个领导者究竟能有效地指导多少部门？这就是"管理幅度"问题。为了保证领导者有较多的精力，确有成效地指导下级，管理的幅度当然是越小越好。但是，随着管理幅度的减小，管理的层次就会增加，这又不利于管理效率的提高。

管理幅度是一名上级领导者所能直接、有效地领导下级的人数。英国军事家汉密尔顿从军事组织的研究得出的结论，认为一个人管理的幅度应在 3 ~ 6 人。

法国管理专家格兰丘纳斯是第一个用数学方法研究管理幅度的人。他经过研究认为，当组织内增加一个人时，组织内人际关系数就会急剧地增加。比如，当一个领导者指导两个下属时，他就面对 6 种关系要处理：与下属有两个直接的指导关系，同两个下属之间有两个群体关系，还有下属间有两个交叉关系。

著名管理学家厄威克一方面赞成格兰丘纳斯关于人际关系的数学分析，另一方面他提出所观察到的心理现象，即一个人的注意力幅度问题。他觉得，格兰丘纳斯所分析的全部关系不会同时发生，因而也就不必那么可怕。他认为，人的活动幅度受多种因素的制约，其中，最重要的可能是要与人的注意力幅度相适应。

影响管理幅度大小的变量主要有 6 个，即职能相似性、地区相似性、职能复杂性、指导与控制的工作量、协调工作量、计划工作量等。相关人员根据 150 个实例的调查分析，得出了影响管辖人数诸多因素的加权值。

管理幅度的研究表明，管理幅度并非可以无限增加。我国一些规模较大的大学往往由五六十个系、所、中心组成，平均每位校长要分管 10 多个单位，负担很重。因此，在这一意义上设立"学院制"是必要的，可以通过学院这一组织减轻校长的工作负担，提高校长的领导效能。许多国家早就规定，必须有 3 个以上的学院才能成立一所大学。而学院的规模有一定的学科专业要求，在校学生的规模要求，教育层次的要求，研究型的学院还有教学科研资源的要求等等。

二、高等教育组织结构及其形式

高等教育的组织结构是指高等教育系统内部组成要素及其配合方式。组织结构通常包括内部各单位平行或隶属的关系、各成员的职责、遵守的法规、执行的政策、工作的程序、控制的过程、报酬的等级和行为的设计等内容。高等教育的组织结构应根据学校的规模、层次、科类等特点的不同而有所不同。就我国高等学校来说，组织结构一般有五种形式。

（一）直线制组织结构

直线制组织结构是一种由上级首长直接对下级下达命令进行管理的组织形式。在这种形式的结构中，各个层级的一切指挥和管理职能基本上都由校长自己执行，只有个别的职能人员协助校长工作，不设立职能机构。其优点是形式简单，管理层次少，命令统一，指挥及时，责任与权限分明。缺点是要求领导者通晓学校的一切工作，亲自处理许多业务。这种模式在较大的高校难以做到，一般只适用于规模较小的高等教育组织的管理。

（二）职能制组织结构

规模较大的高等学校管理复杂，各项管理需要有专业的管理知识，校长很难具备各种管理的专门知识和条件，要独立进行全面有效的管理很困难，需要在校长之下设立各种职能机构，校长将具体专业性的指挥权委托给各种职能机构。我国普通高等学校一般不采用这种形式，某些成人高等学校由于校长往往是兼职的，为了减少兼职校长的具体指挥工作，可以采用这种组织结构。

（三）直线职能制组织结构

这种结构是将组织内各层次的管理机构和人员分为两类：一类是直线指挥机构和人员，他们对下级进行指挥，下达命令，并负有全部责任；另一类是职能机构和职能管理人员，他们是直线指挥机构和指挥人员的参谋机构和助手，只对下级机构和人员的工作提出建议，进行业务指导，没有决策权，也不能对下级机构和人员下达命令、进行指挥。

（四）学院制组织结构

学院制就是在大学之下设立学院，学院之下再设系（所），学院在大学内享有较大的自主权。学校的职能部门主要是围绕学校的目标，在校长的指挥下协调对院（系）的管理。这是一种分权式的组织结构形式，适用于规模较大的多科性大学或综合性大学。我国有一定数量的高等学校已实行或正在试行这种结构的组织形式，也有不少高校正在校、系（所）两级管理组织结构的基础上积极探索建立学院制管理的组织结构。严格意义上说，这是直线职能制结构的一种特殊结构。

三、高等教育的组织技术

（一）影响高等教育组织技术的因素

1.管理目标。动态的组织是人们有意识的社会实践活动，它有着明确的管理目标。静态的组织是组织活动有效进行的条件，它的结构的设计、机构的设置及在实践过程中的变革自然应以组织活动的目标为准绳，以保证组织目标的实现为宗旨。不同的组织目标要求有不同的组织设计技术和组织机构设置技术。组织得以存在的重要依据是有一个明确的发展目标，组织中每个部门和人员都必须为达到共同目标而进行活动，为实现共同目标要正确处理人、财、物的关系，追求高效率和高效益，为达到共同目标，要动员在各个层次结构上组织机构内的全体成员制定个人目标，并处理好共同目标和个人目标之间的关系。在完成共同目标的前提下，照顾到个人目标的实现。

2.环境因素。高等教育系统本身以及系统内任何一种组织机构都处于一个不断变化的环境之中，不断与环境进行物质、能量和信息的交换，所以，组织内部各部门和人员之间的配合、组织结构和组织机构也要不断变更，使它更有效并与环境保持动态平衡。环境包括社会环境和人际环境。社会环境包括政治、经济、科技、文化等方面。政治环境由国家的性质、政治体制、法律制度、方针政策、思想道德等因素构成，它必然影响到高等教育系统中组织结构的设计和机构的设置，所以，我国高等教育组织结构，尤其是组织机构不能照搬西方国家的一套。经济环境由一个国家的经济制度、经济体制、经济政策、经济发展状况、各地区不同的经济发展水平等因素构成，它直接影响高等教育组织结构的设计和实施。科技环境则由科技体制、科技政策、科技发展水平等因素构成。社会其他环境包括民族文化、心理和习惯、社会风气、人们的文化和道德文明程度都会对设计组织结构和设置组织机构产生不同程度的影响。人际环境包括组织成员的个性及成员间的相互关系等方面，在完成规定的管理活动过程中，成员间的相互信任和支持，以及成员间的相互矛盾和对立，往往是机构重新设置、变更的直接原因。

3.组织中的人。高等教育组织的组成人员具有高智能的特征。因此，这些成员的主观能动性对于管理的效果具有直接的作用，有时，一个好的领导在不同的学校其工作效果是不同的。再有能力的大学校长，离开了对管理对象的具体分析都有可能在工作中遇到阻力，甚至工作是失败的。因此，组织中的人的因素也是我们在组织的结构设计中必须考虑到的。

（二）高等教育组织结构设计的原则

组织结构的设计又称组织设计，是把组织系统内的人、财、物等各种资源通过一定的联结方式来确定其相互关系，并合理配置资源，以实现组织目标的过程。它是组织工作的核心内容。

高等教育组织结构设计的原则主要有组织分工协作原则、组织权职相应原则、信息通畅原则、组织运作的有效性原则。分工协作强调整体团队精神，分工是明确各自的工作任务，协作是强调围绕共同的目标必须进行协作。权职相应的原则是要求权职的定位要准确，防止职务权力过大或过小。信息通畅原则强调的是管理的信息要畅通，否则将会贻误战机，信息的混乱或者缺乏真实性肯定会导致管理的失败。有效性原则强调的是组织结构要灵活，且运转要灵活、高效。

因此，一般认为，高效能的组织结构应当具备四个条件。第一，具有可靠而有效的信息输入、输出系统；第二，具有民主的、灵活的、富有创造性的管理；第三，具有受到组织成员一致支持的明确的组织目标；第四，具有相互信任、相互支持的成员间的良好关系。

（三）高等教育组织结构设计的技术要求

根据设计的组织结构使资源到位。根据预先的人员编制对人员定岗，使其从事与岗位相适应的工作，保证事得其人，人尽其才。对预算经费（预算内、预算外经费）、物资（公用物资和部门用物资）合理分配，做到财尽其利、物尽其用。另将时间安排好，使全体成员有秩序、有节奏地进行工作。在高等教育组织设计过程中，对岗位（职务）的分析和制定合理的人事制度是十分关键的。岗位分析的目的在于确定该岗位或职务从事者应该具备的基本标准或资格。对岗位或职务进行分析的方法，一是确定该职务或岗位需要任职者具备哪些知识和能力，二是确定该职务或岗位的价值（重要性）。前者可以纳入对任职者（或候选者）的学历、知识结构、能力结构、工作经历、人格特征、心理素质等多方面进行的考察，后者则是从该职务或工作的各种特征方面来分析任职者应具备哪些条件。这两方面分析的目的都在于尽可能使任职者与该职务达到最佳吻合状态，即人尽其才，达到最佳的工作效果。高等教育组织结构的设计总是在充分分析组织系统内外各种关系和资源后，对组织目标进行有效的分析，合理确定各种资源的相互关系，这本身就是一个"情境性"很强的工作。因此，要因时、因地、因条件制宜。

第三章 高校教育教学管理功能

第一节 规划与组织功能

规划是指对事物未来的发展进行预期目标和工作计划的整体设计。从宏观上讲，规划功能是指对高等教育管理中的战略发展规划这一事物的有效作用，从微观高等教育管理上讲，是指对高等学校的事业发展规划的功用。规划是管理活动中首要的任务，因此，它的功能也是我们必须首先要弄清楚的。

这里的组织实际是指项目与活动的规划出台后，具体进行的组织实施。通过组织管理运作模式和运作机制，组织和调配相应的资源来实施这一计划。组织实施是管理活动中方式方法的另外一个问题，本部分不做专门的讨论。这里主要围绕高等教育中的规划问题开展讨论。

一、高等教育规划的依据

（一）高等教育规划产生的社会背景

1.经济因素。我们这里讲经济因素实际上是两个方面，一个是国家经济体制的因素，另一个是经济发展的需求问题。教育的需求主要与国民经济的发展需求相适应，以及与国家政治的需求相适应。根据恩格尔定律，随着人们收入水平的提高，用于生活必需品方面的支出占整个收入的比例会不断下降，而用于包括教育在内的其他非生活必需品方面的支出占整个收入的比例会不断上升。

2. 人口因素。人口因素主要是指人口增长对教育需求的影响。除了经济因素外，人口因素也是导致国民高等教育需求量增加的一个重要因素。1945 年以后，世界人口急剧增长，到 20 世纪 60 年代末至 70 年代陆续跨入了接受过高等教育的年龄组，使接受高等教育的人口数量迅速增加，直接导致了高等学校在学人数的快速增长。国民对高等教育需求的增加对高等教育规划的产生、发展起到了直接的推动作用。因为政府或社会要满足大批国民对高等教育的需求，不仅需要大量的教育资源的投入来支撑庞大的办学系统，改善办学条件，还要合理组织教育系统，合理利用有限的教育资源等等。所有这些，显然都有赖于周密规划的保证。为此，20 世纪 60 年代后，许多国家开始把制定高等教育事业发展规划作为政府的一项重要的教育管理职能，有不少国家还建立起了专门负责进行高等教育规划的机构，企图能借此确定高等教育的发展目标，以及在高等教育系统中各个部分的先后发展顺序，为政府进行高等教育决策提供指南，使高等教育系统中资源的使用尽可能优化。总之，人口因素是教育规划中教育规模规划的重要依据。历史地或全球地看，如果完全按照市场来决定高等教育的需求问题是不可能的，教育不可能市场化，教育问题也不可能完全由市场来解决。这是因为，绝大多数国民不可能完全靠自身的经济能力解决教育需求的问题，而必须依靠国家或者社会解决自身的教育需求问题，所以，国家对教育规划特别是高等教育规划就显得十分重要。

3. 人力资源因素。市场经济体制的建立，人力资源是最活跃的因素。人力资源的来源主要是通过教育的生产达到的，人力资源需求越旺盛，教育的需求就越旺盛，人力资源的质量和水平要求越高，对高等教育质量与数量的需求就越高。

（二）高等教育需求的构成

1. 社会对高等教育的需求

社会对高等教育的需求反映了社会政治、经济、文化等的发展对高等教育所提供的人才数量的多少、质量的高低、规格和种类以及知识的创造、科学技术的更新等方面的要求。具体说来，社会对高等教育的需求主要体现在以下几个方面。

（1）经济发展对高等教育的需求。随着经济的不断发展，社会对高级专门人才的需求也在不断增长。就我国情况看，由于各地区、各行业生产力发展水平有很大差距，表现为多层次的生产力结构，所以各地区、各部门对高级专门人才的需求是有差别的。另外，高科技产业的崛起，信息时代的到来，产业结构的变化，对人力资源的组合也提出了要求，自然，这些要求最终反映在对高等教育的需求上。从生产力发展的需求来看，为了最大限度满足社会的教育需求，许多国家开始对高等教育系统进行分析、规划和改造，并为高等教育系统的发展制定规划。许多国际性组织，如世界银行、联合国教科文组织、经济合作与发展组织等也进行了大量的教育规划的研究、培训、实践工作，推动了整个世界范围对高等教育事业发展规划的重视。

（2）政治发展对高等教育的需求。各个国家和政府都要维护和发展其政治体制，需要保持其在国际上的竞争力。教育是有效地维持和发展现存的政治结构的重要工具。

在我国，社会主义事业的发展要求有大批合格的接班人，尤其是政府部门的各级领导和管理人才。随着我国政治体制的改革和完善，国家公务员制度的实施，政治发展对高等教育的需求亦越来越大。

（3）文化发展对高等教育的需求。人类在认识和改造自然与社会的同时，也促进了自身的发展和提高。人类在长期的社会实践活动中，不仅创造、积累了光辉灿烂的人类文化，还要不断保持和继续创造更加灿烂的人类文化。对此，高等教育起着特殊的作用，人类文化的发展对高等教育有着巨大的需求。

2. 个人对高等教育的需求

从个体对高等教育的需求上看，尽管这种需求受到很多因素的影响，但经济水平的提高是一个非常重要的因素。研究证明，市场经济下人们的教育需求与他们的收入水平是密切相关的，收入水平高的国家，高等教育阶段学龄人口的在学率也高，一定高经济收入的家庭对高等教育有很旺盛的需求。所以，高等教育的规模、层次、质量、水平等的需求是高等教育规划最基本的背景。在高等教育规划的背景中提到过个人需求与计划的关系，这里，我们更进一步分析这种需求关系。个人对高等教育的需求主要反映了个人对高等教育发展所提供的受教育的机会、质量的要求，这一要求是由人的职业需要、成就需要、真善美的需要所引起的。

（1）职业的需要。随着社会主义市场经济体制的建立，劳动力市场也不断走向成熟和完善。开放的劳动力市场为不同质量的劳动提供不同的市场价格。而人力素质往往由受教育程度的高低来界定，受教育程度越高，谋求理想职业和获取较高报酬的机会就越多。这促使个人及其家庭尽其所能去争取较高的及较优的教育机会，期望得到较好的工作机会及报酬。高等教育是教育层次中最高层次的教育，是专业教育，自然就成为个人职业竞争的初始焦点。从这个角度来说，个人的高等教育需求是最现实的、最迫切的。

（2）成就的需要。成就的需要包括：发挥个人的聪明才智，获得工作的成就。这些需求的满足往往是以接受高等教育为前提的。能够接受高等教育本身就是一种成就，即学习成就的一种标志，而接受完一定程度的高等教育又为今后在工作中取得成就，为个人更好的发展奠定了基础。

（3）真善美的需要。真善美就是向往追求真理，追求人自身道德的完善，追求美的情感和事物。在某种情况下，真善美的需要不可忽视，它是人们追求高等教育的一种动机及力量。真善美的需求往往没有被人们重视，而实际上，但凡接受高等教育的大学生，在校园文化的熏陶下，德育、智育、体育、美育等方面都得到了发展。学校德育的影响使大学生的世界观、价值观及道德上的真善美得到升华；知识的学习使大学生认识世界、改造世界的能力大大增强，人变得越来越聪明，真善美的识别能力得到增强；体育不仅训练了人的形体美，而且培养了大学生欣赏体育美的能力；至于美育，既是专门教育的结果，也是整个大学校园文化综合的结果。

以上几种个人需要构成了个人追求高等教育的基本动机，体现了个人对高等教育的需求。个人和家庭都是社会的一部分，所以，个人对高等教育的需求也可以看作社会对高等教育需求的组成部分，应当重视对这部分需求的研究。因为，个人的需求往往是社会需求中最敏感的部分，社会发展对高等教育提出的各种需求常常是通过个人的需求首先反映出来的。个人的需求和社会的需求有着紧密的联系，两者在很多情况下往往都是一致的，个人的需求也会影响社会的需求。由于资源有限，社会需求和个人需求不可能都得到满足，不断地会有需求矛盾的产生，即使是富裕社会，往往也不能完全满足民众对高等教育的需求，可能会产生新的需求矛盾。

因此，在高等教育的规划中，需求是根本，从一定意义上讲，没有旺盛的需求就没有兴旺的高等教育，需求推动了高等教育的发展。

（三）高等教育规划的方法

根据高等教育的需求来自社会和个人两个方面，以高等教育的需求为基础的规划的方法亦相应地有两种，一是人力需求法，二是社会需求法。

1. 人力需求法

人力需求法是一种运用得较为广泛的规划方法。其基本假定是：经济发展有赖于教育提供促进经济增长所需的各种受过教育和训练的人力，经济各部门的劳动生产率投入与产出结构是可以预测的，每一种产出和劳动生产率的水平都与一种特定的职业结构相联系；每一职业都有最佳的教育结构；技能和教育之间存在对应关系；劳动力市场的过剩或短缺通过发展教育来协调。因此，必须首先借助规划来预计通过高等教育培育的人才的数量与质量，来确定社会需求的总量以及各级各类人才的数量，并指导高等教育机构来完成教育任务。人力需求法的基本原理是以社会经济发展对人力的需求为出发点来制定规划。具体地讲，通过了解国家在某一时期劳动力的职业与教育结构和产出水平之间存在的联系，来确定高等教育的质量与数量。例如，一般来讲，生产价值700万元的电动机需要50个大学毕业的工程师，如果想要提高生产值，增加到生产价值1050万元的电动机，按照人力需求的方法，就需要再培养增加25名具有大学毕业水平的工程师。根据人力需求法原理，如果知道了以下几个方面的数据：任何未来年经济部门每一职业所需人力数，每一职业现在人数，每年由于死亡、退休或离职等原因造成的每一职业的减员数，每年离开一种职业又进入另一种职业的人力流动数，这样便可使规划期每一年的人力总数和每一职业的人力总数定量化。假定每一职业的人力数仅与一种特定的教育相联系，那么，所有教育层次和所有学科的所需产出就可计算出来。在供应方面，如果具备规划内每一年现行教育制度期望的产出数据，便可计算出目标年每一职业所需补充人力数与实际可供应数之间的差额，据此可以调整和规划各个层次和学科的招生数和毕业生数。从经济与人力资源的需求平衡来预测和规划，应从如下几个方面考虑。

（1）预测经济总产出。因为人力需求预测的目标是把教育与经济发展联系起来，所以，首先要预测目标年的经济总产出或预测基年与目标年之间的经济增长率。

（2）预测部门产出。将经济总产出分解为各个部门的产出，计算出国内生产总值在各经济部门的分布。这里的部门是指国家的行业管理部门。

（3）预测部门的劳动生产率。估算劳动生产率以及基年与目标年之间劳动生产率的变化，把产出目标换算为人力需求。

（4）预测各部门的职业结构。把每一部门的劳动力分解为职业组，统计出职业组的需求结构。

（5）预测总职业结构。将全部部门同类职业所需人力数相加，得到为实现经济产出目标所需的每一职业的人力数和综合职业结构。

（6）估计每一职业所需的教育层次和类型或每一部门内每一职业所需的教育层次和类型。

（7）估算附加人力需求。根据受过教育的各级各类人力的现有储备，考虑计划期内离职和流动人力数，得出按教育水平表示的计划期内所需附加人力数。

（8）平衡人力供求。根据计划期每年的附加人力需求数和各级各类学生毕业情况，考虑毕业生的劳动参与率，规划每年各级各类学校的招生数。

2. 社会需求法

社会需求法是基于人力需求法，然后对整个社会的政治、经济、文化的发展来考虑的。对于一个国家来讲，它不仅仅要考虑需求的个体、局部，更要考虑国家的整体，如地区、行业的需求，是更宏观上的需求。社会需求法是一种常用的高等教育规划的方法，其思想是以个人对高等教育的需求为出发点，把高等教育个人的投资和消费集合成整体，并尽可能满足个人对高等教育的需求，以这种需求为基础制定高等教育整体规划。同时，社会需求法还要站在更高的角度，预测整个社会未来可能的需求。社会需求法是以个人的教育需求为基础的规划方法，这里的社会需求是一个集合概念，它把个人的决定集合起来。从另外一个角度来讲，社会需求法的基本原理是建立一个描述教育系统的模式，用学生从一级教育向另一级教育的流动来描述教育系统的活动，那么，人口预测是其基础，升级比例是其最重要的参数，结果是毕业生就业与社会的需求平衡。特别是当一个国家的社会需求产生社会发展与教育之间的矛盾时社会需求就会产生作用，极大地影响高等教育规划，并以此来预测和规划未来的高等教育。

二、宏观高等教育规划

宏观高等教育规划是国家及政府层面上的规划，我们可以称之为战略性的规划和指导性的规划。这一层次上的规划有许多，我们主要分析有关事业发展类的规划。譬如，编制国家的高等教育事业发展规划主要有三个方面的工作要做。

（一）提出规划的指导思想

规划要以国家关于高等教育发展的总方针和有关精神为指导思想，以国家教育事业发展的总规划为依据，贯彻科学发展观，加强统筹安排，控制高等学校设置的数量，提高高等学校设置的质量，调整和优化高等学校布局结构。

（二）设计规划的内容

一是总结和分析前一个时期高等教育发展的整体情况。高等教育的需求与目标完成情况；高等教育资源结构布局情况；高等教育改革情况；高等教育经费情况，特别是高等学校的经费保障和财力支持情况；高等教育办学条件情况；高等教育资源的现状，包括数量分析和结构分析。二是提出今后一段时期高等教育发展的目标。根据上一个时期目标完成情况，在充分考虑现有高等教育资源的前提下，提出今后一段时间高等教育的总体规划目标，如高等教育的发展规模、发展速度、高等教育的各种结构协调、教育层次的发展等规划。三是高等教育经费财政保障。提出预算内教育经费增长的政策保障和具体措施，以此作为高等教育发展的前提。四是完成目标的步骤和措施。

（三）编制规划的程序和方法

地方高等教育事业发展规划相对于国家层面上的规划有些区别，但总的格式没有大的差异。一般来讲，地方政府的高等教育事业发展规划应根据国家的有关文件精神和要求进行编制。规划主要是以党中央、国务院关于高等教育发展的总方针和教育部的有关精神为指导思想，以地方经济社会发展的总体规划和教育事业发展的总体规划为依据，贯彻科学发展观，加强统筹安排，控制高等教育发展的数量和规模，提高高等教育的质量，调整和优化本地区高等教育布局和结构。规划的内容基本反映在四个方面。一是分析本地区前期高等教育发展的整体情况，除了发展的规模、结构、质量、速度外，还有前期本地区财政性支出对高等教育支持的情况、本地区办学条件的总体情况、分析本地区高等教育资源的现状，包括数量分析和结构分析。二是根据本地区前期经济社会发展需要和今后高等教育发展的规划目标，在充分考虑现有高等教育资源尚可利用的剩余容量前提下，提出本地区今后高等教育发展的规划。此规划应包括高等教育的总体规划目标和各级各类分项目标。三是经费来源和财政保障。提出今后保证本地区高等教育经费预算内事业费年均水平比上一时期有增长的政策保障和具体措施，以此作为本地区本期间高等教育发展的前提。四是完成规划的具体步骤与措施。同时，地方高等教育规划受国家的指导和控制，国家为了保证各地方各地区高等教育的协调发展，在确定地方高等教育规划时，要提出审查意见，履行审批手续和程序。

三、高等学校事业发展规划

管理就是规划、组织、协调、控制，规划是管理的第一步。走好规划第一步关系到高等教育活动的方向目标是否清楚、发展思路是否清晰、工作要求是否明确、是否符合客观实际、措施是否合理得当、规划是否便于实施等。高等学校的规划是微观高等教育管理的范畴，是微观高等教育规划。我们用一个事例加以说明。

某高校 2006—2010 年事业发展规划：

（一）学校发展状况（略）

（概述）

1.学科专业建设取得突破性进展

2.办学规模不断扩大

3.教学质量基本稳定

4.科研实力进一步提升

5.师资队伍素质整体增强

6.办学条件逐步改善

7.管理平台基本建立

学校在取得成绩的同时，还存在不少的问题和困难。

（二）学校发展面临的形势（略）

（概述）

1.学校发展面临的机遇

2.学校发展面临的问题和挑战

（三）办学指导思想和发展目标（略）

1.办学指导思想

2.总体发展目标及战略第一步（2003—2005 年）第二步（2006—2010 年）第三步（2011—2025 年）

3.具体目标

2006—2010 年事业发展的具体目标：

（1）学科水平大幅提高

（2）人才培养质量全面提高

（3）办学效益明显提高

（4）师资队伍建设上新的台阶

（5）科研实力上新的台阶

（6）校园建设上新的台阶

4.2025 年事业展望

四、规划功能分析

（一）规划的顶层设计功能

不论是宏观高等教育管理还是微观高等教育管理，规划是顶层设计。宏观高等教育管理中的规划对于高等教育的大政方针、发展方向和发展目标都进行了宏观的规划，给出了整个国家或地区的高等教育规划发展蓝图。

微观高等教育管理规划是学校组织发展的顶层设计。微观高等教育管理规划中确立的办学思想是学校发展的灵魂。例如，某学校的办学指导思想：坚持社会主义的办学方向，全面贯彻党的教育方针；以科学发展观统领全局，遵循高等教育规律，坚持内涵发展；以教学为中心，以学科建设为龙头，以改革创新为动力，全面提高人才培养质量、科学研究水平和社会服务能力；立足地方，面向全国，服务地方，服务行业，把学校建成优势突出、特色鲜明的高水平综合性大学。

从以上可以看出，该学校遵循科学发展观，准确把握当代高等教育发展趋势，紧紧围绕区域经济和社会发展需求，对当前和今后一个时期学校的发展进行了科学的定位。因此，高校规划要反映以下六个方面的定位：

1.发展目标定位。用数十年的时间，把学校建设成为优势突出、特色鲜明的高水平综合性大学。

2.办学类型定位。经过不懈努力，使学校由目前的教学型大学发展成为教学研究型大学。

3.办学层次定位。以本科教育为主，积极发展研究生教育，适度发展高等成人教育和职业技术教育，努力拓展国际合作教育。

4.学科门类定位。以服务行业的优势学科为特色，以工、农、文、理学科为重点，多学科门类协调发展。

5.培养目标定位。培养基础扎实、知识面宽、综合素质高的具有创新精神和创业能力的高级专门人才。

6.服务面向定位。立足地方，面向全国，服务地方，服务行业。

（二）规划的战略功能

规划具有国家高等教育发展战略功能、地区高等教育发展战略功能、学校发展战略功能。它是一个战略谋划过程，这是由规划的性质所决定的。

国家和地区的宏观高等教育发展战略对高等教育的大政方针、目标措施等进行系统集成，成为中长期的发展战略蓝图。

第二节　控制与协调功能

一、高等教育目标控制

（一）高等教育目标控制的必要性

高等教育目标的实现程度是衡量高等教育管理效能的重要基准，也是高等教育控制的主要依据。高等教育目标又是相对于一定社会对高等教育的需求而言的，是预设的推动预期高等教育目的实现的导向和标准，因此，具有预见性特征。随着时间的推移，高等教育活动主、客观条件的变化，不论是宏观高等教育管理还是微观高等教育管理，对高等教育目标适时进行控制和校正都有其必然性。

同时，高等教育目标又深深地带有目标制定者对教育价值判断的印记（如对普通教育或学生个性应达到的结果的不同认识），而现实的教育目标的实行通常并不完全按照教育理论家或政治家们的设想去进行。对于高等教育目标操作中出现的与理想之间的偏差自然也需要控制。

各教学和行政管理部门在贯彻和实施高等教育战略目标以及和办学目的有关的计划、程序时，往往需要制定详尽的子目标，各子目标之间是相互关联的，它们之间的协调是重要的，也是困难的。人们往往会因各自不同的目的或利益而发生矛盾甚至冲突，尤其是在功利性色彩较为浓重的组织活动中，对各自目标的追求和竞争在很大程度上代替了对总目标的无条件服从。对于子目标在执行过程中出现的种种偏离总目标的行为，需要有一定的制度和机制对其进行调控。

（二）高等教育数量目标控制

我国高等教育数量曾经历过三次大发展：1958—1960 年，在校生规模从万人增加到几万人；1983—1985 年，学校数从 805 所增加到 1016 所，在校生从 120 万人增加到 179 万人；1992—1993 年，在校生年递增 22% 和 21%。我们注意到，大发展的背后也经常伴随着对原有目标的突破。比如，1992 年，普通高校本专科招生年初的计划数是 62.8 万人，而执行数是 75.4 万人；到了 1993 年，原计划招生总数为 78.6 万人，但实际执行数为 92.4 万人。然而，几乎每次高速增长后都要经历一个调整、整顿的过程，而且，其中主要依赖政府的行政干预，这种反馈式控制从短期来看可能是有效的。

从世界的经验来看，高等教育数量扩张的原因大致有：经济起飞阶段对专门人才需求的急速增长；政府对高等教育的政策倾斜和巨大投入；某些社会变革造成的高等教育政策的变革等。就中国情形而言，招生问题上的主要矛盾在于：政府每年对招生规模的限制与地方和学校面向社会自主办学的需要（包括招生计划编制调控上享有的自主权）。目前，我国普通高校招生计划管理的现状是：每年由教育部和发改委根据国家经济和社会发展的总体规划，经过综合平衡，提出当年全国普通高校年度招生总量，各省市和中央各部门在国家宏观计划和方针政策的指导下，根据本地区、本部门的实际需求、生源情况及所属普通高校的实际办学条件，编制本地区、本部门的招生计划。但问题在于，地方高校是由省级政府部门管理的，中央部属高校由主管部委管理，地方高校和中央部属高校招生计划互不相通。这种条块分割的状况，造成有些院校的专业因人才需求所限而无法保证一定的规模，而有些专业人才的培养数量迅速增长，专业重复设置现象出现。对于各高校来说，在激烈的生源市场竞争中谁也不甘落后，只要政策一有松动或有可变通之处，就有可能出现招生超出计划的现象。所有这些都给国家对招生数量的有效控制带来了障碍。

在对高等教育数量目标进行控制的过程中，有必要分清政府主管部门与学校两者的不同职能、权利及义务。

政府宏观调控职能，应包括以下几个方面：

·向学校及时、准确发布人才需求信息（包括数量、层次、规格、专业、学科、地区需求等）；

· 制定长远发展规划，对学校进行总体指导；

· 依据学校的办学条件，合理核定招生总量规模；

· 制定扶持学校发展的方针、政策和措施，使学校的发展不致过分地受到市场的影响，保持学校发展的相对稳定性；

· 对学校进行定期评估，并把评估结果作为学校改善办学条件、决定能否享有或继续享有一定程度招生计划自主调节权的重要手段。

学校方面若要实行招生计划自主调节的职能，则应有以下保障条件：

· 研究、制定学校发展的中、长期发展方向、目标和总体规模，并经主管部门核定；

· 对学校的教学质量、科研水平、产业发展、学校管理、办学条件等应承担相应的责任；

· 在政府宏观指导下，学校逐步建立自我发展、自我约束和自我调节的机制。

（三）高等教育质量目标控制

1. 高等教育的质量标准

将高等教育目标分解为数量目标和质量目标，是从高等教育增长方式角度来划分的。高等教育目标还可以从高等教育功能的角度来进行考察。如随着社会的进步，高等教育活动正呈现多元性：保存和传递人类已有的文明成果，培养和提高公民的素质；探求未知领域，发展科学技术和文化；满足社会对人才开发及科技开发、应用等方面的要求；大学直接参与社会经济建设，服务于社区和国家建设等。这些活动同时也构成了高等教育的目标体系。由于现代高等教育具有多方面的目标与功能，因而，衡量高等教育质量的标准也不是单一的。学术标准是其中十分重要的一条，但绝非唯一。除学术标准外，还有一个高等教育的"适切性"问题，即是否适应社会发展的需要，是否切合受教育者身心发展及其就业就职的需要等。一般而言，高等教育系统内部往往倾向于强调教学、科研的学术标准，强调学科、专业的内在逻辑和科学性，而社会（包括用人单位、学生、学生家长等）更多地关注高等教育活动对现实的适切性、实用性。如学校课程设置、教学内容是否有利于日后就业；在缴费上学的条件下，对入学的投入能否保证更大的回报；高校的科研是否能向企业提供新产品、新工艺，从而给企业带来可观的经济效益。在理想状态下，高等教育质量应兼顾学术、社会需求、受教育者意愿和能力等多方面因素。在对高校的质量评估标准中，专家们也力图全面反映这些因素。例如，一份《美国南部11州高校资格评估指标体系》的报告，就列举了评估学生教育成果应包含的内容：

· 在校率和毕业率；

· 学生普通教育成绩；

· 学生主修专业成绩；

· 完成教育目标后学生的理解能力；

· 学生情感发展；

· 学生、毕业生、雇主、退学学生对专业教育质量的意见；

· 就业率；

·研究生、职业教育等就业率和业绩说明；

·从两年制学校向四年制学校转学后的学生情况；

·外界对大学生和研究生成就的认可情况。

在实际操作中，诸因素兼顾是困难的。但是如果我们根据不同的质量标准（尤其是学术标准），将高等学校作适度分级，问题的思路可能会变得清晰些。同一课程在不同性质的学校的专业里，其学术性程度是不同的，衡量这门课程的质量标准自然也不同。如工科教育中的数学课和理科教育中的数学课是不一样的，前者强调数学作为一门工具性课程的实用价值，而后者十分注重数学课的逻辑性、探索性。推而广之，每所学校根据不同的功能定位，其学术水平的要求可以有差异，每一层次的学校可以在同类中进行竞争，并进一步进入更高层次的学校行列。正如相关学者所说："高等学校的分级制度可以而且往往是质量控制的一种管理形式。它利用公众舆论和院校评议，根据觉察到的能力给各校以相应的地位、尊重和待遇。"

截至目前，高等教育的质量标准没有统一之说，宏观的质量标准反映在适应度，主要是指高等教育与社会经济发展的适应度，科学技术与科学文化知识创新水平、培养的人力资源的数量与质量是高等教育适应度的主要内容。高等教育组织办学的质量标准正在探索和完善，特别是综合考察学校办学的质量、水平、效益等，已经逐步成为高等教育质量标准的主要内容。目前，我国评价大学质量标准方面的研究有些进展，但主要是在教学与学术方面，还不完全是学校的整体质量。教育部关于本科教学工作水平评估的指标体系比较清楚地反映了教学质量标准的情况。

2. 高等教育质量控制手段

从时间上看，高等教育质量控制可分三类。

（1）前馈控制。前馈控制的主要内容是指对高等教育质量设置的过程进行控制，对高等教育质量运行的方案设计进行控制，尽量使将要出现的问题予以避免。

（2）过程控制。它关注高等教育质量活动过程与高等教育目标的契合程度。在高等教育运行中，不断地设置一些中期评价的措施，以对出现问题做出诊断调整，使运行过程不致在偏离目标太远的时候才采取校正措施，最大限度地保证高等教育质量。

（3）反馈控制。反馈控制绝不是活动全部结束了，对活动的结果进行信息反馈来加以控制，这是一个误解。反馈控制仍然是在管理活动的过程中，对于某项活动的运行状况随时进行信息反馈和控制，当然，这一活动一定是指一个有结论的过程，对于没有按照规定的目标和要求而出现的情况进行调控。当然，终结反馈也是必要的，终结反馈的结果只能是对下一个循环进行调控。要注意反馈信息渠道的正常与多元，避免错误反馈。通过建立专业性鉴定委员会等方式加强反馈信息的权威性，不应将事后的质量评估视作工作的终了，而应积极地为新一轮工作、活动提供质量控制、工作改进的建议。

高等教育的质量控制还有评估、标准化质量管理等多种其他控制手段。

二、高等教育行为控制

规范高等教育的行为是高等教育管理控制功能的首要任务。高等教育行为主要在两个方面是必须得到控制的：一是高等教育的方向性，二是高等教育的各项活动的行为规范性。

（一）高等教育的方向

高等教育必须贯彻国家的教育方针，为社会主义现代化建设服务、为人民服务，与生产劳动和实践相结合，使受教育者成为德、智、体、美等方面全面发展的社会主义建设者和接班人。一个国家的高等教育不可能完全没有政治性。在阶级社会里，有些关于国家政治、军事、经济、文化的知识是有国界的，这是不言而喻的。况且我国的高等教育不完全是自费教育，这里有国家的投入，因此，为国家服务是每一个受教育者的责任。

（二）高等教育行为规范

任何的管理活动都是人的活动行为，不论是宏观管理还是微观管理，行为控制也许是管理活动中最复杂的课题。一则人的行为很难精确测量，因而很难判定它与目标究竟有多大程度的偏差，二则人们对人的行为规律的了解还很肤浅。近十多年来，随着心理学和行为科学的发展，不少学者对行为控制问题做了较深入的探讨。高等教育活动的人是由多个个体组成的人群，对于人群的行为规范就显得更为重要了。

1.高等教育组织行为的管理。从微观高等教育管理来看，高等教育领域的教学与科研活动属于高智力型。高校的教师和学生致力于知识的探索与传播，他们在实现高等教育目标的活动中的各种行为有别于其他社会组织。不过，普通的组织行为管理技术对于高等教育系统中的行为控制仍然是很有价值的。它立足于人的行为和环境的相互作用，试图通过对环境条件的控制以实现对人的行为的控制，从而促使人的行为向预期的方向发展。根据强化满足条件后，得到的预期结果以改进行为的工作，根据具体的人处理各种预期的结果，及时提供程序性的行为规范。在高等教育管理中，要帮助高等教育系统的成员形成良好的职业行为，就需要为他们创造条件，也需要强化某些满足条件后才能得到预期的结果。比如，只有按照一名校长应做到的行为规范与行为要求来挑选校长，并为他完成校长职责创造各种条件，才有可能得到预期结果，使这位校长在工作中拥有良好的行为。

2.组织行为的修正。组织行为的修正主要针对那些与完成工作任务不一致或不协调的行为，因为它们不仅会影响组织目标的实现，而且会导致组织的功能障碍，威胁到组织的生存。这种组织行为修正技术包括以下五个环节：

第一，鉴别与工作有关的行为事件。和组织行为管理技术一样，它特别重视外显的行为，而不重视态度之类不可直接观察的变量。它只鉴别与工作有关的事件，而不考虑与工作无关的事件。

第二，测量行为。它包括观察行为，记录行为，然后根据记录的结果描述各种行为，以引起人们对这种行为的注意。

第三，对行为进行功能分析。它包括将行为和各种环境变量分解成功能因素，找出行为和环境变量（事件）之间的关系。最后找出影响和控制行为的因素，为修正行为提供科学基础。

第四，寻找修正行为的途径和方法。其中包括三个步骤：在分析行为功能的基础上分析行为与环境事件的联系，找出因果关系链，并确定采用何种方法去修正行为；应用和实施修正技术，通常的手段有强化、惩罚、消退或这些手段的相互结合；采取适当的强化方案，维持期望的行为。

第五，对整个工作进行评价，以确定修正的方法是否妥当，为以后碰到类似的问题提供科学依据。

三、高等教育财务控制

高等教育财务控制是高等教育系统内部各组织借助对货币资金的筹集、分配和使用采取的一整套管理和监督方法，从而使有限的教育经费得以最大限度地发挥效能，达到预期目标的过程。与其他社会系统的财务控制类似，高等教育财务控制大致也包括预算、会计、决算、审计等几种活动。

（一）高等教育的财务预算

高等教育的财务预算主要是指对高等教育事业经费的编制、分配、执行、调整和分析等一系列的过程。高等教育预算过程的基本目的是确定从中央到地方主管部门、从大学到学院、从学院到系科、从系科到教学科研人员等的资源分配和调整。当确定预算拨款时，要对资源可选用的方案做出明确的抉择。因此，高等教育的预算的核心问题是根据什么要把某笔款项拨给 A 项活动而不拨给 B 项活动。

高等教育的财务预算工作具有计划性，可以看作计划工作的一部分，同时它也可被视为管理工作中的控制手段，一种典型的前馈控制。一般来说，它具有以下特点：

第一，预算以价值计算的形式定期地进行；第二，预算按一定的组织系统自上而下有序地进行；第三，预算的目的是保证教育计划的顺利实施，促进教育效益的不断提高。

根据不同的方法，高等教育的财务预算可以有不同的种类。如按其编审程序可分为若干种。

概算：拟编下年度预算的估计数字。

拟定预算：未经一定程序核定的年度收入计划。

法定预算：经过一定程序审批生效的正式预算。

分配预算：按法定预算确定的范围来分配实施的预算。

如按时间的先后顺序，则可分为四种。

经常预算：正式的常规预算。

临时预算：正式预算确立之前暂时实行的假定预算。

追加预算：在原核定的预算总额以外增加收入或支出的数字。

非常预算：为应对意外事变所做的特殊预算。

通过对高等教育的财务预算的实践和研究，我们介绍几种预算的编制方法。

1.追加预算法。这种预算方法允许在学校预算中每一项可以追加，其主要依据是，现时的拨款根据是适宜的，而当前的计划方案要以现有的形式持续下去。这种追加预算法被认为是利益群体已经赢得了一段时期支配权的标志。这种方法的优点在于其稳定性和可预期性，其弱点在于不能充分鼓励学校去鉴别现有计划是否完备或是否有必要取消现有无效的计划。

2.非定额预算法。这一方法要求每个院校的财务计划部门在该单位领导认为适当的水平上提出计划所需的预算申请。通常由单位领导同主管预算的人员进行协商，调整预算额以便与可利用资金相吻合。其优点是单位参与预算制定的机会增加了，其缺点是申请额与实际到位资金通常不一致，对最后分配决策缺乏明确的准则。

3.定额预算法。亦称为"一次总付性"预算。它同非定额预算法刚好相反，院校财务部门得到一定数量的拨款，并须按此拨款数额建立起单项预算。其优点是单项预算权分散，可以促进各单位计划的灵活性和有效性，其缺点是行政机构对原先预算额的静止或依赖与各单位实际情况的千变万化形成明显的反差，整体上缺乏灵活性。

4.备用水平预算法。这种预算方法要求准备若干个不同水平的预算标准，如按通常水准上下各浮动5%。中央行政机构则根据不同水平的预算方案，判别各单位业务人员的水平，对单位内项目优先次序和项目评价详情做大致分类。

5.公式计算预算法。此方法通常以在校人数以及学时数为依据，总的事业费预算分配到每个单位的相对份额会因公式变量的变化而变化。在此种方法下，具有同等要求的高校或项目可得到相似的资金。但也有人认为，如果在入学人数激增期间可以达到这项标准，那么在人数动荡不定或呈长期下降趋势时，它就难以维持了。另外，对于特殊的任务或短期需要，这种方法就显得无能为力了。

6.合理预算法。在高等教育系统中，除了中央和省市级的预算外，最普遍的还是高校一级的预算。随着教育改革的深入，我国高等教育的体制正发生深刻的变化，高校经费的来源也由单一型向多元化方向发展，这无疑对高校的预算工作提出了新的课题。过去主要是支出预算，一般只要入学人数和国家财政收入持续增加，传统的高等教育预算方法大致可以满足大部分高校的需要。而现在需要进一步增加收入预算，对于预算的分配与调整，目前也面临许多棘手的问题。比如，供需矛盾更加突出，各校普遍感到经费不足；经费使用不尽合理，导致使用效益低下；另外还存在浪费现象严重等问题。

由于经费的使用权和审批权被人为地机械操作或死板地管理，以至于出现这样的现象：A单位还不到年底经费就被用完了，而B单位到年底还剩一大笔钱，于是突击花钱。两个单位均导致经费使用效益的低下。

（二）高等教育的会计与决算

在高等学校，会计是以货币为主要计量单位对学校的经济活动和预算执行过程及其结果进行反映、监督和管理的一种财务控制方式，它包括三个部分：第一，会计核算。

根据学校的经济活动和预算执行过程及其结果，连续地进行记录和计算，并根据记录和计算的资料编制报表。第二，会计分析。根据会计账簿、会计报表及其他资料，对财务情况进行分析研究；第三，会计检查。根据会计凭证、账簿、报表和其他资料，对有关单位业务活动的合法性、合理性、会计核算资料的正确性和财政政策及财经纪律的执行情况进行检查。

会计的基本职能在于反映和监督一定范围内的资金使用情况。会计的任务主要包括：第一，根据有关法令和规定来编制并执行预算；第二，进行经济核算，加强现金管理，做好结算和核算，提高资金使用效益；第三，对高校的所有经济活动进行正确、完整、及时的记录，编制凭证，登记入账，上报会计报表。

高校的决算是执行预算的总结，是反映全校年度预算结算的书面报告。预算年度结束时，学校的财务活动便进入决算编制阶段。决算的编制一般分六个步骤：第一，拟定和下达编制决算的规定；第二，进行年终收支清理；第三，制定和颁发决算表格；第四，进行年终结账；第五，编制决算；第六，上报。

（三）高等教育的审计

高等教育的财务审计分为国家审计和部门审计，在必要的情况下，还有司法审计。在高校，审计工作是对会计账目进行检查，对有关的财政或财务收支活动情况进行监督的一种财务控制活动。审计主要对财务活动的以下五方面做出判断。

1. 合理性。即指审核检查的经济活动是否符合有关规章制度的要求。

2. 合法性。即指审核检查的经济活动是否符合国家的法律、政策、法令或条例。

3. 合规性。即指审核检查的经济活动是否应该在正常或特定的情景下发生，是否符合学校管理的原则。

4. 有效性。即指审核检查的经济活动有无经济效益。

5. 真实性或公允性。即指审核检查经济活动的资料是否如实、适当地反映了它所要表现的经济活动。

审计按其内容和目的可分为以下两大类。

①财政财务审计与经济效益审计。前者是审核检查财政财务活动，目的是对这类活动的合规性、合法性做出判断；后者是以实现经济效益的程度和途径为审查内容，目的在于提高经济效益。

②按照审计主体与被审单位之间的关系，审计又可分为外部审计与内部审计。外部审计是指由被审单位以外的国家审计机关、上级审计部门或民间审计组织进行的审计。内部审计是由本校审计部门进行的审计。

国家对审计部门的各项任务做出了详尽的规定，其中主要有以下几方面。

①对财务收支计划、经费预算、经济合同等方面的执行情况进行监督检查。

②对内部控制制度的健全、有效与否及执行情况进行监督检查。

③对会计报表和决算的真实、正确、合规、合法情况进行审计并签署意见。

④对严重违反财经法纪的行为进行专案审计。

为了完成对高校财务的审计活动，审计部门拥有以下主要职权。

①检查有关的会计凭证、账簿、报表、决算、资金、财产。

②查阅有关的文件、资料；召开或参加有关会议。

③对有关人员或问题进行调查并索取有关材料。

④提出有关意见和建议。

⑤对各种不按规定、违反财经法纪的人员或做法提出处理措施，并向有关领导部门反映审计结果。

高校内部审计工作有以下几种组织实施方法。

（1）系统审计。

根据学校办学特点，组织有关基层单位针对特定项目，系统开展审计活动的一种方法。

（2）专题审计。

分别按各个职能部门所主管的业务，开展专题性内部审计工作的一种方法。

（3）同步审计。

在同一时间内，对两个及以上所属单位审查内部相同业务的一种内部审计工作的组织方法。

（4）轮回审计。

把下属单位按邻近原则，划分成若干片区，成立片区审计小组。片区审计小组在内部审计部门的指导下，按规定审计内容，有计划地、轮回地对本片区各单位进行审计。

（5）审计调查。

针对本单位经济活动中带有共性和倾向性的问题，对不同下属单位做内容相同的调查，以便摸清情况，及时为领导决策提供信息。

审计工作中还有一个重要的方面，就是以各项作业为对象，以审查各项作业财务上的合法性与经济上的合理性及有效性为目的的作业审计。比如，对引进某种仪器设备的作业，对进行某项教学改革的作业，都可以进行作业审计。作业审计不但要运用财务审计的一些方法，而且要运用一些技术分析方法，如网络计划技术、线性规划技术、价值工程和价值分析技术等。作业审计不仅要审查与作业有关的财务问题，还要审查对作业的管理水平，它可在作业项目的事前、事中或事后进行。

审计工作中另一个重要方面就是合同审计。目前，随着高等教育的发展，高校与社会经济生活建立了越来越广泛的联系，与高校有关的各种类型的合同越来越多。合同是不同法人之间为实现一定目的，明确相互权利义务关系而订立的协议。它涉及有关法规、规定，需要就合同的合法性、有效性和完整性进行审计，因此，合同审计对于保障合同双方的合法权益非常重要。具体而言，合同审计的主要内容有以下几方面：

·检查合同管理制度是否健全；

·检查签约双方是否合格，是否具有执行合同的能力和诚意；

·检查合同内容是否符合有关法律、法令和条例；

·检查合同是否完备，措辞是否准确；

·检查合同内容是否可行。

第三节　高校的领导者

一、领导者的素质

对于高等教育领导者应具备的素质，近年来已有很多研究。一般说来把它概括为四个方面：思想品德素质、科学文化素质、专业素质、身心素质。

科学文化素质是领导者赖以施加影响力的基本素质。高等教育的领导对象是高知识层的人群，因此对领导者的知识素质提出了特殊的要求。一般来说，高等教育的领导者应具备以下这些知识素质：马列主义理论与哲学知识、管理科学与教育科学知识、现代科学文化技术的一般知识与从事某项专业的专门知识，以及由这些知识集成和内化的科学文化素养。高等教育的管理的最高境界是科学文化的管理。

专业素质是领导者从事高等教育管理的必备条件，主要体现在专业的能力方面。从某些方面讲，专业素质是科学文化素质的一个表象，具体地表现在领导者的决策能力和组织行动能力等方面，由于高等教育系统的复杂性，要求领导者具有更好的领导技术和技巧，要具有更强的平衡协调及驾驭局面的能力。

身心素质是履行领导职务的基本条件。高等教育的领导工作就是协调和解决各种各样的矛盾，有些矛盾的解决具有很强的时效性和刺激性，工作的强度有时候也是很大的，领导者在科学决策、正确选择、合理解决矛盾的过程中，必须有坚韧不拔、不为压力而动的精神，要有较强的心理承受能力和自我控制能力，同时，也还要有强壮的身体，否则，可能什么也干不成。

二、大学校长的行动策略

大学校长要善于对管理系统施加适当的活力。大学校长的职能是组织学校的教育资源，为实现大学的办学目标展开教育管理活动。一位优秀大学校长的首要职责是为大学筹措足够的办学经费，通过自己的聪明才智、决策能力把学校的系统资源运用到最佳的程度。要使系统资源的运作机制达到最佳程度，作为大学校长，要努力使大学处在不平衡的平衡状态之中，这就是在平衡中有策略地挑起不平衡，通过有效的方法使不平衡达到平衡。这是一个管理哲学理念。平衡是指大学内部的政策和工作制度保持相对的稳定特性，不平衡是指根据人们的心理特点，采取最小搅动原则，通过一种创新性的工作方法与思想，使整个管理系统具有生机与活力，避免管理系统年复一年的"涛声依旧"。

在大学组织管理系统中，决定权和执行权有时比较分散，有时候可能导致领导者不想去做决定。而如果管理者不勤政，或者由于个人的利益与组织的利益处理不好，也会导致领导者没能真正地实行有效的领导，造成领导者事实上并没有尽到领导责任。这样可能导致两种后果：一是责任分摊。由于实行集体领导等方式，校长或主要领导者可以长期依靠一些专门委员会和部门开展工作，而这些专门的部门是为了分担责任而设计的，但由于责任主体不明确，往往会产生问题责任的"分摊"，从而产生没有人负责的结果。二是无所建树，校长或主要领导者如果不实施有效的领导，下属就会将这种"不负责任"的方式传递下去，从而使集体的决定没有被真正执行，领导陷于形式，并由此一事无成。

大学校长应避免在系统决策中对应该由别人决定的问题做出决定。大学的领导者与工业企业或政府机关的领导人的一个重要区别在于，不能只采取行政手段管理学术问题。如应该重视院（系）基层组织的学术管理，尊重基层专业人员对学科专业管理方面的意见，学术的管理要最大限度地实行分权，让学术带头人和学术组织去管理学术的事情，让分管学术工作的副职领导去管理。如果大学校长职责业务过多，不仅将自己拖进了永无休止的工作琐事之中，还在很大程度上影响了他人的工作积极性。大学校长不应该直接决定基层职权范围内的事情，虽然从某个角度看，这些是大学管理中很重要的问题，但是，大学校长应该通过一定的工作程序，明确其他校领导的工作职责范围，用制度加以规范。

领导者在系统成员中对双重忠诚要学会让步。一般来讲，大学的教授既忠诚于他所服务的大学，又忠诚于他所研究的学科，特别是在两个方面的选择上，大学的教授们更忠实于他们所研究的学科，那么，大学的领导者面对的有时候是一个复杂的难题，在学校的管理的问题和学科方面的问题之间可能要有所取舍。应该说，双重忠诚总体上目标是一致的，在这一点上领导者们要有足够的认识。因此，当双重忠诚出现矛盾时应该做出一定的让步，以维持学校内部管理的矛盾平衡。

大学校长要通过自己的人格魅力来影响系统成员。人格魅力的影响是一种高级的领导效果，是大学校长的人格品质、道德作风、文化修养、技艺技能、学术声誉等的影响。大学校长要有随时修正自己的思想和行为的能力。这是一个十分重要的自省的策略，但同时也是一个说起来容易做起来难的行动策略。大学校长的行动策略应是很丰富的，远不止以上这些东西，随着管理思想和方法的不断创新，优秀的大学校长及其管理策略将会层出不穷。

三、组织内部的环境因素

组织内部的环境因素是组织行动的一个非常重要的因素。环境的好坏，直接导致工作效果的好坏，进而影响管理目标的实现。假如所有下属都能热忱地、满怀信心地为实现群体目标做出贡献，就无须继续研究和发展领导艺术了。但是，不管是由于环境条件的恶劣还是由于领导者的平庸，下属中很少会有人以持续的热忱与信心去工作。因此，对大多数人来说，需要领导营造良好的环境，以激发他们为实现组织的目标做出贡献。有人说，良好的士气就等于成功了一半。大学校长或领导者应该要懂得使用激励理论和激励方法，极力营造好的环境，让环境体现的性质和力量去满足人们的需要。如果大学校长或领导者具有超凡的激励手段和方法，能激发起下属的忠诚、献身精神及热忱，那么，就能使领导者的意图获得成功。当然，领导者的激励力量在很大程度上还取决于组织成员期望值的大小、预计报酬的多少、要求努力的程度、要完成的工作量以及其他环境因素。因此，大学校长或领导者的首要任务就是为了顺利完成工作目标而尽量设计一个与组织成员期望值相对应的工作环境。当然，期望值与对应环境的设计要适中，这也是很难把握的，使用不好可能适得其反。在高等教育管理系统中，大学的领导者能够满足他人诸如地位、权力、金钱或对成就的自豪感等需要，通过需要的满足，可以使管理活动取得更好的产出效果。事实上，领导要充分了解下属倾向于追随那些可能满足他们个人目标的领导者，越是懂得激励其下属的因素是什么，这些激励因素如何发挥出正面的作用，并将它们在管理过程中反映出来，就越有可能产生有效的管理效应。

四、激励的有效性

前面我们讲了系统组织内部的环境因素是组织行动的一个非常重要的因素。高等教育领导的主要任务是激励下属的动机，协调解决组织目标在实现过程中出现的矛盾。不同的领导者在完成这些任务时，可能会遵循不同的原则和方法，可能会运用不同的技术，因而也就会产生不同的绩效。现代领导科学的发展已形成一些具有普遍意义的领导技术，在高等教育领导中运用这些技术和方法，无疑对提高领导绩效是有帮助的。下面从激励的过程、因素、原则、技术四个方面予以说明。

（一）激励过程

组织系统机制的形成除了制度外，在很大程度上取决于系统激励过程。激励作为心理学的术语，指的是激发下属动机的过程。把激励这一概念用于管理活动就是通常所说的调动积极性的问题。心理学研究的结果表明，领导者激励下属就是指下属做了那些领导者希望做的事情，领导者使下属在某方面的需求得到满足，从而使下属按照所需要的方式行事。我们可以把激励看作一系列的连锁反应，从感觉的需要出发，引起欲望或所追求的目标，它促使内心紧张（欲求未得到满足），然后引起去实现目标的行动，最后使欲望得到满足。

（二）激励因素

需要挑起系统激励。讲激励，就得从需要讲起，因为任何动机的产生或形成都离不开某类需要的缺乏或某种不满足感。因此，需要以及需要的种类和性质就成为动机激励效果的决定性因素。对于高等教育系统来说，领导者若想有效地激发下属与职工的动机，就必须了解高等教育系统的各类组成人员有什么动机需要。有研究提出了四个主要的激励因素。一是个体成长。存在使个体能够认识到自己潜能的机会，它证实了这样一个前提假设：知识工作者们对知识、个体和事业的成长有着不断的追求。二是工作自主。建立一种工作环境，其间，工作者们能够在既定的战略方向和自我考证指标框架下完成交给他们的任务。三是业务成就。完成的工作业绩达到一种令个人足以自豪的水准，这是与组织的需要相关联的因素。四是金钱财富。获得一份与自己贡献相称的报酬，并使其他同仁一起能够分享到自己所创造的财富。这种奖励制度既要适合于组织的发展，又要与个体的业绩挂钩。高等教育领导的对象是人，这里的人是高等教育系统中的主体要素，他们是各级下属领导者、教师、科研人员、其他工作人员和学生等。这几类人员的年龄、学历、专业、知识、角色地位与工作性质等各不相同，他们心理需要的类型和性质也不完全一样。因此，将马斯洛的需要层次理论运用于高等教育领域时要具体情况具体分析，不能生搬硬套。

对于教师来说，自主、尊重、胜任工作、对工作条件的满意程度、取得成就等，都是十分重要的高层次需要。由于高校教师都是受过良好教育的高层次知识分子，以上这些需要中很难说哪一种更重要，也就是说很难在这些需要中找到一种层次序列。在实际中，更多的情况是在某些场合自主的需要更强烈些，而在另一种场合，胜任工作的需要更强烈些。有时工作条件的需要占优势，有时取得成就的需要可能更迫切。有人曾概括过教师需要的四个特点：精神文化需要的优先性，创造成就需要的强烈性，自尊荣誉需要的关切性，物质需要的丰富性。高校的领导者在激发教师的动机时不能忽视教师的各种需要及其特点。对于大学生来说，各种需要的强烈程度又有所不同，而且，各种需要的指向也不相同。比如在学生集体中，人际关系与成才等方面的需要更为突出。另外，他们的自我实现的需要并不与每天的平凡琐事发生密切联系，它更多地贯穿于大学生在校的几年之中，体现在他们对文凭、知识、能力以及对职业理想的追求之中。

第四章　高校教育教学的管理创新

第一节　高校文化管理创新

一、文化和文化管理的内涵及发展历程

什么是文化？随便浏览一下，就可以发现，关于文化的定义有几十甚至上百种。有意思的是，虽然文化包罗万象，但不同的定义却又殊途同归地表达着文化的基本内涵，即观念形态、精神产品、生活方式这三层含义，具体来说，它包括人们的世界观、思维方式、心理特征、价值观念、道德标准、认知能力以及从形式上看是物质的东西，但透过物质形式能反映人们观念上的差异和变化的一切精神物化产品。高校文化是高校思想、制度和精神层面的一种过程和氛围，是理想主义者的精神家园，是学校里思想启蒙、人格唤醒和心灵震撼因素的结合体。高校应该让学校外的人神往，让学校内的人心情激动。学校是一个让我们永远怀念的场所。高校以人文精神培育出全面发展的优秀人才，使其成为民族复兴和文化复兴的中坚，引领社会前进。高校文化是知识、能力、人格的升华和结晶。

文化管理就是"人性化管理"，就是以人为根本出发点，并以实现人的价值为最终目的的尊重人性的管理。这种管理是靠管理主体与管理对象之间所形成的文化力的互动来实现的。文化管理的核心是"以人为本"。

学校文化管理与企业文化管理有着密切的关系，虽然它借鉴了企业文化管理的思想，但是学校文化管理更是它自身内在文化因素发展的必然要求。因为学校本身就是一种文化存在，是一个文化实体，它是以传承和创造文化为己任的，是以文化为中介培养人、塑造人的机构。

学校与文化的关系是其他任何社会要素、社会组织所不可比拟的。在学校管理中，更应当重视文化的因素。文化管理是学校管理顺理成章、水到渠成的结果。

学校文化管理是以文化为基础，注重学校文化建设，并利用文化要素和文化资源实施调控的学校管理活动，它具有价值性、伦理性、知识性、人本化、合作性、品牌形象性、整合性等特征。

学校文化是学校的灵魂。学校文化不仅是老师的灵魂，更是学生的灵魂。学校文化建设的核心在于师生的认同，而认同的关键是参与。在学校管理工作中，制度比校长个人的经验、意志和人格魅力更重要，它更具有普遍性，起着更举足轻重的作用。

二、文化管理的特点和意义

（一）文化管理和高校文化管理的特点

1. 文化管理的特点

（1）管理的中心是人

从科学管理以物为中心转变为文化管理以人为中心，人既是管理的出发点，又是管理的落脚点。尊重人、关心人、培养人、激励人、开发人的潜力，是文化管理的关键。

（2）管理的人性假设前提是"善"

文化管理把人看作"自我实现的人"和"观念人"，以"性善论"为哲学基础。

（3）控制方法追求主动

科学管理以外部控制为主，重奖重罚是主要手段；文化管理中心内置，依靠人文关怀等激励手段调动、激活行为主体的内在需求和动力，追求主动发展。

（4）管理重点为文治

科学管理直接管理人的行为，职工的一言一行都有制度约束，是典型的法治；文化管理严于管理人的思想（信念和价值观），间接影响人的行为，是一种新的管理方式——文治，即以文化来治理。

（5）领导者类型为育才型

在科学管理中，领导者恰如乐队指挥，属于指挥型领导；在文化管理中，领导者既是导师又是朋友，属于育才型领导。

（6）激励方式以内化为主

科学管理以外塑为主，依赖于工作的外部条件；文化管理以内在激励为主，着重满足职工的自尊和自我价值实现的需要，依赖于工作本身的魅力。

（7）管理特色具有人情味

科学管理的特色是纯理性管理，排斥感情因素；文化管理的特色是将理性与非理性相结合，是有人情味的管理。

（8）组织形式具有开放性

在科学管理中，权力结构明确，是"金字塔形"组织；在文化管理中，权力结构模糊，管理者与被管理者更为平等，是平等沟通、自我学习的学习型组织。

（9）管理手段具备"软"特征

科学管理是依靠强制性的制度和物质手段的投入；文化管理是依靠思想交流、价值观的认同、感情的互动和风气的熏陶，即依靠非强制性和非物质性手段的投入。管理由硬管理为主走向软硬结合，以软管理为主。

（10）管理者和被管理者的关系改变为同伴互助

科学管理强调了上级与下级之间的关系，管理者靠制度约束人；文化管理中管理者和被管理者是为了共同的目标而携手并进的，是合作伙伴关系。

2. 高校文化管理的特点

作为人才培养的基地，高校理应发挥文化育人作用，为中国特色社会主义事业培养建设者和接班人。作为知识的集散地和思潮的发源地，高校理应成为社会文化的风向标和引领者。突出"以文化人"的教化性，这是高校文化区别于其他文化形态的重要特质；注重主流价值的导向性，这是建设社会主义高校文化的必然要求；建设各具特色的高校文化，这是各个高校张扬个性、增强文化发展生命力的关键所在。

（1）教化性

以人才培养为天职，高校文化必须始终围绕育人这一中心任务展开。高校教育教学"以文化人"，即通过文化潜移默化地感染人、熏陶人、教化人，从而达到情感陶冶、思想感化、价值认同、行为养成的功效。按照马克思主义的观点，教育的目的是促进人的全面发展，高校文化育人的过程实际上就是塑造健全人格、开发智力潜能、丰富生命内涵，使受教育者得到自由、全面、完整的发展过程。

（2）导向性

文化并非一个中性的概念，其本身具有鲜明的价值取向。当今社会呈现出多元思想文化相互交织、相互激荡的格局，需要一个占主导、支配地位的价值观来引领高校文化建设。在高校文化建设中，必须坚持以马克思主义为指导，坚持不懈地用中国特色社会主义理论体系教育师生，推动中国特色社会主义理论体系进教材、进课堂、进头脑；加强理想信念教育，弘扬以爱国主义为核心的民族精神和以改革创新为核心的时代精神；深入开展社会主义荣辱观教育和社会主义核心价值体系建设，全面加强学校思想道德体系建设。

（3）独特性

有个性、有魅力、特色鲜明的高校文化才是有生命力的文化。虽然高校精神具有探索真理、崇尚学术、传承文化等共性追求，但由于各个高校文化传统、类型风格各异，社会对高校的需求多样化。因此，必须建设和发展各具个性的高校文化，营造不同类型、不同层次、不同风格的高校文化形态，形成异彩纷呈、和谐互补的整体高校文化格局。多年来，我国不少高校办学定位趋同、办学理念雷同，导致高校文化建设缺乏个性，存在着同质化的倾向。

（二）高校文化管理的意义

文化，这是一种历久的精神创造活动及其成果。对一个民族来说，文化是民族之根；对于一个国家来说，文化是国家之魂。纵观高校发展的历史，正经历着从经验管理、制度管理（科学管理）向文化管理转型的历程。学校文化管理是一种新型的更高级的管理形态，是学校经验管理、制度管理（科学管理）的总结和升华，是管理内容的回归，是与知识经济时代相适应的学校新的管理方式。作为学校管理者，构建文化校园，积极推进学校文化管理具有极其重要而深远的意义。

随着社会主义市场经济体制的建立和完善，学校建设也逐渐引入了市场力量，学校之间的竞争在逐渐加剧。学校要在竞争中处于优势地位，必须具备某种核心能力，充分发挥文化传承创新功能、文化引领功能和文化服务支撑功能，对学校的发展具有深远的影响。文化对学校和人的发展存在的影响可以从深、广、远、忧四种状况来理解：①深。学校文化管理是一种内隐的、深层次的、无形的力量，这种力量决定着学校的改革、发展和成败。学校文化具有导向功能、提升功能、凝聚功能、激励功能和稳定功能，为学校的发展带来动力。②广。文化无处不存在、无事不体现，弥漫在整个学校的全部生活之中，甚至影响到社区文化和城市文化。③远。与生俱来、与校共存、与人同享，在学生时代有幸经历的先进学校文化熏陶会一辈子回味无穷、受用不尽。④忧。市场经济急剧发展，竞争空前激烈。先进学校文化建设是学校优质发展的根本，没有文化的学校是薄弱的学校。因此，只有学校文化，即学校的不同追求、不同理想、不同价值取向以及由此形成的不同管理风格、工作方式和生活方式，才是一所学校区别于其他学校的根本特征。

高校文化的内部功能主要表现为教化育人，高校文化的外部功能则包括文化的传承与创新、传播与辐射、示范与引领、服务与支撑等诸多方面。高校在服务文化发展、促进文化繁荣方面重任在肩，大有可为。

1. 文化传承创新功能

高校既是一种教育机构，又是一种文化存在，传授知识、传承文化是高校与生俱来的职责。传承是创新的前提，创新的方式则是扬弃，在掌握前人积累的文化成果的基础上，去粗取精，赋予新义，创立新知识，形成新文化。高校正是这种新知识、新思想、新理论的重要摇篮，通过继承民族优秀文化，借鉴世界进步文化，创造时代先进文化，丰富精神文化的内涵，充实人类智慧的宝库，推动社会文明进步。

2. 文化引领功能

高校是社会文化的组成部分，同时又以其自身的优势深刻影响着社会文化。高校是研究高深学问、探索真理的知识殿堂，也是高学历、高层次人才相对集中的地方，发挥着影响、引领社会文化的功能。高校文化通过价值判断引领社会的文化选择，通过升华大众文化、超越流行文化、彰显高雅文化、强化主流文化，对社会文化起着积极的辐射和示范作用，引领社会文化向着健康方向、更高层次发展。高校文化在整体文化质量的建构和文化精神的塑造方面具有辐射、提升、示范和引领作用。

3. 文化服务支撑功能

高校不仅以独特的高校文化影响社会文化，更以培养的大批人才去带动社会文化的发展，通过科学研究和直接的社会服务，推动社会文化的进程。在新的历史条件下，高校要充分发挥文化建设的人才库、智囊团和思想库作用，提升服务社会主义文化发展的意识和能力，为发展文化事业、文化产业及深化文化体制改革输送优秀人才，提供智力支持。高校应加强文化领域的专业建设，增加优秀传统文化课程内容，建设优秀传统文化教学研究基地，为社会输送大批高质量的优秀专业人才；应加强文化领域的学术研究，繁荣发展哲学社会科学，不断推出理论研究和文化创作的精品力作；应积极参与构建有利于文化繁荣发展的体制机制，拓展为发展文化事业和文化产业及深化文化体制改革服务的渠道，壮大文化志愿者队伍，开展各类群众性精神文明创建活动；应积极构建国际文化交流平台，推动文化"请进来"和"走出去"，为提升国家文化软实力、增强国际话语权做出应有的贡献。

三、学校文化管理的构建

针对高校文化素质教育管理存在的问题，怎样致力于学校文化建设？相对于学校硬环境建设和制度建设，学校文化建设具有看不见、摸不着的隐性特点，需要我们做出更加艰巨、长期的努力。

学校文化与制度管理是有机统一、互为补充的。做管理工作最终的落脚点是人的思想问题。严格管理的规范制度能否落实到位，取决于人的思想高度和认识程度。学校文化必将为制度管理提供一个人文环境。

可以说，文化与制度的关系一如道德与法律，学校文化是学校制度的有益补充，两者相互统一。总之，学校文化的出现和完善不仅是学校发展的必然，也将是传统教育方式向素质教育方式转变的必由之路。这种文化又是人的文化，是以人为本的文化，突出"人文""人本""人情""人性""人权"在管理中的作用，从而形成一个强大的"磁场"。它是弥漫在空气中的一种精神存在，在每一位师生的呼吸吐纳中化为一种气质、一份修养，或见于谈吐，或形于笔端，形成学校管理的文化，即所谓的管理文化。校园文化建设在学校管理中的作用按其不同层次来划分，主要表现在以下几个方面。

（一）用物质文化陶冶人

校园物质文化是校园的外显文化，以某种文字符号为载体，将校园精神显现于校园的各种标记物之中，如校服、校歌、校刊、校报、雕塑、学校建筑、艺术节、文化墙、名言警句等。它是校园思想文化建设的前提和条件，是思想文化、制度文化赖以生存发展的基础和载体，有利于陶冶师生的情操。优美的校园环境有春风化雨，润物无声的作用，如诗如画的校园风光、干净整洁的校园环境、美观科学的教室布置、文明健康的文化教育设施……无不给学生以巨大的精神力量。学生在优美的校园环境中受到感染和熏陶，触景生情，因美生爱，从而激发学生爱学校、爱老师、爱同学、爱家乡、爱祖国的高尚情操；学生在幽静的环境中学习，感到舒心怡神，从而增强对环境的保护意识。所有这些都有利于学生正确的世界观、人生观、价值观的形成。

（二）用制度文化规范人

校园制度文化是指校园人在交往过程中缔结的社会关系，以及用于调控这些关系的规范体系，是校园活动的准则，它包括相关的法律法规、学校管理体制及其规章制度、组织机构及其运行机制、特定的行为规范等。

校园制度文化从根本上决定着校园的正常运行和创新发展，是校园思想文化的保证。建立和健全学校规章制度，塑造良好的校园制度文化，是校园文化建设的重要内容，也是提高学校有效执行力的重要保障。制度文化以其导向性与规范性、稳定性与发展性、科学性与教育性的特征彰显校园文化。

（三）用思想文化凝聚人

校园思想文化是指学校在长期办学过程中形成的一种学校意识和文化观念，它是一种深层次的校园文化，是校园文化的灵魂，主要体现在班风、校风的建设上。班风、校风看不见、摸不着，但它表现在校园内多种文化载体及其行为主体的上，让人时时处处切实感受到它独特的感染力、凝聚力、震撼力。置身其中，受教育者无须教育者更多的说教，便会自然而然地、不知不觉地感悟它对心灵的净化和情操的熏陶。校园思想文化是校园的内隐文化，是校园文化的深层内涵，是在长期的校园物质文化、校园制度文化和校园行为文化的建设过程中积淀、整合、提炼出来的，反映学校广大师生员工共同的理想目标、文化传统、学术风范和行为准则的价值观念体系，难以用文字、符号表达出来。校园思想文化是一所学校整体面貌、水平、特色、凝聚力、感召力和生命力的体现。

校园思想文化作为一种强大的教育力量，对广大师生的健康成长有着巨大的影响：一是导向功能，即指导个人正确认识和处理个人与学校组织的关系，把个人行为引导到学校组织目标上，使他们向着学校期望的方向发展；二是凝聚功能，即思想文化起着心灵黏合剂的作用，它把各个方面、各个层次的人都聚合到一起，使师生员工对学校产生一种使命感、自豪感、归属感，形成强烈的向心力、凝聚力和群体意识；三是激励功能，即思想文化往往能产生一种激励机制，激起校园人的积极性、主动性与创造性，使学校成员保持高昂的情绪和奋进精神，获得各种精神需求的满足；四是控制功能，即思想文化具有强大的心理制约力量，使校园人接受必要的约束，使个体行为符合共同的准则；五是辐射功能，即校园思想文化以其独特的方式，在影响师生教育的同时，也对周边及社会产生影响。

第二节　高校学生管理创新

一、高校学生的特点

（一）思想认识多元化

作为学生管理工作的客体，高校学生一般具有以下特征：一是思想具有社会性。高校学生思想状态源于社会，紧跟时代步伐，社会上的一切重大情况、现象及其对青年的影响都会从高校学生身上表现出来。二是认知具有能动性。高校学生是最富有主观能动性和积极创造性活力的群体，他们在接受思想政治教育时往往从自己的主观出发，具有主动的选择意向，这也体现了他们独具个性的自我认知状态。三是身心的可变性。高校学生是一群从生理到心理正在趋向成熟的群体，特别在心理上、思想上，可塑性极大。在时代变动、社会转型的宏观背景下，有理想、有追求是学生的主体要求。通过大量的问卷调查和对座谈会记录进行分析，可以肯定的是，学生的主流是好的，他们有较高的思想素质和道德观念，有较强的责任感和使命感，其思想状况可以概括为以下几个方面。

1. 爱国热情高涨，理想信念坚定

从总体上看，当前绝大多数高校学生的思想政治状况是积极、健康、向上的。令人欣喜的是，高校学生保持了较高的爱国热情，能理性地看待国家改革、发展面临的机遇和困难，对保持稳定的政治局势和经济的可持续发展有信心。高校学生所密切关注的国内、外大事和工作主要集中在涉及国家根本利益和建交关系上。今天的高校学生，把个人的前途同国家的发展联系在一起，因而他们关心国家大事，关心国家的发展，也关注着发展中存在的问题。有所不同的是，对发展中存在的问题，今天的高校学生分析判断的能力增强了，观察分析问题比较客观、冷静，多了一份理性思考，少了一份情绪激进，应该说，这是高校学生思想成熟的表现。

2. 健康积极看待人生，务实进取实现自我

健康积极、务实进取是学生人生观和价值观的主流。相比以往，今天的高校学生更加注重自我价值的实现，并渴望能将对社会的贡献和个人价值的实现统一起来。高校学生健康积极的人生态度主要表现在绝大多数学生的基本价值判断上。

学生务实进取，有着强烈的社会责任感和历史责任感，他们渴望施展才华，为国家和社会做出自己的贡献。在处理国家、集体、个人三者利益关系的问题上，大多数学生认为"在关键时刻个人利益要服从国家和集体的利益"。同时，对于社会公益活动，如献血和志愿者服务等，绝大多数学生表示乐于参加。尽管高校学生人生观、价值观主流

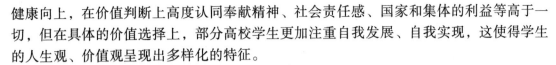

健康向上，在价值判断上高度认同奉献精神、社会责任感、国家和集体的利益等高于一切，但在具体的价值选择上，部分高校学生更加注重自我发展、自我实现，这使得学生的人生观、价值观呈现出多样化的特征。

3. 拥护高校教育改革，注重全面素质提高

随着我国高校教育改革的不断深入，改革的成果正在逐步显现出来，高校学生作为这些改革措施最直接的受益者，自然地成了高校教育改革的拥护者和促进者。与改革相伴而来的是社会的快速发展，激发了学生成功、成才的愿望和自觉性，使学生更加注重自身素质的提高。

高校学生十分关注学校的建设和发展，对高校教育改革，特别是其中有利于自身发展、提升自己社会竞争力的改革高度认同。学生赞同全面推进素质教育、深化教学改革，对改革毕业生就业制度和鼓励高校学生自主创业持肯定态度。高校学生们认为，高校后勤社会化改革转变了高校后勤的社会服务意识和服务观念，使学校的学习、生活条件有了一定的改善。身处校园的高校学生已经逐渐开始走向社会，他们渴望通过高校的学习来丰富和完善自己，占领就业上的制高点，赢得发展上的主动。相比以往，高校校园学习气氛更加浓厚，学风也有了明显好转。由于社会和家庭环境等多方面的影响，高校学生在智能结构、性格特征、心理品质和社会使命感等方面又有与同龄人不同的表现：①自我意识突出，自主性较强。由于知识储量的增加，高校学生追求自我选择、自我内化，这是高校学生与同龄人区别最显著的标志。由于高校学生自我意识突出，自主性较强，他们会千方百计地实现自我价值，使高校学生群体呈现出勇于创新的勃勃生机的状态。但是，如果有的学生自主选择不当，选择的方向和内容就会与社会要求不相适应，甚至有违背社会政治道德的倾向。因此，加强学生管理工作，帮助他们树立正确的人生观和价值观，引导他们把自我价值的实现与国家、社会的需要紧密地结合起来是十分必要的。②社会责任感呈现情绪化色彩。高校学生具有较强的社会责任感。但是，由于社会经验不足，高校学生的社会责任感往往带有情绪色彩，在社会发生重大事件的关键时刻常常出现偏差，导致事件的后果和预期不同。这更加说明要加强学生管理工作，时刻关注他们的思想动态，以引导、帮助高校学生健康成长。

（二）生活学习方式多样化

学生从高中升入大学、高职、高专后，就进入人生一个新的起点。不管是在学习上还是在生活上都会与原来有很大的不同。

1. 生活方式多样化

生活方式是指人们在衣、食、住、行、爱好、文化活动、民俗风气等方面的方式和行为习惯。在高校里，每一个学生的生活方式都不尽相同，有的学生把自己大量的时间都放在学习上；有的学生利用业余时间来打工挣钱；有的学生喜欢运动；有的学生喜欢和同学们结伴去旅游等。

2. 学习方式多样化

进入高校后，高校学生普遍感到知识浩如烟海，各类活动繁多，这为每个人的发展提供了广阔的天地。以什么样的学习方式才可以处理好课本知识与课外知识、专业学习与能力培养等诸多方面的关系是许多高校学生深感矛盾、困惑的问题。高校学生的学习除了听课这一主要途径外，还有自学途径、学术交流途径、多媒体教学途径、社会实践途径等。以多样的学习方式进行学习是学生必须掌握的一项基本功。

高校学生学习和获得知识的方式和渠道多种多样，随着学分制的推行和素质教育要求的提出，高校学生自选专业、自修课程、自定目标、自我发展的意识相对增强了；随着高校学生居住公寓化和后勤服务社会化的不断完善，因住宿、生活、学习而结识在一起的高校学生群体逐步在增强和扩大，这些都是学生学习方式和组织形式多元化的具体表现。

3. 性格特征复杂化

高校学生性格特征的复杂化主要在以下几种现象中特别突出。

（1）务实与实惠的调和

高校学生能较冷静理智地看待社会实际，但更多地关注与他们自身的生存发展相连的社会实际。个人发展机会、职位的高低和工资收入成为高校学生择业的重要评价指标或选择条件。

（2）渴望与满足的不协调性

高校学生迫切地了解新知识、吸收新观念，对知识学习的要求较为强烈，选择知识的目的性逐步增强，但不能只满足热门、自己的喜好和眼前的需要，对自己的业务知识、能力水平、综合素质等方面需要有正确的判断，并制订更高、更全面、更长远的目标与要求。

（3）心理及个性化发展的不协调性

在现在的高校学生中，独生子女的比例较高，他们具有较强的自我意识、竞争意识和自强精神，追求个性化发展。因此，他们的集体主义观念、团队协作精神需要提高。一些学生对学校、社会的期望值较高，但对社会的复杂性认识不够；自我意识较强，重视自我价值，但对现实自我价值的认识不足。

二、加强和改进高校学生管理工作

（一）明确管理目标

高校是依据培养目标来实施管理的。从四个方面去考核管理目标是合理的。

1. 心态方面

心态其实是决定一切的基础。这种心态应该是科学的、贴近实际的、符合社会发展方向的、中西方先进理念相结合的。

高校学生要有很强烈的社会责任感。今天的高校学生就是明天祖国的栋梁，他们在

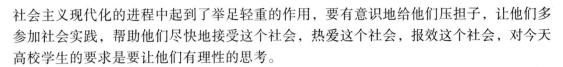

社会主义现代化的进程中起到了举足轻重的作用，要有意识地给他们压担子，让他们多参加社会实践，帮助他们尽快地接受这个社会，热爱这个社会，报效这个社会，对今天高校学生的要求是要让他们有理性的思考。

2. 文化方面

应该说，中西方文化并不是对立的，它们都是现代文明的一笔丰厚的遗产。要培养愿意付出的心态，要特别注意培养他们的团队合作能力，要组织他们共同做事情，潜移默化地告诉他们合作的重要性。

3. 消费观方面

高校学生要有正确的消费观，今天的高校学生有可能会享受到改革开放带来的成果，要看到享受这个成果本身也是经济发展的需要。当然，也要引导他们量力而行，把自己的消费建立在可行和科学的基础上。

4. 文明礼貌方面

要引导学生做一个有文明礼貌、尊老爱幼的良好品行的人。现在国门大开，许多人有机会到国外去旅游观光，要引导他们做一个高尚的人，做一个能被世界接受的人。

（二）树立科学的管理理念

21世纪的高素质、高质量的人才是具有高度责任感、熟悉中国国情、致力于解决中国及世界经济建设和社会发展的实际问题的人才；是具有创新精神、创业精神、创新能力、实践能力，有能力解决中国及世界经济建设和社会发展实际问题的人才；是能活跃于国际舞台、活跃于信息化时代、活跃于市场经济条件下的竞争环境、活跃于终身学习社会的人才，而高校的任务正是要为社会培养出这样的人才。因此，这就需要高校树立科学的管理理念。

第一，营造环境的重要性。具体表现为：①营造好的制度氛围。我国正在做这方面的努力，尽管成果初现，但是还不尽如人意，要从制度入手，要营造积极的小环境。实践证明这是可行的，如有些学校优美如画的校园、良好的道德环境、和谐的人际关系等小环境就非常有利于学生的健康发展。②学校领导和教职员工的示范效应。如果家长是学生的第一任老师，那么学校领导和广大的教职员工就是学生的第二任老师。心理和社会角色定位使学生的言行富有模仿性，也最信赖他们的老师，把教师看作知识的化身、高尚人格的代表以及他们天然的学习榜样。教师的示范效应是由于学生本身的心理角色定位而形成的。因此，对学生的要求也就是对老师自己本身的要求，按照"社会认同原理"，一定要做学生的楷模和偶像。③运用管理学的"破窗原理"，发现有不好的现象及时地消除掉。管理学的"破窗原理"是指有一扇窗户玻璃被打碎了，如果不及时修补，那么第二块、第三块，乃至第四块、第五块很快也会被打碎的。对学校出现的不好的现象一定要及时纠正。

第二，管理必须以学生为中心。在高校教育改革不断深化的今天，学生管理者应重视转变管理观念，只有管理观念的更新，才能实现学生管理的创新，做到既按照合格人才的标准严格要求、精心管理，又根据学生特点，充分发挥其良好个性；既坚持宏观指导，又深入学生进行个别引导、教育；既坚持用统一的制度和培养标准去要求学生，又坚持按不同层次评价和教育管理学生；既坚持宽严结合，又做到动态管理，从而提高管理的实效性和科学性，促进管理水平迈上一个新的台阶，更好地实现学校培养"四有"合格人才的目标。树立"以人为本"的管理思想是做好高校学生管理工作的首要前提。人本理论是现代管理科学经常用到的主要理论之一，它在现代企业管理中起着很大的作用。现在，我们从教育管理这一角度探讨人本理论在高校学生管理工作中的应用，树立学生管理工作人本价值观，以人为本，尊重人的本质的主体性、能动性和多样性，这是学生管理工作从传统走向现代的创新之路。

第三，要注重人的主体性。在学生管理工作的过程中，高校学生既是管理的客体，又是管理的主体。因为高校学生管理归根到底是对学生的管理，从管理的决策、组织实施到目标的实现，都要依靠高校学生，故高校学生是管理中的主体；高校学生还需要管理者的教育引导，他同时也是被管理者，从这一层面来说，高校学生又是管理的客体，两者应是辩证统一的。所以，在管理工作中应该确立"以高校学生为中心"的思想，开展的一切管理活动都是为了服务于高校学生，要尊重高校学生的人格特点，最大限度地发挥学生的主动性与创造性，使之能够以主体的姿态积极参与管理活动，主动接受管理和开展自我管理。

第四，要注重人的主观特性。人是有思想感情的，人的认识过程是一个复杂的系统，理性的思维过程是建立在情感、欲望等主观特性基础上的，它必须以人的基本要求、积极情感和意欲作为动力，正所谓"理乃情之所系"。列宁说过："没有人的情感，就从来没有，也不可能有人对真理的追求。"如果人的非理性本能要求、情感经常处于被压抑的状态，就不会有真正的理性之光。心理学研究表明：人与人之间的信息交流与传递必须具有一定的心理基础，如果在信任心理基础上进行交流，教育者发生的思想信息和目标要求往往就会被受教育者顺畅地接受，并能产生积极的行为效应。高校学生管理工作主要是由高校学生管理者和高校学生组成，他们纯粹是由"人—人"构成的管理系统，如果在管理中不充分渗透"人性"，重视师生的情感交流，就难以调动学生的积极性和主动性。所谓情感管理是指在管理过程中尊重人的个性特点、考虑人的情感因素，强调师生之间进行双向情感交流，尊重人的情感，其关键在于"以情感人"。这就要求管理者在按章办事的同时，真心实意地为学生服务，急学生之所急，想学生之所想，对学生进行情感投入，同时也注意把握学生的情感反应，通过情感沟通，了解学生的实际情况和出现的问题，并给予指引和教育，以达到有效管理的目的。

第五，要尊重人的个体多样化。人的个性是客观存在的，由于人性是历史的，也是具体的，而不是抽象的、超历史的，因此人都具有个体差异，表现出各种不同、多姿多彩的个性。作为管理对象的人，具有不同的社会属性和时间、空间属性。管理对象个体由于学习动机、兴趣、价值观等的影响和支配以及原有的知识经验、情感意志等因素的制约，在接受教育管理中，个体的思想行为必然带有鲜明的个性色彩，对同一问题具有不同的看法和态度。这就要求我们在做学生管理工作的时候，要面对现实的人，全面准确地把握不同的管理对象所具有的共同特征和个性差异，针对不同对象的思想实际，制订不同的计划，提出不同层次的要求，并且运用不同的方法，有的放矢地解决不同管理对象的各种思想矛盾和思想问题。高校学生由于家庭条件、社会经历、个性特点、气质、能力和兴趣爱好的不同，思想活动的内容和特点也就千差万别、错综复杂。

因此，在教育管理过程中，必须尊重学生的个性发展，因人而异、因材施教，要把学生管理工作做得有差异性和针对性。高校学生管理工作要以学生为中心，具体应该做到以下几点。

第一，学校的主体是学生，一定要坚持以学生为中心。市场经济有一个很重要的理念就是：客户不一定都对，但客户都很重要。用到学校应该是：学生不一定都对，但学生都很重要。有了这样的理念，我相信一定能做好学生教育。学生和老师不是对立的，而是同一个硬币的两面，教育与被教育是相辅相成的。这个理念要求学校要经常开展老师与学生之间的对话与沟通。老师在教育学生的同时，自己也在接受教育；学生在接受老师教育的同时，也潜移默化地影响着老师。

第二，学生管理要重在服务。以人为本是要落实在每一件工作中，服务是互相的，服务是高尚的，服务发生在每个人的身上。

第三，强调自我管理模式。学生自我管理，是指学生在学校指导下根据教育目的和培养目标的要求，运用现代科学管理方法，对自己的思想和行为进行自我调节和自我控制的过程，是学生自我认识的提高、自尊心的形成、自觉行为习惯品质的养成和自我奋发精神的培养过程。为了适应新形势、新情况，学生管理工作要从以学校管理为主向学生自主管理转变，要让学生了解学校的管理目标，化管理为高校学生的自觉行为，从心理学上说，任何人都不希望有人管理，可以有领袖、有楷模，但不要有管理。学生的自我管理应该体现在：首先，由他们自己设定管理规范，由自己设定的管理规范，在执行起来自觉性要高得多；其次，这个规范尽可能要自由多一些，限制少一些，文化多一些，制度少一些；最后，要让更多的学生参与管理，发挥他们的聪明才智，使学生在自己管理自己的过程中，既发挥自己的才能，锻炼、培养自己，又对自己的行为有所约束，使学生在具有健全人格的基础上，千姿百态，各展其能。不要让少数人管理多数人，最好能让大家都有参与管理的机会，这样可以加强沟通和理解，也可以在管理中发现更多的人才。高校在强化学生自我管理的同时，还要注意帮助学生明确自我管理的意义，指导学生运用自我管理的方法，提供学生自我管理的机会等。

三、完善学生管理体制

学生管理是对在校学生的全方位管理，内容比较广泛，涉及学校的多个部门，需要各部门协调一致，理顺各部门关系形成合力，以应对学生管理面临的新问题。在高校学生管理工作中，一是要加强学生工作机构的建设，强化其组织协调功能。理顺学生管理系统各部门、各层次、各岗位的职责权限关系，建立健全责任制，做到责任到岗，责任到人，责、权、利相统一。二是要适当放权，发挥基层作用。现行的高校管理体制是以校、系两级职责分明、条块结合的学生工作网络和运行机制为显著特征的，校、系应组织担负对学生进行思想教育和行政管理的双重任务。因此，既要赋予系开展学生管理工作的职责，又要让其拥有开展学生管理工作所需要的权力，做到责权统一。适当下放管理权限给各个系，便于其及时发现问题，并及时教育处理，可提高管理工作的实效性。三是进一步推行校系一级学生工作体制的党政融洽，协调统一。四是实行年级辅导员制，与学分制相适应。强化以系为单位的年级管理，进一步增强班级管理、专业教学之间的融合力度。但强化并不否认班级管理，因为在学分制的条件下，学生班级仍然是一个重要的学生单元组合，应纳入学生管理体制。

四、健全学生管理制度

学生是学校最大的群体，学生管理工作的成效直接关系到整个高校的稳定与发展。高校教育改革迅猛发展，使高校越来越成为没有"围墙"的校园。高校学生智商高、知识面广、观念更新周期短、法律意识不断增强，高校学生个体之间、个体与学校之间的权利和利益关系也变得更加复杂，这迫切要求学生管理工作要运用法律和规章制度调节规范各主体之间的关系。依法治校、依法对高校学生进行教育和管理是高校教育的任务，也是高校学生管理工作的指导思想。因此，建立科学、规范、完整的学生工作规章制度是学生管理工作的需要。高校应按照国家有关法律规定，依据本校实际情况，制定完整的、可操作性强的程序、步骤和规章制度，并以此规范学生的行为，行使有效的管理。

第一，高校在对学生的管理中，必须依法制定全方位的规章制度，并对现有的规章和条例进行清理和修订，过去行之有效的方法和改革成果应予以继承，同时要充分考虑整个社会法制的进步和依法治校原则对学生管理的要求，无论是修订原有的规章制度，还是重新制定规章制度，都要注意与国家的法律法规、方针政策相一致，在规范管理的同时，要注意保护学生享有的合法权益，真正体现法的价值。

第二，要更正一种错误观念，即仅仅将法律作为一种工具和手段来治理学校和办理一切事情，把法制化管理理解为"以罚治校，以罚代管"。"管理"并非管制，"管理"是管理和服务的统一，要把法律作为管理学校的依据和最高权威，因为法律除了具有惩罚、警戒、预防违法行为的功能外，更重要的是还有评价、指引、预测人们行为，保护、奖励合法行为以及思想教育等基础功能。

第三，建立学生保护机制，保护学生的合法权益。可以建立学生申诉制度，使学生的权利得到保护。

第三节　高校考试管理创新

一、高校课程考试管理的构建

（一）高校课程考试应遵循的基本原则

课程考试是教学过程中十分重要的环节，它不仅要完成对学生在经历一个教学过程后学习情况的评价任务，而且要检查教师的教学效果与水平、诊断教学中存在的问题，反馈在教与学过程中的各种信息，进而发挥促进教学改革的作用。它所特有的检查测评、导向、激励、鉴定和系统整合五大功能是其他教学环节所不能替代的。高校课程考试必须适应社会发展的需要，必须适应被考者的身心发展水平，必须有利于促进和客观评价学生综合运用所学知识解决实际问题的能力，必须有利于提高教师教学水平，以保证不断提高人才培养的质量。考试原则是从事考试活动、处理各种考试问题、规范考试行为所必须遵循的基本原则。

课程考试管理是一项基本的教学管理，是保证考试的公正性与客观性，正确发挥考试功效，促进教学工作的关键环节之一。考试管理质量直接关系到教风、学风的建设和教学质量的提高，是衡量学校办学水平、管理水平的重要标志。加强高校课程考试管理应遵循以下原则。

1. 方向性原则

考试管理是管理者根据既定考试目标要求，运用适当的程序、方法、手段及行为规范，合理调配人、财、物、信息等资源，对考试活动实行有效控制，以实现共同目标的一种社会活动过程。考试管理既因一定管理目标的需求而启动，又以实现预定目标为归宿，其管理过程的产生与形成均以一定的管理目标为先决条件，而目标本身总要体现为一定的方向，目标的正确与否要以所引导的方向是否正确作为衡量的标准。因此，科学的考试管理必须坚持方向性原则。

2. 科学性原则

科学性原则是指运用现代管理理论、教育测量与评价理论、教育管理理论、心理学理论等作为充分的科学依据，使考试管理活动具有可靠性、可信度，并采用科学的考试管理方法、成熟的管理经验，使考试管理活动行之有效，以利于实现预期的管理目标。

3. 公正原则

考试管理公正与否，关系到考试的权威性，反映的是校风考风的建设程度，而且考试直接关系到被试者的切身利益，直接影响被试者的心理，影响着个体对社会的态度。

因此，我们要积极地创造条件使考试尽量接近公正。

4. 系统原则

系统是指由相互联系、相互作用的若干组成部分构成的有机整体，这个整体具有其各个组成部分所没有的新性质和功能，并和一定的环境发生交互作用。考试管理是一项系统工程，它包括教学管理工作、思想政治工作、后勤保障工作等方面，涉及教学系部、学生处、党团组织、总务、保卫等部门，教学管理部门要妥善安排，使考试工作井然有序地进行。

（二）高校课程考试管理运行条件的探讨

考试管理，其目的在于维护考试的标准规范，维持考试实际运作与计划方案相一致，使考试沿着预先设定的轨道运行。保证考试结果的真实性，并从中分析成功与失败的原因，探明修正的途径，通过反馈给新的考试运行提供理论及实践的依据。将考试目的从观念形态转化为现实形态，高校课程考试管理的正常运转应具备以下条件。

1. 健全的考试组织机构

若无健全的考试组织机构，自然也就谈不上深入开展考试实践中相关问题的研究，要不断更新、完善考试的理论，用以指导新的考试实践，进而强化考试主动适应社会发展需求的能力，使之正确发挥其功能。考试组织是考试队伍的依附体，若考试组织不健全，就不可能形成稳定的专业考试队伍，整个考试的设计、实施与管理必然是临时拼凑，量尺标准、实施规范、结果真实的施考目标就难以企及。

2. 素质优良的考试管理队伍

一切先进的控制技术设备、各类考试行为规范、各项工作标准都有赖于高素质的控制者通过对人的有效控制才能充分发挥其作用，进而给考试运行以积极的影响。培养和造就一支高素质的考试管理队伍是保证考试质量、提高考试效率和效益的需要。参照考试管理系统的运行环节，考试管理队伍可以划分为考试行政队伍、考试业务队伍、考试科研队伍三类。

考试行政队伍是考试队伍中常规性的人员配置组合，它包括学校、职能部门和教学单位的领导者和一般行政工作人员。考试行政队伍的职责是负责考试管理机构各项职能活动的顺利进行和考试管理目的的有效实现。

如果说考试行政队伍的建设是源自加强考试活动外部组织管理的要求，那么考试业务队伍的建设则是出自考试流程内部运行的要求。考试活动是一个动态的运行过程，其流程要经过命题、施测、评卷等依次相连的环节，各个环节都事关考试的质量。考试科研队伍是伴随着现代考试改革和发展的深入而显示重要性的一支必不可少的考试队伍，其职责是结合高校教育教学实际、重点研究课程考试的理论与实践问题，从而为学校的考试活动提供理论指导。高校课程考试时间的非经常性决定了考试管理队伍的非专职性。也就是说，他们基本上都是兼职考管人员。应该特别指出的是，为了保证课程考试质量的不断提高，非专职性的考管队伍应该具有专业性的水平。

3. 健全的考试规范、严密的考试程序和科学的考试控制标准

实行考试控制的依据和准则是引导考试运行方向、防止考试运行偏离预定轨道的保障措施。同时，它也是维护考试权威性、公正性的必要条件。所谓考试规范，即考试运行的规程和参与考试活动各类人员的行为准则，它是控制考试运行的直接依据。一般包括考务规程、命题细则、监考守则、考场规则、评卷实施细则、考试信息管理规定、保密规定、违纪处罚规定等。严密的考试程序是指考试命题、实施到评价分析反馈、考场编排、各类工作人员配置等各个环节都要严格要求，注重考试的整个过程。科学的考试控制标准包含时间标准，如命题制卷、考场设置、实施测试、阅卷评分、考试结果分析处理等的起止时限要求；数量标准，如考点设置、考场编排、试卷长度和满分值、试卷印制与分装、施测环节各类工作人员配备、阅卷人员及所需设备配置的数量规定等；质量标准，如考号及考场编排的科学性，考点、考场设置的规范性，各类人员配置的合理性，施测控制的严密性，试题编审和试卷印制的合格率，试卷分装的标准性，评分、计分、登分、核分的准确率或差错率以及考试成绩的可靠性、有效性和公正性。

4. 良好的信息传输与反馈机制

倘若没有确切的信息反馈，科学的统计方法和先进的技术手段就谈不上对考试流程进行富有实效的控制。从整个考试的过程来看，考试质量分析是信息反馈的主要途径，应该根据考试结果为学生提供反馈，以检查教学目标的实现情况，检查教学措施的实施效果，并发现教与学两方面存在的问题，从而改进教学工作。

从教师自身而言，在试题反馈分析的过程中，能够及时收集来自学生的真实信息是一笔难得的宝贵财富，是一次向学生学习和自身学习的过程。通过试题反馈分析，教师不仅了解了学生的学习需求与希望，看到了命题中需要改进的问题，并能从这一教学情景中获得许多启示和感悟。通过与学生交流，促进教学反思，在反思中学习，在反思中丰富教学经验，从而提高教学能力。

从教学管理的角度而言，组织试题反馈分析的过程就是检查、反思、总结、促进教学成长的过程，它为今后命题、考试、评价等方面教学管理工作积累了宝贵的经验，同时也为教学双方提供了一个平等、真诚的教学交流和情感互动的平台，对师生双方都起到了积极的促进作用。通过考试的质量分析，能够使考试决策层及时客观地了解考试的情况，从而对考试活动中出现的种种偏差进行分析，以探明考试造成偏差的原因，并进行调节和控制。良好的信息传输与反馈是保证考试决策正确的重要依据，也是促使考试走向科学化的必要措施。

二、高校课程考试管理改革的对策

高校课程考试管理是一个由多因素组成的相互制约、相互促进的封闭动态系统。因此，改革高校课程考试管理应该坚持系统论的观点和方法。

（一）推进考试观念的深层次转变

思想观念是行动的先导，"欲革新，先革心"。转变高校领导、教师、管理人员乃至学生关于课程考试的观念，是推进高校课程考试改革的前提和基础。这里要强调的是，高校领导、教师和教管人员要在思想上真正承认考试是一门科学，要真正弄清、弄懂这门科学，因为唯有了解、掌握了考试的理论，运行规律、方法与技术，才有可能在课程考试中正确、有效地运用这门科学。必须正确认识考试管理是一项关系考试成败、人才培养质量的系统工程。考试活动是一门科学，考试管理活动是考试活动的重要组成部分。因此，考试管理理所当然也是一门科学，考试管理不仅是一门科学，也是一项系统工程。对于高校领导、教师和教管人员来说，一是要真正认识考试管理是一门科学，是一项关系考试成败、人才培养质量的系统工程；二是要学习、掌握这门科学，了解、熟悉这一系统工程的特点、运行规律和控制理论与方法等。唯有如此，才能够确保课程考试组织实施的科学有效性。

（二）建立考试中心，完善考试管理规章制度

考试管理要系统化、规范化，必须建立健全考试管理机构。考试是一项系统工程，为保证考试的顺利进行，提高考务人员的业务水平和考试管理质量，高校应该成立考试中心，统一管理高校课程考试。作为高校考试的综合管理机构，考试中心的职责与任务包括以下几点。

1. 统一规划、组织和实施高校的课程考试

传统课程考试的模式是高校制定统一的要求，各教学单位自行命题、制卷、施测、评卷、登分，有的高校有总结评估的环节，有的高校没有。课程考试事关人才培养质量，又是一项科学性、技术性很强的系统工程，应该由学校即考试中心统一规划、组织和实施。

2. 建立、完善课程考试管理规章制度并坚持严格地实施

课程考试的主要目的和功能是育人，是有利于人才的培养和成长。为了实现这种功能，达到这种目的，课程考试及管理就必须科学严密。课程考试又是一项科学性、技术性很强的系统工程，故对其管理必须有一整套科学、合理、严密的规章制度，并在课程考试中坚持严格地实施。

3. 针对学校课程考试的实际和需要，开展课程考试的评估与研究

对实施的课程考试进行组织分析、评估和根据需要开展针对性研究一直是高校不够重视的环节，而这又是一项提高课程考试质量，这是促进人才培养质量提高的重要工作。所以，这将是考试中心的一项重要任务。

4. 承担考试管理方面的人员培训

课程考试的监考人员一般是临时和兼职的，对其进行培训是必需的，如组织他们学习《监考须知》《学生考试行为规范》以及《考试违规处罚条例》中的各项条例等，要求他们以高度的责任心和严肃认真的态度对待每一场考试。

（三）培养和建设高素质的考试管理队伍

精干的考试管理队伍，是有效发挥考试管理功能的根本条件之一。严明的法纪可以使考试管理从制度上得到保障，健全的机构可以从组织方面保证考试管理功能的正常发挥。课程考试属校内考试，与社会考试相比，其规模较小，只是学校工作中的一项，且时间上是间断的。然而，这一切并不意味着课程考试管理就不需要高素质的管理队伍。所以，高校应重视课程考试管理队伍的建设。考试管理队伍包括：①科研队伍。考试实践证明，没有科学的考试理论做指导，就不会有成功的考试实践，尤其是现代的考试管理，更需要科学的管理理论、方法、技术和手段。只有在考试管理实践的过程中，有重点、有针对性地开展考试及考试管理方面理论、技术、方法等的研究，才能使考试工作决策符合科学化的要求，从而发挥考试应有的功能，促进学校发展。②行政队伍。考试行政队伍直接关系到考试管理机构各项职能活动的顺利进行和考试管理目的的有效实现，对提高考试管理工作质量具有重要的意义。③业务队伍。考试业务队伍是应考试流程的运转出现的，随着各自环节职能的发挥，相应的业务队伍也就暂时失去了存在的需要。它包括命题队伍、实测队伍、评卷队伍及评价、监督队伍。

兼职性、非常设性和专业性应该是高校课程考试管理队伍的基本特征，也应该是高校抓这支队伍在建设过程中应遵循的基本原则。所谓兼职性和非常设性是指课程考试管理队伍的组成人员不可能是专职的（学校考试中心的人员例外），这一部分人员只占整个队伍的很小的比例，他们平时可能工作于校机关、教学单位或学校的其他单位，只是在学校组织课程考试时才成为考试管理人员。所谓专业性是指这支队伍的成员应该具有专业化的水平，即他们中的绝大多数人虽然不是以考试管理为职业的，但他们都应该了解和熟悉自己在考试管理中所从事的那一项工作必须了解和熟悉的理论、技术等专业知识技能，并具有搞好这项工作的较强的能力。没有职责就无所谓管理，高校对这支特殊队伍的管理也应同其他队伍的管理一样，分工明确，职责明确，考核明确，奖惩明确。

（四）实施科学的教考分离

教考分离制度是一种现代教学管理手段。所谓"教考分离"是指将教学与考试分离进行，即将过去某一课程由任课教师自己命题、自己评分的做法改为从规范、标准的试题库中筛选、组合出符合要求的试卷，或由教学管理部门组织教学经验较为丰富的非任课教师依纲命题，并统一组织考试，统一评阅试卷。实行教考分离的目的是提高考试的质量和水平，为学生成绩的评定、教师的教学评价以及教学管理决策提供科学的依据，它有利于促使教师授课全面系统地贯彻教学大纲的各项要求，促进学生端正学习态度和良好学风的建设，这样既能促进教师的教，又能促进学生的学。充分体现了教师的主导作用和学生的主体作用相结合的教学原则，充分调动了师生的积极性。推行高校的教考分离需从以下四点入手。

1. 加强宣传，统一思想

推行教考分离的首要任务是加强对教考分离制度作用和意义的宣传，从学校上层、中层到教师，层层推进，调动各方面的积极因素，使认识统一到培养合格人才上来，以有利于逐步实施教考分离制度。

2. 科学合理地安排实行教考分离的课程

从教学总体效益上讲，并非每门课程实行教考分离都有利，如文科类的一些课程，本身要求学生涉猎广泛，如果把试题局限于课堂内的几本书，显然不利于培养学生的能力；又如理科的一些专业性很强、难度很大的后续课程，学校常常只有一两个老师熟悉课程内容，推行教考分离也不太切合实际。因此，学校应该在充分调查研究的基础上，科学合理地安排实施教考分离的课程。

3. 积极修订教学大纲，为课程实施教考分离创造前提条件

教考分离制度将教与考分为两条线，没有课程大纲则无法组织有效的教学，更无法组织有效的考试。因此，高校应积极组织力量修订、制定课程大纲，为课程实施教考分离创造前提条件。

4. 建立高质量的题库，使教考分离更科学化

实行教考分离的重要途径是建立科学的题库。科学的题库可以提供各种规格、各种层次及科目的试题。采用试卷库的试卷可以克服教师命题随意性等相关问题，学校内部考试通过这方面的改进可提高校内考试的质量与权威性。建设科学的题库、卷库并非一蹴而就，它既是一项阶段性的、多方人员合力攻坚的综合技术工程，也是一项长期的、由专业技术人员不断充实、革新、完善的系统工程。在高校中因学科、专业的多样性，试题要注意学科性、专业性以及适应学生能力、教学水平变化的需要。

第五章　高校教育信息化管理及教学

第一节　高校教学信息化管理

一、高校教育信息化的发展进程

作为信息化建设的前沿阵地和信息时代的弄潮先锋，我国高等学校的信息化建设方兴未艾。教育部进一步明确做出了实施"教育信息化建设工程"的战略部署。在新形势下，高校的教育信息化建设工程纷纷上马，提高了学校的教育信息化水平。对高校教育信息化建设有各种各样的提法，如校园网、数字化校园、教育信息化等。这些提法和概念各有侧重，其内涵与外延也不尽相同，在高校的信息化建设实践中，有必要分析理解这几个名词的异同，以便对教育信息化概念的认识。

一般而言，校园网是指由计算机、网络技术设备和软件等构成的为学校教学科研管理、后勤等服务的集成应用系统，并可通过广域网的互联实现远距离信息交流和资源共享的局域网络。从概念上来看，校园网侧重的是网络系统，即主要是硬件平台的建设。

数字化校园的提法始于 1990 年，有关学者发起并主持了一项名为"信息化校园"的大型科研项目。自此，建设虚拟校园开始进入教育界有识之士的议事日程，并最终逐步演变完善成为今天的"数字化校园"概念，即利用计算机技术、网络技术、通信技术对学校的教学科研、管理和生活服务等有关的所有信息资源进行全面的数字化，并用科学规范的管理对这些信息资源进行整合和集成，以构成统一的用户管理、统一的资源管理和统一的权限控制，把学校建设成面向校园内，也面向社会的一个超越时间、超越空间的虚拟大学。数字化校园是在传统校园的基础上构建一个"数字化空间"，以拓展现实校园的时间和空间的维度，从而提升传统校园的效率，扩展传统校园的功能，最终实现校园各项活动的全面信息化。数字化校园的概念比校园网的概念在内涵上明显要丰富得多，涵盖的内容极其广泛，不仅包括了硬件设施和网络系统的建设，还包含对教学科研、管理、生活服务等各方面提供数字化服务，几乎无所不包。但从概念上来看，它侧重的是虚拟大学的存在状态和功能。

20 世纪 90 年代伴随着信息高速公路的兴建。美国政府正式提出建设"国家信息基础设施"（National Information Infrastructure，NII），俗称"信息高速公路"（Information Superhighway）的计划，其主要是发展以因特网（Internet）为核心的综合化信息服务体系和推进信息技术（Information Technology，IT）在社会各领域的广泛应用，特别是把IT 在教育中的应用作为面向 21 世纪实施教育改革的重要途径。美国的这一举动引起世界各国的积极反应，在这种大背景下，许多国家的教育信息化进程也由此迅速加快。

20 世纪 90 年代以来，特别是 90 年代末以后，网络技术迅速普及，整个社会的发展与信息技术的关系越来越密切，人们越来越关注信息技术对社会发展的影响，"社会信息化""信息社会"和"信息化社会"的提法陆续出现，作为推进信息化建设的主力军之一，特别是在高等教育中，"教育信息化"的提法也随之出现。

二、地方高校教育信息化建设现状

以信息化带动教育现代化，已经成为教育跨越式发展的必由之路。这场由信息技术革命引起的教育变革，正在对教育的各个领域产生巨大而深远的影响。地方高校在教育信息化这方面起步较晚，发展略显滞后。地方高校应抓住这一历史性的机遇，强化教育信息化是信息时代高校生存、发展、竞争、制胜的有力武器，加强教育技术管理，进而促进高校的教育信息化建设。从对江苏苏北地区高校的教育信息化现状调研来看，在建设过程中所投入的人力、物力及资金方面都存在着瓶颈，制约着学校教育信息化的建设速度。

（一）信息化建设人力资源缺乏

从对江苏省高校现代教育技术中心调研来看，部分管理人员对教育信息化概念还未了解透彻，对于如何建立学校的教育信息化更不知从何谈起。现代教育技术管理人员没有正确的理论导向，学校教育信息化管理工作还停留在传统的管理模式，工作效率低。同时建设人员的素质也影响了学校教育信息化的发展。因此，提高管理者的信息化水平，成为势在必行的关键。

普通教师作为教育信息化建设的参与人员，也具有很高的重要性。就信息化建设中的课堂信息化教学手段的应用现状来看，对江苏盐城工学院的课件使用情况统计结果显示，当教师使用信息技术手段上课时，其教学效果有 20% 的学生认为较好，30% 的学生认为教学效果一般，有 50% 的学生认为教学效果较差。分析其原因，课堂教学效果与多媒体课件质量和教师本身的教学素质有直接关系，两者缺一不可。而多媒体课件质量的高低与教师本身的教学素质高低也有很大的关系，课件做得好，教学效果就会好。要提高教学质量，得到学生认可，应对教师提供有效资源，提高教师的信息化理论与实践水平，全方位地整合教育资源、研究教育理论和进行教育实践，使信息技术在教学中发挥应有的作用。只有提高学校管理人员和参与教学的人员的信息化水平，全民参与建设，才能解决信息化建设人力资源缺乏这一难题。

（二）投入与产出效益比例失调

在教育信息化刚刚兴起的时候，大家都热衷于关注一个个的技术解决方案，很少有人考虑这样的问题：这需要投入多少钱？人均成本是多少？拿它来做什么？能达到什么样的效果？大家都只是从感觉上去讨论如何能使教学成本降低，但很少深入研究前期巨大的投入和不断追加的投入，到底需要达到什么样的学生规模时人均成本才会降低？学生学习后的所得到底有多少？教育信息化其他方面的投入也存在上述问题。在问题没有弄清楚的情况下，许多项目仓促上马，导致闲置现象严重。许多学校投入大量资金建起来的校园网使用率低，等到几年过去，当年的一些设备已经老化，其使用价值和自身价值都大幅度缩水。

许多高校为了本科教学合格评估，投入了大量的资金，建立了多媒体教室，有些学校 80% 以上教室安装了多媒体设备，造成了资源浪费，有些课程不需要用多媒体上课也用多媒体上课，导致教育成本加大。如一所高校有 80 个多媒体教室，一年投影机换灯泡需 12 万元，每年投影机维护维修费用 15 万元左右。举例来说，学校对投影机的购买与使用通常是"不惜血本"。实际上，投影机总持有成本又包含哪些方面呢？售价并不是购买投影机所唯一要考虑的花费。投影机的总持有成本等于购买费用加维护费用再加更换部件费用，而影响投影机总持有成本的因素，除售价之外，主要有三个方面：一是滤网的清洁和更换；二是灯泡的更换；三是光学面板的清洁与更换。换言之，售价在持有一台投影机的总成本中只占一部分，更多的花费会在后期的维护过程中产生。如果想减少后期维护过程中的花费，首先我们可以选择一款不需滤网的 DLP 投影机，因为此类投影机的高可靠性与超长寿命对学校来说是最适合的，尤其在偏远地区，没有足够人员负责清理与保养投影机，不需滤网的 DLP 投影机能够为学校省下一大笔维护费用，同时更确保投影机不会因堵塞的滤网而导致整机温度过高，造成投影机寿命减短。

除此之外，应根据教学内容进行课堂教学媒体的选择，如使用黑板、挂图模型、幻灯、电视、录音、多媒体等。对于某些课程，如计算机辅助设计各种应用软件、机械制图等使用多媒体效果比较好；而对于高等数学、大学物理则建议采取教师讲解为主、计算机辅助教学为辅的手段来授课。现在许多青年教师把讲课的内容做成电子讲稿或幻灯片，并且主要是文字，上课时教师利用无线话筒讲稿进行授课，不对课堂教学进行媒体设计，这样不但教学效果较差，而且学生不愿意听，教学效率更会因此下降。高投入，却换来低产出,不正确的信息化应用方法同样也制约着学校教育信息化建设的发展步伐。

（三）网络的应用效率不高

随着学校规模的快速发展,校区的增多,各高校之间的资源共享要求的增多,教务管理信息系统要求尽快实现网络化,以便提高教务管理的效率。学校网络的建设,不仅要使资源得到共享利用,还应增强辅助教学的功能。如一些高校应用的教务管理系统只用于单纯的教务管理,而和教学相脱离。在地方高校的网络教务管理信息系统中,应加强课堂教学的辅助功能,时刻体现教务工作以教学为中心。网络系统的智能性和安全性有待提高。比如在教务管理系统中还应运用智能代理技术,以帮助教务管理者更轻松地管理教学、教师更方便地教学、学生更好地查询信息等。网络的安全是校园信息化建设的堡垒。网络版教务管理信息系统的安全性尤为重要,学生成绩的查询、选修课的选课密码等都需要很高的安全性。未来的网络信息系统,应该更加注重系统的安全性,才有利于教学工作的正常进行。

三、地方高校教育信息化建设存在的问题

（一）思想认识不到位

有些高校对教育信息化的重要性还没有充分的认识,没有将其作为一项重要的工作来抓;有些高校虽然在这方面做了一些工作,但没有建立教育信息化的领导决策机构,也没有制定教育信息化的总体规划;有些高校把教育信息化等同于教育管理信息化,忽视了教学信息化这一教育信息化的核心,重管理轻教学;有些高校在信息化建设的机构设置、人员编制上没有到位,没有形成相应的信息化建设队伍。上述这些问题,在很大程度上制约着高校教育信息化的发展。

（二）资源建设严重滞后

教育信息化的核心是教学信息化,教学信息化的基础是信息资源建设,但目前我国高校的信息资源建设严重滞后。究其原因,首先是在宏观上教育行政部门推动的力度不够;其次是信息资源建设缺乏相对统一的标准,在开发上大家各搞各的一套,造成重复建设,并为以后的兼容留下隐患;最后是各个高校各自为政,在信息资源建设上缺乏协调和合作,分散了信息资源建设的人力和物力。

（三）配套的政策支持缺乏

教育信息化将带来高校办学的开放化,办学开放化使得信息资源能够共享和再利用。而在现有的高校体制下,一方面,各个学校都有自己相对封闭的办学经济利益,如何解决因资源共享造成的各高校之间、教师个人之间的利益格局调整问题迫在眉睫,需要建立相应的配套政策和协作机制;另一方面,在对教师个人的教学质量评估中,如何体现教学信息化的要求,建立相应的评价体系和激励机制,对教师的教学信息化工作予以认可和奖励,也是一个需要进一步去研究探讨的问题。

（四）经费投入不足

教育信息化是一项系统工程，既包括硬件等基础设施建设，也包括信息资源等软件建设。教育信息化初期投入比较大，需要有一定的经费保障，但目前我国高校的办学经费普遍比较紧张，除少数列入国家"985"工程和"211"工程的高校外，大部分高校无法在信息化建设方面作较大的经费投入，这些也在相当程度上制约着高校的教育信息化建设。

（五）师资队伍水平有待提高

目前的师资水平不能适应信息化建设的要求。教师是教育信息化的实施者，教育信息化对师资队伍的素质提出了很高的要求，但我国高校现有的师资队伍还不能完全适应这一新的要求。一方面，教师的教育思想教育观念受传统教育的影响很深，要接受新的思想观念还需要一个过程。另一方面，教育信息化对教师的知识结构、综合素质、信息化能力都提出了更高的要求，教师必须具备良好的信息意识，善于将信息网络上新的知识信息与课本上的知识信息有机结合起来，不断了解和掌握本学科及相关学科的新动向，以新的知识信息开阔学生视野，启迪学生思维。同时，教师还必须具有较强的获取信息、储存信息、加工处理信息、筛选利用信息以及更新创造信息的能力。此外，教师还要具有运用信息技术手段创造性地组织教学活动的能力。在我国高校目前的师资队伍中，上述这些信息化的素质和能力还相对薄弱，很难适应教学信息化建设的要求。

第二节　高校信息化教学

一、信息化教学及其特征

（一）信息化教学的概念

信息化教学是以现代信息技术为基础的新型的教育体系，与传统教学相比，在教学观念、教学组织形式、教学内容、教学模式、教学技术、教学评价和教学环境等方面都发生了意义深远的变革。

信息化教学秉承了素质教育和新课程改革的理念，坚持以人为本的教育思想，重视学习者的全面发展、全体发展和个性发展。它在班级授课制的基础上，灵活地运用小组教学和个别化教学来展开教学活动。知识的积累不再是信息化教学的最终目的，它开始注重对学生创新能力和实践能力的培养。在传统的教学技术和现代信息技术的基础上，信息化教学建立起了基于技术的教学模式，或者说信息化的学习模式。信息化教学的评价淡化了甄别与选拔的功能，开始注重学生的发展，重视综合评价，在关注个体差异的基础上，强调评价指标的多元化，强调评价主体的多元化，并开始注重对过程的评价，综合运用终结性评价和形成性评价。

（二）信息化教学的特征

从技术上讲，信息化教学的基本特征是教学的数字化、网络化、智能化和多媒体化。数字化使得教育媒体设备性能可靠，使用方便。网络化使得信息资源可共享，教学活动不受时空限制，交流协作容易实现。智能化使得教学行为人性化，人机交互自然化。多媒体化使得信息表征多元化，真实现象虚拟化。

从教学实现过程上讲，信息化教学具有教材多媒体化、资源全球化、教学个性化、学习自主化、活动合作化、管理自动化、环境虚拟化等特点。教材多媒体化就是利用多媒体和超媒体技术，使教学内容呈现出结构化、动态化、形象化的特点。资源全球化就是利用网络，使各地的教育资源为教师、学生所共享。教学个性化是利用智能导师系统，根据学生的学习特点和学习需求进行教学和提供帮助。学习自主化，即充分发挥学生学习的自主性，使其成为知识的主动建构者。活动合作化，即通过网上协作和计算机协作（计算机扮演学生伙伴的角色）进行学习。管理自动化，即利用计算机管理教学过程，包括计算机测试与评分，学习问题诊断，学习任务分配等功能。环境虚拟化意味着教学活动可以在很大程度上脱离空间和时间的限制。

二、信息化教学的教学模式

（一）信息化教学模式的概念

教学模式就是指在一定的教学思想、教学理论和学习理论的指导下，在一定的教学环境和资源的支持下，教学活动中各要素之间所形成的稳定的关系，以及活动进程的结构形式，即教学活动的模式。

信息化教学中的教学模式，是根据现代教学环境中信息的传递方式和学生对知识信息加工的心理过程，充分利用现代信息技术手段，构建一个良好的教学平台，并调动尽可能多的教学媒体和信息资源开展教学活动。在教学活动中，学生在教师的组织和指导下，充分发挥其学习的主动性、积极性和创造性，真正成了知识信息的主动建构者。

信息化教学模式从现代教学媒体对理想教学环境的构成角度，探讨了如何充分发挥学生的主动性、积极性和创造性。与传统教学媒体相比，以计算机为主的现代教学媒体具有交互性、多媒体特性、超文本特性和网络特性。而这些特性对于提升学生在课堂教学中的地位具有一定的作用，能够帮助学生对知识进行积极主动的探索和建构，有助于改变学生被动接受知识信息的地位。

（二）信息化教学模式的特点

1. 信息源丰富，知识量大，有利于教学情境的创设

现代教育技术手段为课堂教学提供了全新的教学环境，课堂上教学信息变得丰富多彩，信息的来源不再局限于教师和课本。在课堂教学中运用多种媒体，不仅能够扩大知

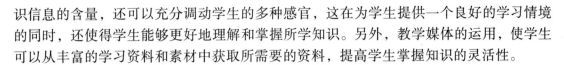

识信息的含量，还可以充分调动学生的多种感官，这在为学生提供一个良好的学习情境的同时，还使得学生能够更好地理解和掌握所学知识。另外，教学媒体的运用，使学生可以从丰富的学习资料和素材中获取所需要的资料，提高学生掌握知识的灵活性。

2. 有利于学生学习主动性和积极性的充分发挥

在课堂教学中引入现代信息技术，尤其是多媒体技术和网络技术后，教学过程的四要素都发生了相应的变化。在信息化教学中，教师不再是知识的传递者，而成了学生知识获取能力的培养者，学生是自主思考能力、自主探索能力和自主发现能力的指导者。教学媒体时而作为辅助教学的教具，时而作为学生自主学习的认知工具。教材既是教师向学生传递的内容，也是学生进行意义建构的对象。在这种新型的教学模式中，学生的主动性和积极性都得到了充分的发挥。

3. 实现个别化教学，有利于因材施教

计算机的交互性为学生的个别化学习提供了机会。多媒体技术可以完整地呈现学习内容。在这个过程中，学生可以自主选择学习内容的难易程度和学习的进度，并可以随时与教师和同学进行交流互动。在现代信息技术所构造的教学环境中，学生逐步摆脱了传统教学中以教师为中心的模式，成了学习的主动者。在学习过程中，学生能够主动地获取知识，处理信息，能够使自己的个性和特长得到发展。

4. 能够促进学生间的互动互助，有利于学生协作精神的培养

使用计算机网络，有利于培养学生的合作精神，有助于学生形成良好的人际关系。在网络的帮助下，学习者可以通过互相协同、互相竞争或分角色扮演等多种不同的形式来进行协作式的学习。

5. 有利于学生创新精神的培养和信息能力的发展

多媒体的超文本特性与网络特性的结合，为学生信息的获取、分析和加工能力的培养营造了理想的环境。众所周知，因特网（Internet）是世界上最大的知识库。它拥有巨大的信息资源，而且这些资源是按照符合人类联想思维的超文本结构组织起来的，特别适合于学生进行"自主发现、自主探索"式的学习，能够培养学生的发散性思维和创造性思维。

（三）信息化教学模式的设计原则

在按照信息化教学模式来开展教学活动时，应该遵循以下原则：

1. 明确以学生为中心

在学习过程中，充分发挥学生的主动性和创造性。通过创设各种不同的情境，来为学生提供更多的运用所学知识的机会；通过训练学生对自身行动的反馈信息的分析，来帮助他们更准确地认识客观事物，并形成解决问题的方案。

2. 注重情境对信息化教学的重要作用

因为学习总是与一定的社会文化背景相联系的，所以通过多媒体创设的教学情境，

可以帮助学生利用自己原有认知结构中的有关经验，去理解新知识，并赋予新知识以某种意义。

3. 发挥协作学习的优势

协作学习的环境及学习者与周围环境的交互作用，有助于学生对学习内容的理解，而且协作学习使得整个群体都可以共享学习者的思维与智慧。

4. 强调对学习环境的设计

学习环境是学习者进行自由探索和自主学习的场所。因此，教师所设计的教学环境要给学生提供更多主动与自由的空间。

5. 强调信息资源的支持

在教学过程中，我们不仅要利用各种信息资源对教师的教学进行支持，更要强调各种信息资源对学生学习的支持作用。

（四）信息化教学模式的形式

信息化教学模式旨在通过支持学习者的高阶学习，来促进其高阶能力的发展。所谓高阶能力是以高阶思维为核心，解决结构问题或复杂任务的心理特征。它包括创新、问题求解、决策、批判性思维、信息素养、团队协作、兼容、获取隐性知识、自我管理和可持续发展等能力。从不同的思维视角出发，所构建的信息化教学的模式也各不相同。这里我们介绍几种典型的信息化教学模式。

1. 基于问题的教学模式

（1）模式简介

基于问题的学习（Problem-Based Learning，PBL）自20世纪50年代中期发展于医学教育中，后逐渐被运用于商业教育、建筑教育、法律教育等领域。近年来，人们开始把它广泛地运用到教学中来。

概括地说，PBL是把学习置于复杂的、有意义的和相对真实的问题情境中，让学习者以小组合作的形式在探究的过程中尝试解决实际的、真实性的问题，并学习隐含于问题背后的科学知识。它能帮助学习者构建起广博而灵活的知识基础，并且能促进其理解、分析和解决问题能力的发展，以及能促进其自主学习和终身学习能力的发展。

基于问题的学习包含问题情境、学生和教师三个要素。其中，问题情境是课程的组织核心；学生是问题的解决者；教师是学生解决问题的伙伴和指导者。在信息化教学的环境中，信息技术将作为学生问题解决的支持工具，运用于PBL实施的全过程之中。

（2）教学过程

在进行PBL之前，教师要结合具体的实例来介绍如何进行基于问题的学习。要向学生明确用PBL进行学习的目的是什么，该怎样来展开学习，在学习过程中学生要做哪些工作，该怎么做，还要告诉学生在这种学习方式中将如何对学生的个人成绩及小组成绩做出评价。一般情况下，用PBL进行教学的步骤如下：

第一，创设情境，呈现问题。

创设情境要依据教学的目的和教学内容的需要。情境的呈现可以有多种方式，一个故事、一段录像、一组数据、一种现象等都可以帮助我们创设一种情境，营造一种氛围。在情境呈现后，教师还要适时地提出一些引导性的问题，帮助学生理解情境，并为学生提供解决问题的思路和方向。

问题是 PBL 的起点和焦点。问题的情境应体现如下特征：真实性，即设计的问题应贴近学生的生活经验；复杂性，即从学生的角度看所呈现的问题要有一定的难度，但问题的复杂、难易程度要适中，要符合学生的年龄特征和能力水平；弱构问题，即问题的答案不是简单的、固定的、唯一的，它应该是有多种解决方案和解决途径，或者没有公认的、标准的解决方法。

第二，界定问题，分析问题，组织加工。

在对情境深入理解的基础上，将班分成几个小组，并组织学生与小组同学进一步讨论和分析问题的情境，分析情境背后的问题实质，并选择与当前学习的主要问题密切相关的真实性事件或问题作为学习的中心内容（让学生面临一个需要立即解决的现实问题）。所选出的事件或问题就是"锚"，对问题的界定就是"抛锚"，故基于问题的学习也被称为"抛锚式教学"。

在对问题做出界定后，小组成员还要进一步讨论对于需要解决的问题来说，已知的信息有哪些，还需搜集的信息有哪些，可以从哪些渠道去获取这些信息，以及可以通过什么方式获取，周围又有哪些可以利用的资源等。通过讨论，小组成员共同研究并提出解决问题的假设，确定研究的计划，并进一步明确小组各个成员的任务和分工。

第三，探究解决问题。

小组各成员根据自己的任务分工，通过与其他成员讨论或收集资料的形式，来完成自己的工作。通常收集信息的途径有调查、访谈、查阅资料和上网等。小组成员完成自己的任务分工之后，在小组内将各成员收集的信息进行汇总、整理、分析、加工后，评价、判断信息的有效性和充足性。在获取了充分的信息后，小组成员之间开始讨论和交流解决问题的建议、主张、方案，然后实施所确定的解决方案并检查实施效果。若不能解决，需要继续寻找原因及解决的办法。

第四，展示结果，成果汇总。

在各小组都解决了所确定的问题，或对问题的解决达到了某一阶段之后，要给学生提供一个讨论交流的机会，让他们将自己的成果展示给同学，与同学共享自己的成果。结果的展示可以是对某一问题解决的建议推论和方案，也可以是自己或整个小组解决问题的过程，还可以针对自己未能解决的问题向全班同学征集意见等。

总之，这一环节就是给学生提供个相互交流和讨论的机会，让他们相互之间共享资源、方法、过程和成果。如果可以，在展示之前，可以先将各小组的资料彼此交换和阅读，以便于交流和讨论。在小组汇报完成后，教师还要有意识地引导学生去思考从他人那里可以获取哪些信息或学到哪些知识。要鼓励学生使用多种方式展示成果，如电子文档、多媒体动画、表格、网页等，也可以将其以调查报告或解决方案的报告等形式展现。

第五，评价，总结，反思。

在小组展示完成果之后，教师要组织多种形式的评价，如学伴互评、教师评价、自我评价等。在评价时，除了评价小组的解决方案，还要评价小组的合作情况、活动的开展情况和小组成员的表现情况等。评价可以以多种形式呈现，如口头陈述、书面报告、作品集、实践考试或书面考试等。

以上步骤并非一成不变。在教学中，教师要根据具体的情况，如教学目的、教学内容、学生特点等，来合理地设计每个环节。

2.网络探究教学模式

网络探究（Web Quest）是于1995年开发的一种课程计划，"Web"是"网络"的意思，"Quest"是"寻求调查"之意。网络探究是一种在网络环境下，由教师引导，以一定任务来驱动学生进行自主探究的教学方式。它通常呈现给学生一个需要完成的、可行的和有吸引力的任务，并为学生提供些资源，学生以这些为定位，来获取网络中的相关信息，并通过对信息的分析和处理，设计出创造性的解决方案。

网络探究既是一种概念，又是一种方法，可以运用在每个学科的教学之中。

按课程活动时间的长短来分，网络探究有两种类型，即短期的网络探究和长期的网络探究。

短期网络探究：大约持续1～3课时。其主要目标是知识的获取和整合。在一次探究学习结束后，学生能够获得大量有用的新信息，并获得探究的体验和感受。

长期网络探究：大约可持续3～6课时，有时会到1个月，甚至更长时间。其目的是巩固和扩展学习者所掌握的知识，激发学习者高水平的思考活动，使其产生独创性的观点。在一次探究学习活动后，学生将学会分析某一主题，学会将知识进行转换和迁移，并且能够提供某些体现他们理解能力的作品，如网页或模型等，以帮助他人进行学习。

与传统的教学设计所编写的教案不同，教师所设计的网络探究课程单元更像是一个学习方案。教师根据学生的认知水平知识经验和教学目标，精心设计一些Web网页，以此来指导学生进行主动的知识建构，并发展其高水平的思维能力。学习方案体现的是如何让学生学。在学习过程中，学生直接与教师设计的网页和资源对话，并根据网页上的学习任务、活动指南等开展探究、合作、讨论等活动。

每个经过精心设计的网络探究学案，无论是短期的还是长期的，都必须包括引言、任务、过程、资源、评价、结论6个部分的关键属性。除此之外，还可以有诸如小组活动、学习者角色扮演、跨学科等非关键属性。

①引言

引言也称为"情境"。这部分内容主要是向学生提供主题背景信息，通过各种方式来提高学生学习的兴趣，并让学生明确学习的目标。因此，这部分内容要生动、有趣并充满吸引力，要尽可能地与学习者过去的经验相关或是与学习者未来的目标相关。

②任务

这部分要阐明学生在通过网络探究完成主题的学习时，要达到什么样的结果，或解决什么样的问题。

任务是网络探究的重要组成部分，是教学目标的具体化。与传统教学的教学目标不同，它应具有真实性、整体性、层次性和开放性。教师所设计的任务对学生来说应该具有实际意义，是真实的或接近真实的，能够引发学生主动探索的欲望，而且这个任务要有较大的探索空间，而不只是需要几个知识点或某项技能就能完成。教师在设置任务时，要特别注意任务的开放性，即完成任务的方式应是多种多样的，最后的结果应是多姿多彩的。一个模式、一个标准不可能培养出有创造性的学生，也难以激发学生的兴趣和探索欲望，而这也违背了网络探究教学的初衷。因此，在进行网络探究学案设计时，教师要先查找到一些适合该主题的网站，在整合了网站内容后，给学生设定某一项任务，对于一项大的任务，可以将其划分为一些小的子任务。教师还可以对学生完成任务或问题的解决结果提出一些规定，如要求学生最终完成一篇论文等。在学习开始之前，教师还可以给学生呈现一个已完成的例子，以帮助学生明确自己的学习目标。

③过程

这一部分描述了学习者完成任务所需要经过的步骤。通过对过程的设计，教师将学生的思维引导向更高的水平，从而促进其高级思维能力的发展。高级思维能力包括分析、综合和评价。在网络探究的学习活动中，学生高级思维能力的运用主要体现在学生对网络探究任务的分析，对资源的收集和加工、利用，对任务的完成或解决方案的设计，以及总结和评价等。如果进行的是长期的学习探究活动，教师要注意在每一阶段都要向学生进行示范或分阶段地组织学生进行小组讨论或实地考察，以便及时引导学生学习并对其探究活动进行指导。

④资源

这一部分要向学生提供其完成任务所需的部分资源。虽然大量的资源应由学生自己利用网络来收集，但网络探究学案本身提供的资源可以作为学生上网查找资源的定位点，避免学生在学习过程中产生迷航现象。教师提供的资源要便于存取，要使学生能较快地收集到信息，以节省更多的时间来对信息进行加工和处理。我们虽然是让学生在网络环境下进行探究学习，但所提供的资源不应局限于网络资源，要鼓励学生走出课堂、走出校门，积极开展社会调查和社会实践活动，以获得真实的社会生活体验。

⑤评价

在每一个网络探究单元的学习中，都要有一系列的评价标准来对学生的学习过程和结果进行评价。评价标准要体现客观、公平、公正的原则，要体现现代的教育评价观，要能够给每个学生一个好的学习体验的过程，而不能为了评价而评价。在进行评价时，要注意评价主体的多元化，评价手段和方法的多样性，要综合运用定量评价和定性评价，以及要鼓励自我评价、小组评价和学生教师互评等评价方法的运用。

⑥结论

这一部分给学生的自我反思和教师总结提供了一个空间。教师可在这一部分设置一些反思问题，帮助学生对整个探究过程进行总结、反思，让学生知道自己学到了什么，并对所学知识进行拓展和概括。同时，教师要积极地参与到这一过程中来，不断地鼓励学生，以增强其自信心。另外，学生的总结、反思过程，也能够为教师提供很多有益的信息，以帮助教师进一步改进对该教学模式的设计。

用网络探究进行教学的第一步就是对探究主题的选择。网络探究比较适合于那些没有清晰答案的，甚至是有争议的问题。教师在选择探究的主题时，首先，要考虑问题或任务的可行性，要依据新课程标准和学生当前的学习状况来选择，选择的主题应是使用网络探究确实能起到传统教学所无法达到效果的问题。其次，选择的主题要有挑战性，要能激发学生的兴趣。最后，教师搜集资料，并设计网络探究学案，为学生搭建通往更高级思维水平的"脚手架"。在这一过程中，教师可能要花费大量的时间和精力来设计网络探究学案，但是从长远的角度来看，这一过程对教师教学有很大的帮助。教师所设计的内容应包含以下方面：

A.分析学生的特点，明确学生现有的认知水平与所选择的问题或任务之间的差距，确定学生在任务中扮演的角色。

B.将一项大的任务分解为许多小的子任务，或找出完成任务需解决的关键性问题，并将它们按一定的逻辑或规律组合起来，针对课堂教学中学生的思维过程设计出大概的活动步骤和活动指南，并为学生提供一些网络资源的索引，从而为学生的思维过程搭建一个支架。

C.组建学生协作或合作学习的平台。教师要建立合作学习的制度，并设立基于网络的学习讨论区，确定小组讨论和师生之间交流的策略，明确学生个人的任务及整个学习小组的任务。

D.制定各种反馈机制、激励策略和评价的量规。其内容如下：

第一，制作网络探究学案。教师运用网页制作工具将网络探究学案用网页的形式呈现，将其放在服务器上，并确保学生能够访问。

第二，组织实施教学。在组织实施教学的过程中，教师需要做的工作有：帮助学生理解主题的背景和意义，帮助学生确定完成任务所需要的条件，并找出与之相关的新问题，指导学生阅读和搜集资料，让学生在整理和加工信息的过程中逐渐发现解决问题的方案，组织学生展示成果，并进行演示汇报。

第三，与学生一起进行评价，并对活动进行总结，同时鼓励学生对问题进行更深入的思考。

3.基于案例学习的教学模式

（1）模式简介

20世纪初，案例教学开始被运用于商业和企业管理学，其内容、方法和经验日趋丰富和完善。尤其是在现代社会，人们对知识的实际应用能力决策能力提出了更高的要求。在这种情况下，案例教学作为一种行之有效的、务实且有明确目的的、以行动为导向的训练，越发受到人们的广泛重视。

（2）教学过程

简单地说，一个案例就是一个实际情境的描述。在这个情境中，一是案例要包含一个又一个的事件，通过事件展示事件演进的过程；二是事件中要包含问题或疑难（如矛盾、对立、冲突），才有可能成为案例；三是事件具有典型性，可以反映一定问题，给学习者带来启示；四是事件真实、有趣，像一个故事一样。案例教学的实施步骤如下。

①学习前准备

选择好恰当的教学案例后，进入整个学习的准备阶段。基于案例教学的网络交互学习环境，学习准备阶段涉及三个方面的准备：

A.教师的准备

教师要深入研究案例，思考案例涉及哪些知识和基本理论观点，哪些又是比较重要的，以便于引导学生在思考案例的同时掌握相关的知识。

评估一下在课堂讨论中是否会出现一种观点占上风的现象。如果出现这种情况，要想办法扭转。

学生能否积极主动地参与学习活动，是案例教学成功的关键。学生的参与程度与教师的有效引导密切相关。在案例教学的整个准备过程中，教师可以通过聊天室、论坛等与学生进行实时交流，也可以通过公告板、电子函件等非实时交流工具，将案例提前发给学生，为其在学习过程中的讨论奠定基础。

B.学生的准备

学生需要认真阅读案例。阅读案例是进行案例教学，开展案例讨论和案例分析的基础。从案例中找到有效信息之间的联系，完成信息的取舍，为案例实施过程中的讨论做好准备。学生可以自愿选择，组建学习小组，在小组学习中，学生之间能够相互启发、补充，集中大家的智慧，共同解决案例难题，进而提高学习效率。

C.环境的准备

环境准备是指在学习的整个过程中学生所需要的各种信息化的学习工具和信息化的学习支持等。交流、讨论贯穿于案例教学的整个过程。要确保学生有良好的交流讨论环境，以方便教师、学生、学习资源之间进行有效的信息交换。

②课堂的实施

A.案例引入

对于自己编写的案例，教师可以介绍一些有关写作案例时的感受、趣闻、轶事，以引起学生的注意。对于他人编写的案例，教师可以提示一下这个案例讨论的难度，案例需要达到的目标，以提醒学生予以注意。

B.案例讨论

在案例讨论中，常常提出诸如案例中的疑难问题是什么，重要的信息有哪些，如何解决问题，应该制订怎样的实施计划，什么时候将计划付诸行动以及如何付诸，如何进行整体评价等问题。

在实施案例学习阶段，学生根据自己的准备和对案例的理解进行讨论、交流。在讨论的过程中，可能会因意见不统一而发生争论，或者出现"冷场""走过场"等现象。这时候教师要善于因势利导地通过留言板、教师公告等交流工具，通过提示或暗示，激起学生的好奇心和求知欲将学生的思维引入正题，避免偏离教学内容。在讨论一个案例时，至少要有两种不同的解决问题的备选方案。这时教师可以一个方案一个方案地进行讨论，列出每种方案的优点与缺点，然后进行对比分析，最后在此基础上确定出一个最佳的方案。

C.概括总结

在这个阶段，既可以让学生自己总结，也可以由教师来做总结。通过公告板等形式，对案例进行总结归纳，讲明案例中的关键点以及该案例讨论当中存在的长处和短处。此时，教师可以帮助学生进一步地认识和理解案例，强化他们的学习。

③巩固阶段

在巩固阶段，让学生重温案例，并结合同学之间的讨论交流进行反思。这样能够让学生对自己的思想进行再一次的整理和补充，使之更加具体化、条理化和结构化。或者通过网络提交他们的案例分析报告，在完成个人反思的基础上，进一步丰富完善自己的问题解决方案，把最终结果简明地表达出来，以巩固学习的内容。

④评价

学生是案例学习的主体，学习的成功与否最终取决于学生的收获。因此，在学习的最后阶段对学生进行的测试便是一种总结性的评价方法。但是在基于案例教学的网络交互环境下的学习，不仅要注重结果，更应注重过程，评价应该处于学习流程的每个阶段。在学习前的准备阶段、实施案例教学中、案例学习的巩固阶段都能够对学生进行多角度的评价。

第六章 "互联网+"背景下高校课堂的教学模式及构建

第一节 "互联网+"背景下高校课堂的教学模式

一、基于网络的协作学习模式

基于网络的协作学习模式，是指利用多媒体技术和计算机网络等开展的协作学习。而协作学习是一种信息交流过程，学习者在学习过程中将探索发现的信息和学习材料与小组中的其他成员共享，甚至可以同其他组或全班同学共享。为了达到个人和小组的学习目标，可以采用对话、商讨、争论等形式对问题进行交流、沟通。

（一）基于网络的协作学习模式概述

1. 协作学习

协作学习是通过小组或团队的形式组织学生进行学习的一种方式。它是学习者在共同的目标和一定的激励机制下，为获得最大的个人小组学习成果而进行合作互助的学习方法。其模式是指采用协作学习组织形式促进学生对知识的理解与掌握的过程。协作学习通常由四个基本要素组成，即协作小组成员、辅导教师、协作学习环境、协作学习过程。

协作学习强调整体学习效果，同时关注学生个性的自我实现。每个协作成员都是学习过程的积极参与者。教师设置的小组共同目标保证和促进学习的互助合作，鼓励学习者各抒己见，并以小组的总体成绩来评价每个成员的成绩。所以，协作小组中的每个成员都对他人的学习做出了自己的贡献，也可以说，个人学习的成功是以他人的成功为基础的。因此，协作学习不仅要求学生对自己的学习负责，还要关心和帮助他人的学习。

2. 基于网络的协作学习

基于网络的协作学习，是指利用计算机网络以及多媒体等相关技术开展的协作学习。它是一种特殊的协作学习。在此学习过程中，多个学习者针对同一学习内容通过计算机网络平台建立交互和合作的关系，以达到对教学内容比较深刻的理解与掌握。在网络的协作学习中，计算机网络具有快捷性、交互性、超时空性以及对资源的可共享性，因而网络环境下的协作学习除了具备非网络环境协作学习的特点外，同时还具备以下特点。

（1）突破了时空限制

网络打破了传统的班级、年级、学校的界限，同时也打破了时空的局限性。就协作的范围而言，网络协作学习突破了学校的空间局限，打破学校束缚，协作范围可以从班上的小组到整个班级以及班与班之间、年级与年级之间甚至校与校之间。这使得协作学习真正变成了一种大环境下的学习，极大地促进了社会学习化和学习社会化。就时间因素而言，网络的异步交互功能实现了异步协作，使学习者不必受时间限制，可以更好地完成协作任务。

（2）教师对小组学习活动干预程度较低

在基于网络的协作学习过程中，教师角色相对于传统教育中的角色有了很大的变化。这种变化主要集中在对各小组学习成果进行评价总结，对学习中的一些问题给予必要指导，而对小组在网络上的学习过程不过多干涉。这使得学习者拥有了更多的选择性和灵活性，更容易促进个性化学习的开展。

（3）方便资源共享

协作学习中的成员为达成小组目标，需要不断地交流信息和分享资源。计算机网络技术的发展已经使全球资源共享成为可能，利用搜索引擎等工具，可以快速获得大量的学习资料，并且通过网络实现学习小组内资源共享。

（4）协作形式多种多样

通过计算机网络，学生可以通过即时通信软件、论坛、聊天室、留言板等工具，方便地与相距较远的教师或同学开展多样的沟通，自发地制订合作计划，开展讨论，共享合作成果。

（二）基于网络环境的协作学习模式建构

网络信息具有非线性的组织形式、多媒体化表现方式、大容量的信息存储、便利的交互性等优势，这些都有助于学生认知策略的形成。因此，在建构基于网络的协作学习模式时应充分考虑和利用网络技术的这些优点，尽量把网络的优点和协作学习的优点结合起来，在考虑到各种教学因素（如学习者、任务、情境等）的同时，还要考虑到网络的干扰因素。

（三）基于网络环境的协作学习模式要素分析

1. 确定协作学习目标

首先，要对即将开展的学习内容进行选择，选择适合运用协作学习开展的学习体系。其次，确定小组协作学习的整体目标，即组目标，然后可根据学习内容的特点或者是学生的个体发展需要，将整体目标分解成子目标，或者提出学习者的个人目标。在这个环节中，要注意个人目标或子目标与组目标的关系设定，二者之间要紧密联系，特别是个人目标要成为实现整体目标的必要因素，这样既有助于促进学习者的自主学习，实现个人发展，同时又能够提高学习者参与协作学习的积极性。

协作学习可以促进学习者的应用、分析、评价等高层次目标的实现，因此在设计整体目标时不能只把目标局限于某一门课程或者某一方面的知识，而应该在确定某方面的核心内容的同时，将涉及的相关内容有效融合，从而促进学生的全面发展。

2. 建立协作学习小组

基于网络的协作学习是一种以小组为单位的学习方式，每个学习者都处在特定的团体中，都有特定的协作伙伴，因此科学合理地组建学习小组是实施网络化协作学习的必要前提，也是保证学习顺利开展的关键要素。协作小组可以由教师组建，也可以在协作学习目标的指导下由学习者自由协商构成。在学生自由组合时，教师要给予适当的指导和帮助。常见的协作小组有异质分组、就近分组、分层分组、同质分组、自由搭配等几种常见的分组方式。具体要根据学生的学习特点、所处地域、学习基础、个人特长、兴趣方向或性别等标准进行划分。无论以何种方式划分，都要体现互补互助、协调和谐的原则，小组成员间要有良好的人际关系和信赖程度，有时为了方便管理，会确定小组负责人，但是小组成员的权利是平等的。

3. 创设协作学习环境

良好的协作学习环境可以促进小组成员集体归属感的建立，从而促进小组成员之间形成融洽的、多元的协作关系。学习环境通常包括硬件环境、软件环境和资源环境三个方面。硬件环境主要指学习者必备的计算机、计算机网络。软件环境指学习者在协作学习过程中所使用的软件工具，如论坛、聊天室、留言板、搜索引擎等。这前两种环境都比较容易实现。资源环境作为最重要的部分，也是人们最关注的。在设计资源环境时，要先了解网络资源的特点，也要围绕学生的需要来组织教学资源。有条件的学校可以把学习资源事先下载到校园网的资源中心，根据协作学习过程中知识掌握的需要，学生可以直接从校园网资源库中查询所需要的信息资源。

4. 协作学习活动设计

协作学习活动设计阶段就是指通过小组成员讨论、协商或者是教师指导而建立初步的协作学习计划，从而保证基于网络的协作学习的进度。在设计过程中要考虑每个学习

97

者的具体情况，并根据协作学习中的个人目标或者子目标的序列关系，制定出协作学习的工作阶段。

5. 协作学习活动实施过程

协作学习活动实施过程，就是按照上一环节设计的小组学习计划开展学习，但是在具体实施过程中，学习者可以根据小组需求、个人需求以及教师的意见调整和修改前期计划，从而使协作学习活动得以有效实施。在具体的实施过程中，教师很少介入学生具体的学习过程，但必须要加强对小组协作学习过程中的指导，在协作学习中起到督导作用。教师可以根据学习者提供的协作学习计划检查小组学习的进度与成果，通过论坛、电子邮件及时布置有针对性的作业，检查作业，引导小组开展讨论等等，从而深入地引导学生学习。

6. 评价协作学习结果

学习评价是检验学习是否达到目标，促进和完善协作学习活动的重要环节。对学习结果的评价应采用多种形式，以促进全面真实的评价，要做到评小组与评个人、他人评与自己评、组内评与组外评相结合。当小组的学习阶段完成后，教师要及时对该小组的学习结果进行评定，评价的方式可以采用传统的考试、测验等方式，也可以采用成果展示、任务完成等新型方式开展评价；小组之间可以采用质疑提问的方式开展互评与自评；小组成员之间也可以开展互评与自评。

7. 教师指导

教师指导并不是针对某一特定环节，或者某一特定工作，而是贯穿在从准备到实施再到评价的整个过程中。在每个环节教师都能体现其指导作用。教师虽然不直接参与学习者的具体学习过程，但是要随时监控学习者的学习进程，保证学习的良好进行，从而保证学习效果。

（四）基于网络环境的协作学习应注意的问题

1. 重视线下活动的重要性

基于网络的协作学习并不是所有的学习过程和学习活动都是在线上进行的，所以不能片面地认为这种学习就是让学生上网学习。学习者接触主题、制订计划、小组分工、深入研究等活动都是可以在线下开展，因此在开展基于网络的协作学习中要注意线上、线下相结合。

2. 加强真实感协作活动

基于网络的协作学习，学习者之间的交流和沟通大多数是通过网络进行的，学习者与他的协作伙伴间不易建立真实的亲近感，否则容易造成协作小组凝聚力不强，从而难出现会影响学习效果的情况。因此，可以利用虚拟技术模拟实体小组，小组成员可以拿自己的照片、兴趣爱好等进行交流和发布，让小组成员有身临其境之感，促进成员之间的相互熟悉，增进成员之间的亲密感，以利于学习活动的顺利开展。

3. 突显指导教师的主导地位

通过对基于网络的协作学习模式的探讨，可以看出教师在整个协作过程中的指导作用是不可忽视的，但是由于在基于网络的协作学习模式中师生通常是分离的，有时会忽视教师的指导作用，另外，部分教师只关心最后的评价，对整个的协作学习撒手不管，从而使学习者的学习变成"放羊式"学习，制约了学习效果的产生，因此教师要想办法突显自己的主导地位，促使学习者积极地学习。

二、基于资源的主题教学模式

基于资源的主题教学模式是指学习者围绕一个主题，遵循科学研究的一般规范和步骤，通过充分发掘和利用各种不同的资源，在教师的帮助下所进行的一系列探究活动。基于资源的主题教学模式的目的是让学习者提高其解决问题、探究、创新等能力，使学习者的学科素养和信息素养同时得到提升。

（一）基于资源的主题教学模式概述

基于资源的主题教学模式的概念包括两方面，即基于资源的学习和主题学习。基于资源的学习是指通过充分发掘和利用各种不同的资源而展开的一种学习模式。我们知道，没有资源的教与学是不存在的，而我们为什么要强调基于资源的学习呢？原因有三：一是资源的多寡；二是使用信息资源的能力大小；三是使用信息资源意识的有无。随着信息技术，特别是网络技术的发展，以及信息资源的极速膨胀，在浩如烟海的信息中找到对自己有用的信息，并对这些信息进行处理已成为现代人的一种基本能力。如果说，以前一个人成功与否主要看其获取信息的多寡，现在就是看其信息处理能力的高低了。如今人们对信息获取的机会趋于均等，获得的信息量多不再成为优势，关键是要看其信息处理的能力。基于资源的学习是培养学生信息处理能力的一种行之有效的方法。主题学习就是指学习者围绕着一个主题，遵循科学研究和一般规范步骤，为获得解决问题的能力和创新能力而展开的一系列探究活动。主题学习是针对学校教育学科的独立性而提出的，因为一个主题可以与多门学科相联系，能够消解学科之间的孤立，使学科走向融合；同时主题学习能够打破课堂教学的局限，激励学生走出课堂、走进社会、走进自然。

所以，我们探讨的"基于资源的主题教学模式"其实是"基于资源的学习"和"主题学习"相互整合而形成的新型教学模式，是围绕主题而展开的基于资源的学习过程。

在这个过程中，既强调资源的获取、选择、利用和评价，又强调学生实际能力的提高，特别是解决问题的能力、创新能力以及信息素养等的提高，从而使学生在主题学习的过程中既达到解决问题的目的，又达到提升信息素养的目的。

（二）基于资源的主题教学过程阐述

基于资源的主题教学的整个过程，是以主题开发为前提，以活动探究为核心，并通过不断评价、反思，优化整个学习过程的一个系统过程。其中主要包括三个环节：主题开发、活动探究和评价。

1. 主题开发 —— 基于资源的主题教学模式的前提

"主题"是基于资源的主题教学模式中的核心概念。主题是指整合教学目标的、跨学科的学习内容或学习任务。在整个基于资源的主题教学模式过程中，活动都是围绕主题而展开的，主题开发的优劣直接影响着教学效果。为使学习者在学习过程中占主动性，应调动学生学习的积极性。并且我们提倡主题由师生共同开发，并建议在主题开发的过程中要求主题具有亲和力，具有跨学科性、开放性、挑战性和实践性，同时主题还应当整合知识技能、过程方法、情感态度与价值观目标，以使学生在学习过程中获得知识、培养能力和发展情感水平。

2. 活动探究过程 —— 基于资源的主题教学模式的核心

主题一旦确定，学生便在教师的指导下进入实质性的学习过程，过程具体可分为以下几步。

（1）明确问题，阐述问题情境

"主题"在被确定时只是一个比较笼统的概念，还需将其转化为一个或多个待解决的、可操作的问题或任务。在这一过程中，需不断地从多方面探究问题之所在，描述问题产生的情境，恰当地模拟呈现问题情境，并描述问题的可操控方案，使学生进入问题情境时能够拥有问题意识或问题的主人翁感，为以后进一步探究做准备。

（2）形成假设，确定探究方向

在自己或他人经验的基础上，就问题的答案和解决问题的原则、途径和方法提出设想，然后对其进行论证。在论证的过程中，可能需要不断地修正或改变思路，从而形成新的假设。

（3）实施、组织探究活动

这一步骤是整个教学学习过程的核心，是培养学生知识技能、掌握过程方法的能力、情感态度与价值观的关键。教师可以根据学习目标，组合多种活动进行教学，让学生获得直接的学习体验。

（4）收集、整理资料，找出资料的意义

大部分活动的实施是一个收集、整理资料的过程。资料的收集、整理是有目的的，只有找到资料的意义，才能使资料产生最大的用途。

（5）形成问题解决方案

由于解决问题需要学习者建立多个问题空间，问题解决者必须将问题空间之间的认知或情境联系点结合起来，因此，应确定并阐明问题求解者的多种意见、立场和观点；生成多个可行的问题解决方案；收集充分的证据来支持或反驳各种观点，以支持自己或他人的论点；讨论和阐述个人观点，评价各种解决方案的可行性，以便最终在最佳的行动方案上达成一致意见。

（6）探究

根据探究内容展开相应的展示和交流活动，主要有报告、角色扮演以及辩论三种方式。

3. 评价 —— 基于资源的主题教学模式的保障

基于资源的主题教学模式的评价提倡综合性评价与过程性评价，倡导评价内容的丰富性与评价方式的多样性。在基于资源的主题教学模式活动过程中，通过充分恰当的探究，有利于培养学习者的综合素质，如问题意识、科学素养、信息素养、创新能力、实践能力、自主/协作能力和反思能力等。在教学效果价值取向方面，基于资源的主题教学模式的评价比较关注学生的问题意识、探究能力和反思能力的发展。

（1）问题意识

问题的确定非常重要，因为它是开展基于资源的主题学习活动的过程中非常关键的一步。学生能否发现问题，取决于学生的问题意识的强弱。学生问题意识的强弱，主要从学生的观察力、认知兴趣和求知欲以及丰富的知识经验这三个方面来评价。

（2）探究能力

探究能力是基于资源的主题学习活动所培养的核心能力，在探究的过程中重点培养学生的信息素养、自主能力、协作能力、学习策略、批判性思维能力等。

（3）反思能力

除了需要教师、家长、专家等人员对学生学习效果进行评价之外，还需要学生对自我学习效果进行不断反思。反思是一个反省的过程，也是一个自我评估的过程。反思主要是指对前一阶段的学习任务进行反思，从而获取反馈，了解自己所获得的知识，知道自己的不足，并明确改善措施。

三、基于问题的信息化教学模式

基于问题的信息化教学模式是信息化环境中的一种以问题为驱动，以培养学生的问题意识、批评性思维习惯、生成新知识的能力、独立学习的能力和团队合作的品质为宗旨和目标，强调学生学习的主体参与性的教学模式。在实施基于问题的信息化教学模式的过程中，要突出学生的主体性，让其能积极主动地参与解决问题的全过程；要注重问题的优化设计，引导学生的开放性思维，激发学生对新问题的挖掘；要关注过程的实施，引导学生对所学知识进行选择、判断、运用，从而有所发现、有所创造；要同实际问题相结合，培养学生解决实际问题的实践能力和创造性思维；要加强学生体验的严肃性和对经验的积累，使学生学会树立批判意识和尊重事实的观念体系；要加强学生的合作意识，促使学生在合作的过程中取长补短，培养其集体观念和协作习惯；要增强学生在学习中尝试用相关信息技术手段来获取、加工、处理有价值的资料的能力。

（一）基于问题的信息化教学模式概述

基于问题的信息化教学模式是一种探究式教学模式。有关学者认为学生学习的过程与科学家的研究过程在本质上是一致的，因此学生应像科学家一样，以主人的身份去发现问题、解决问题，并且在探究的过程中获取知识、发展技能、培养能力（特别是创造能力），同时通过科学的方法、价值观的影响，以发展自己的个性。

可见，基于问题的信息化教学模式实际上就是以学生为主体的教学模式，其宗旨是培养创造性人才。因此，在教与学的关系上，应正确处理"教师主导"与"学生主体"之间的辩证关系，重视发挥教师和学生双方的主动性，并强调学生的主体地位；在教学组织上，应适当突破单一的班级授课制，辅之以分组教学和个别教学，以发展学生的个性，做到因材施教；在课程结构上，应强调学科之间的相互渗透与综合，以培养通才；在教学内容上，应处理好传统与现代、继承与创新的关系，力求教材建设适应当代科技发展的新潮流，及时吸收当今科技发展的新成果；在教学方法上，应主张应用建构主义教学理论，强调使用任务驱动法、研究法、发现法等教学方法，并根据不同的教学内容和教学目标，重视多种教学方法的优化组合。

（二）基于问题的信息化教学模式的特征

1. 学生的探究活动是在教师预先设计好的具体步骤中展开的

学生需要学习的新知识，不是由教师直接抛给学生的，而是将学生所要学习的新知识隐含在一个或几个问题之中的，学生通过对所提供的问题进行分析、讨论，明确大体涉及哪些知识或需要解决哪些问题，在教师的指导、帮助下找出解决问题的方法，并经过探究，最后通过问题的完成去实现对所学知识的意义的建构。

2. 学生通过探究活动获得新知识并培养能力

探究教学不是先将结论直接告诉学生，再通过学生上机加以验证，而是让学生通过各式各样的探究活动，诸如观察、调查、制作、收集资料、上机设计等亲自得出结论，使他们参与并体验知识的获得过程，建构起对知识的新认识，并培养其科学探索的能力。

3. 基于问题的探究式教学模式注重从学生已有的经验出发

对学生认知理论的研究表明，学生的学习不是从空白开始的。已有的经验会影响现在的学习，教学只有从学生已有的知识和生活实际出发，才会激发学生的学习积极性，学生的学习才可能是主动的，否则就很难达到预期的教学目标。

4. 基于问题的探究式教学模式重视协作学习

在该模式中，常常需要分组制订工作计划、分组调查和收集资料，需要讨论、争论和意见综合等协作学习。

5. 基于问题的探究式教学模式重视形成性评价和学生的自我评价

该模式教学的评价要求较高，如它要求评价每一名学生理解哪些概念；能否应用知识解决问题；能否设计并实施探究计划；能否独立完成问题；小组协商、参与态度是否积极等。因此要弄清这一切，单靠终结性评价验证是难以奏效的。该模式在重视终结评价的同时，也很重视形成性评价，与此同时，还注重学生的自我评价和师生互评。

（三）基于问题的信息化教学模式各要素间的优化

基于问题的教学模式是指以问题为中心，学生对其进行积极主动的探究，领悟其实质，并把握规律的教学模式。在具体实践的过程中，其做法是：让学生在一个问题的驱动下通过自己的观察、思考、上机来发现知识，并加以创造性地应用，建立相应的认知结构。教师的作用在于根据教育目标对学生施加积极的影响，充分调动学生的积极性、主动性，使其参与到学习的全过程，使学生用自己的思索和内心的体验去创造、去发现知识和规律，同时发展他们自己的个性。

1. 学习者特征分析

根据本教学任务，首先要对学生进行分析，因为学生是学习的主体，是意义的主动建构者。从哲学的角度来看，学习者是内因，外界影响是外因，内因是事物发展变化的决定性因素，外因通过内因起作用。这就可以说明为什么在同一课堂中，教师实施同一教学，但不同学生的学习结果却存在着差异。为了取得较好的教学效果，就必须充分地了解学生的特征，并进行有针对性的设计。学习者特征分析涉及智力因素和非智力因素两个方面。与智力因素有关的特征主要包括知识基础、操作能力和认知结构；与非智力因素有关的特征则包括兴趣、动机、情感、意志和性格。

对学习者的分析，主要目的是设计适合学生能力与知识水平的学习问题，提供合适的帮助和指导，设计适合学生个性的情境问题与学习资源。

2. 教学目标分析

教学是促进学习者朝着目标所规定的方向产生变化的过程，它贯穿于教学活动的始终。分析教学目标是为了确定学生学习的主题，首先，要考虑"学习者"这一主体。教学目标不是设计者或教学者施加给学习者的过程，而是从学习者的学习过程中来的。其次，还应尊重学习主体的内在逻辑体系特征。因此，教师在课前备课时要分析本课的教学目标，确定教学的核心问题，明确学生需要探究什么、领悟什么。

3. 学习内容特征分析

学习内容是教学目标的知识载体，教学目标要通过一系列的教学内容才能体现出来，即在解决问题的过程中达到学习的目的。那么我们设计的问题是否会体现教学目标？如何来体现？这需要我们对学习内容做深入分析，明确所需要学习的知识内容、知识内容的结构关系以及知识内容的类型，这样在后面进行设计时，才能很好地涵盖教学目标所定义的知识体系。

4. 设计问题

这里所说的"学习"就是基于问题的探究、学习的过程，就是解决问题的过程，问题构成了学习的核心，学习者应以问题来驱动学习。提出问题，是本教学模式的核心和重点，它为学习者提供了明确的目标，其他补助设计使得任务更加明确、具体，使得学习者解决问题成为现实的可能，也使得学习者在解决问题的过程中确实能够达到教学目标的要求。学习情境设计有助于将问题置于任务环境中，也有助于学生知识与能力的迁移，还有助于学生对问题的理解和可行性方案的提出。

5. 学习资源设计

学习资源是指提供与问题解决有关的各种信息资源（包括文本、图形、声音、视频和动画等）以及从因特网上获取的各种有关资源。学生的自主探究性学习、意义建构是在大量信息的基础上进行的，所以必须在学习情境中嵌入大量的信息。丰富的学习资源是学生学习的一个必不可少的条件。另外，还要注意怎样才能从大量信息中找寻有用信息，避免信息污染，因此教学设计中要建立系统的信息资源库，提供引导学生正确使用搜索引擎的方法。

6. 提供认知工具

认知工具是支持、指引、扩充使用者思维过程的心智模式和设备。在现代信息技术学习中，当然就是指网络以及与通信网络相结合的计算机了，学习者可以利用它来进行信息与资源的获取、处理、编辑、制作等，并可用其来表达自己的思想、替代部分思维、与他人协作等。

7. 管理与帮助设计

在基于问题的教学模式中，学生是学习的主体，但也不会忽视教师的指导作用，在任何情况下，教师都有控制、管理、帮助和指导的职责。教师需要在学习环境中确定学习任务、组织学习活动，给学生提供帮助和指导，引导学生正确地使用认知工具。教师是教学过程的组织者、指导者，意义建构的帮助者、促进者。

在传统的教学中，课堂教学管理包括：合理安排课程内容、最大限度地发挥教学资源的作用、调动学生的积极性等。但在基于问题的教学模式中，教师由"舞台上的主角"变为"幕后导演"，这一改变极具挑战性，对教师提出了更高的要求。

学习过程是一种发散式的创造思维过程，不同的学生所采用的学习路径、所遇到的困难也不相同，在实际操作过程中需要面对不同情况做出适当反馈。在学习中，面对丰富的信息资源，易出现学习行为与学习目标相背离的情况，教师要在教学实践中设置关键点，规范学生学习，这也有利于学生反思、升华所学知识的意义建构。

8. 学生探究学习

课堂上教师要引导学生围绕问题进行探究以获得更深的领悟。具体的探究活动一般可分为以下几个步骤：一是思维探究，教师可让学生预览或给出简单提示，让学生形成初步的思维；二是上机探究，通过学生独立探索发现以获得知识；三是应用探究，是学生根据自己"发现"的知识，经过上机确认，宣告完成任务，这步可分为个别探究或小组协作探究。

9. 成果展示，师生互评

这是非常关键的一步，通过示范或成果展示，教师可以了解学生本堂课或此阶段探究学习的效果。学生个人探究学习的效果，可以用转播示范的方法让他们示范给其他同学。如果是小组合作或个人完成的电子作品（如网页、文档、演示文稿、动画等），也要转播展示给全班同学，但在评价时要注意以下几点：

首先，教师要实现评价形式多元化，既要进行终结性评价，更要开展过程性评价。此外，教师还可以让学生在小组协作研究过程中记录一些相应的原始数据，例如记录一些资源网站，一些图片、动画的来源，文稿的始创等。

其次，教师要实现评价内容多元化。不仅要注重作品的精美程度或技术程度，如图片清晰度、色彩搭配、排版布局、技术含量等，还要注意电子作品的选题、创意等。

最后，教师要实现评价主体多元化。特别是在对小组协作的作品进行评价时，教师要让学生个体、小组等都成为评价主体，可以进行小组自评、小组互评、教师评价。

10.总结与强化练习

适时地进行教学总结可有效地引导学生将自学的、零散的知识系统化。但总结时不能太细，可简明扼要地串讲知识体系，否则会限制学生的思维。总结之后，应为学生设计出一套可供选择并有一定针对性的补充学习材料和强化练习，以巩固其所学知识。练习是培养学生能力、发展智力的有效措施之一。课堂上的巧练既能激发学生的探索兴趣，同时又为学生提供了再探究的机会。通过练习，一方面可以反馈学生的学习情况，同时也为完成形成性评价提供了合适的评价内容和评价时机。

第二节 "互联网+"高校课堂教学模式的构建

一、云课堂中师生进入自主学习角色

课堂教学改革是实施新课标的重要基点。现代社会要求年轻一代具有较强的社会适应能力，并能从多种渠道获得稳定与不稳定、静止与变化的各种知识。传统的教学模式是教师在课堂上讲课，布置家庭作业，让学生回家练习；而翻转课堂教学模式是学生在教师的指导下，通过积极参与教学实践活动来完成知识的学习。课堂变成了师生之间和学生之间互动的场所。由此可见，面对常规的每一节课、面对基础不一的每一个学生、面对每一个新的知识点和每一个学生不同的需求，打造翻转教学模式下以学生为中心的高效课堂教学就显得十分重要。

（一）云计算支持下的教学模式诉求

随着现代信息技术的迅猛发展，网络技术在教育中的应用日益广泛和深入，特别是因特网与校园网的接轨，为学校教育提供了丰富的资源，使网络教学真正成为现实，为有效实施素质教育搭建了平台，并有力地推进了新课程改革。现代信息技术的发展在为创新人才的培养提出挑战的同时也提供了机遇。教育部明确提出：要大力推进现代信息技术在教育过程中的普遍应用，促进现代信息技术与学科课程的整合。而运用现代信息技术的教学具有"多信息、高密度、快节奏、大容量"的特点，其所提供的数字化学习环境，是一种非常有前途的个性化教育组织形式，可以超越时间和空间的限制，使教学变得灵活、多变和有效。处在教育第一线的我们，必须加强对现代化教育技术前沿问题的研究，努力探究如何运用现代信息技术，尤其是在课堂上将基于现代信息技术条件下的多媒体、计算机网络与学科课程整合，创新教学模式、教学方法，更好地激发学生的学习兴趣，调动其积极性，使课堂教学活动多样化、趣味化、生动活泼、轻松愉快，进而提高教学效率。

无线网络为我们提供了移动学习的基础设施，移动学习可解决传统教学时空受限的问题，可实现教与学随时随地进行，可开展"Anyone"任何人、"Anytime"任何时候"Anywhere"任何地点、"Anystyle"任何方式的4A学习模式。大数据为客观评价学习效果及教学质量、科学地实施因材施教等指出了方向。慕课与翻转课堂已成为信息化环境下教与学模式研究的热点。但如何构建基于无线网络和大数据，吸收慕课和翻转课堂的优点，又结合我国基础教育班级授课制实际的课堂教学支撑平台呢？为此，我们根据需要设计并构建了云课堂教学模式。

云课堂包含的角色有学生、教师和管理员，他们都可通过Web网页或者平板电脑与服务器交互，实现所需的功能，如出题、出卷、布置作业、考试、做题、批改作业等。网页浏览器与服务器交互主要是给管理员和教师提供图形用户接口，以方便其使用电脑进行系统的管理工作，如系统参数设置、用户管理、题库管理、试卷管理、考试管理和教学质量分析等相关功能。平板电脑与服务器交互可为所有角色服务。管理员可以了解指定教师和班级的情况；教师可以实现实时出题、出卷、布置作业、批改作业、改卷，查询学生学习情况等；学生可以实现实时学习、考试、练习等。

以云课堂为核心，我们还设计了"四课型"渐进式自主学习方式。其基本模式是先学、精讲、后测、再学：教师提前通过学生学习的支持服务系统向每个学生发送资源包，包括导学案、课件、测试题及有关学习资源（包括微视频等）；学生参考资源包，依据课本进行预习自学，并记录问题或疑问；学生通过平板电脑或其他媒介展示反馈学习成果，或通过学生学习支持服务系统进行前测，通过测试展示学习成果或问题；对反馈回来的重难点内容可由学生或教师进行点拨，在充分质疑、交流的基础上进行归纳总结（教师与学生互动）；最后通过学习平台进行练习评价课，系统自动统计测试成绩并对其进行分析，之后由学生、教师或系统进行讲评。

这种课堂教学支撑平台支持下的课堂教学可满足以下诉求：第一，满足课堂教学的要求。慕课和翻转课堂无法支持课堂教学的各方面要求，而云课堂可支持课堂教学的各个环节，包括备课、上课、提问、课堂练习、单元测验、考试、学生评价等，并具有可操作性和方便性。第二，可随时随地组织课堂教学。慕课授课形式具有局限性，翻转课堂不能实时地进行课堂教学，云课堂则在无线网络的支持下，可以不限时间和地点地组织课堂教学。第三，支持各种形式的教学模式，其中包括慕课模式和翻转课堂模式。第四，支持因材施教。基于大数据，云课堂可以自动或人工地获取教学行为、学习行为等数据，建立评价体系和数据挖掘模型，客观评价学习效果、教学效果、学生分析等，从而根据这些数据和评价信息，实施因材施教。第五，支持教学资源开放、共享。原则上，云课堂支持各种形式的教学模式和学习方式。

（二）云课堂中师生的自主学习角色

1. 学生角色

学生进入云课堂后会看到自己未完成的任务，其中包括教师发布的考试、作业和学习资源；能够查看自己制定的学习任务，如查看学习资源和错题练习等；系统会根据学习曲线算法在适当的时间给学生布置相应的学习任务，如学生长时间没有复习和练习某个知识点时，系统会将相应的学习资源和练习推送给学生进行复习和练习。

学生可以查看自己最近一段时间的学习记录，及时了解自己的学习情况。学习记录中包括最近学习了哪些资源以及学习每一种资源所用的时间、测试情况的反馈，包括每一个知识点测试题目的数量、正确率等信息。平时考试、做作业会产生错题，利用好这些错题可以有效提高学习效率。学生可以利用云课堂的"错题本"功能，根据时间顺序（倒序）、试题错误次数（倒序）、知识点归类和随机这几种方式查询最近的错题，每一道错题都可以进行即时练习，每一次练习都自动存入系统，并根据结果的对错调整该错题的权重。同时，系统可以自动推送与某道错题相关的知识点和学习资源，以方便学生进行针对性的学习（因材施教）。另外，云课堂的考试、作业功能可以根据学生的学习记录自动剔除学生已经牢牢掌握的试题，从而缩短学生的学习时间，提高其学习效率。学生可自主地在题库中以随机（由系统根据算法进行预筛选）或指定筛选条件等多种方式抽取试题来进行学习。系统会根据学生的特点推送与掌握不好的知识点相关的试题供学生进行练习（缩短学习时间）。同时，系统可根据高分学生的学习记录，推送这部分学生的学习资源和练习题供当前登录的学生进行练习，并根据练习题的测试情况调整推送参数，以探索最适合该学生的学习模式。针对每个学生的不同学习特点，系统能够对学习资源进行有效分类，从而将知识点和学习资源建立网络结构，并根据教师指定的难度和实际测试过程中形成的难度数据建立分层结构（海量资源分类）。

2. 教师角色

教师可利用平板电脑或其他方式出题，同时指定试题的属性，如关联的知识点、体现的能力和难度系数等。对于试题的难度系数，系统可以根据学生答题的情况计算出来，自动将错误率较高的题目推送给教师并给出相应建议，从而优化题库。为了提高教学效率及资源利用率，系统可以统计每个资源的使用情况，包括学习次数和时间等，并针对使用过于频繁或者过少的资源推送通知。同时，系统还可以监控学生学习指定资源的情况，包括近期学了哪些资源、投入时间如何、成绩如何等，从而更准确地了解学生的学习情况，提高课堂教学效率。

教师可以通过考试系统发布随堂练习，及时查看学生对学习的掌握程度，以便当堂解决学生在本节课学习中存在的问题。考试系统可以根据历史数据，对试题库中的试题进行预筛选，剔除正确率非常高、近期出现频率过高的试题，同时将错误率过高、近期很少出现的试题前置显示，为教师提供更多的建议，从而提高出题质量，实现因材施教。在体现个性化教学方面，系统中的学生学习情况查询功能可以使教师了解学生的整体情况，包括错误率较高的知识点和题目；同时，将查询到的数据与相应学生学习资源的时间投入情况进行对应，以协助教师分析学生失分的原因；还可以针对指定学生，了解其最近的学习档案和考试、练习情况，包括其薄弱知识点、资源学习的盲区等，以便针对个体给出个性化的学习建议。

（三）营造师生及生生互动的学习空间

1. 师生、生生互动

云课堂采用先学、精讲、后测、再学，并有教师参与的教学模式。在云课堂中，教师根据学科类型、知识点特点、学生特点、教学目标与教学内容等，可采用灵活多样的教学方式，并且系统可自动记录学生行为和教师行为的数据。

教师根据系统提供的数据可以了解每一个学生的学习情况，学生也可以通过"点赞"或"不赞成"，"笑脸"或"哭脸"等方式对某知识点的学习心情、学习效果、教师讲解等情况做出直观的回应。学生之间可以针对某知识点的学习进行竞争学习，教师和学生之间可针对某知识点发起话题讨论等，在课堂教学中实现师生、生生互动。更重要的是，这样可采集到用于学生分析和管理的真实数据。

2. 个性化学习

在课堂教学中，虽然学生是在教师的安排下进行有序学习，但课上时间主要集中在教师对疑难问题的解答或教学内容的精讲上。而那些在课上没学会或缺课的学生，则可以在课外登录云课堂，自主学习与在课堂教学中相同的内容。在课外，系统会根据每位学生的学习路径和近期的学习情况，针对教学过程中的重难点和每位学生学习过程中的错误点进行个性化推荐。根据系统记录的学生错误试题的数据，教师也可以进行个性化指导。

3. 学习轨迹与成长记录

云课堂可以详细记录学员的学习过程和学习习惯等相关数据，再加上教师的指导，更能充分发挥这些数据的作用。

二、云计算网络移动自主课堂的改革突破

云课堂是基于无线网构建的课堂教学支撑平台，它充分吸收了无线互联的优势，教师可根据教学目标、教学内容、教学方法等，利用教学资源支持备课、上课等教学环节，并建立知识点之间的内在联系。

（一）构建自主学习的移动课堂

自主学习（意义学习）是相对于被动学习（机械学习、他主学习）而言的，它是指教学条件下学生高质量的学习。概括地说，自主学习就是自我导向、自我激励、自我监控的学习。学生可以明确提出课前自学，并提出疑问；教师可在课堂上引导学生进行分组讨论，解决问题，对于一些共性问题进行点拨。

我们要强调自主学习、合作学习、探究学习，要把所有学生的学习都提高到自主学

习的高度。自主学习就是学生自我导向（明确学习的目标）、自我激励（有感情地投入）、自我监控（发展学生的学习策略和思考策略）的过程。作为教学的一个目标，应通过解决具体真实的问题来更好地明确解决问题所依据的原理。让学生能够把这一原理应用到更广泛的情境中去。原有的试图说服学生、命令学生、简单重复已有的正确结论的学习方式不仅禁锢了学生的思想，剥夺了学生质疑的权利，更压抑了学生的创造潜能。

自主学习具有以下几个方面的特征：学习者参与确定对自己有意义的学习目标，自己制定学习进度，参与设计评价指标；学习者积极发展各种思考策略和学习策略，在解决问题的过程中学习；学习者在学习过程中有情感的投入，学习过程有内在动力的支持，能从学习中获得积极的情感体验；学习者在学习过程中对认知活动能够进行自我监控，并做出相应的调适。

自主就是尊重学生学习过程中的自主性、独立性，在学习的内容上、时间上、进度上更多地给予学生自主支配的机会，给学生以自主判断、自主选择和自主承担的机会。过去的课堂是教师主导学生学什么、什么时间学，学生始终处于被动状态，这种过度控制压抑了学生学习的兴趣和在学习过程中的美好体验。自主学习可以有效地促进学生发展，大量的观察和研究充分证明，只有在此种情况下，学生的学习才会是真正有效的学习。学生会感觉到别人在关心他们，对他们正在学习的内容很好奇，同时也会积极地参与到学习过程中，在任务完成并得到适当的反馈后，他们看到了成功的机会，也对正在学习的东西更加感兴趣并觉得富有挑战性，同时感觉到他们正在做有意义的事情。例如，弗莱明发现青霉素的过程，反映了自主学习及时发现问题、提出问题、解决问题重要性。

1928年底的一天，弗莱明和他的同事在实验室闲聊，突然发现一只原本培养金黄色葡萄球菌的培养皿出现了一圈清晰的环状带，于是提出了"为什么霉菌周围的金黄色葡萄球菌消失了呢""是不是在霉菌中存在一种物质可以杀死葡萄球菌"的问题，他带着问题继续研究，终于制成具有杀菌作用的青霉素。这说明科学的发现，需要多问几个为什么。要促进学生的自主发展，就必须最大限度地创设让学生参与到自主学习中来的情境与氛围。

（二）构建合作学习的移动课堂

合作是对教学条件下学习的组织形式而言的，与之相对的是"个体学习"与"竞争学习"，是学生之间和师生之间的互动合作、平等交流。在合作学习中，学生不再是孤立的学习者，而是愿意与同伴一起合作学习，与人分享学习与生活中的失败与成功的体验者。合作是一种开放的交流。培养学生合作的品质，可使学生乐于与他人打交道，这是培养人的亲和力的基础。合作学习是学生在小组或团队中为了完成共同的任务，有明确的责任分工的互助性学习。它有以下几个方面的要素：积极承担在完成共同任务中个人的责任；积极地相互支持、配合，特别是在面对面的促进性的互动中；期望所有学生能进行有效的沟通，建立并维护小组成员之间的相互信任，有效地解决组内冲突；对于个人完成的任务进行小组加工；对共同活动的成效进行评估，从而寻求提高其有效性的途径。

合作动机和个人责任是合作学习产生良好教学效果的关键。合作学习将个人之间的竞争转化为小组之间的竞争。如果学生长期处于个体的、竞争的学习状态之中，久而久之，学生就很可能变得冷漠、自私、狭隘和孤僻，而合作学习既有助于培养学生合作的精神、团队的意识和集体的观念，又有助于培养学生的竞争意识与竞争能力；合作学习还有助于因材施教，可以弥补一个教师难以面向有差异的众多学生教学的不足，从而真正实现使每个学生都得到发展。在合作学习的过程中，由于有学习者的积极参与、高密度的交互作用和积极的自我概念，因此教学过程远远不只是一个认知的过程，同时还是一个交往与审美的过程。

研究表明，如果学校强调的是合作，而非竞争，既不按智力水平分班，又不采取体罚的措施，那么在这样的学校里就不太会出现以大欺小、打架斗殴以及违法犯罪等事件。事实证明，要提高一个孩子的学习成绩，更有效的办法是促进他的情感和社会意识方面的发育，而不是单纯地集中力量猛抓他的学习。合作学习可以帮助学生通过共同工作来实践其社会技能；合作式的小组学习活动可以培养学生的领导意识、社会技能和民主观念。

（三）构建探究学习的移动课堂

"把课堂还给学生"即教师要积极地在课堂上开展探究式教学，让学生不仅知其然，还要知其所以然。探究教学的含义是：在教学过程中以具有教育性、创造性、实践性、操作性的学生主体参与活动为主要形式，以鼓励学生主动参与、主动探究、主动思考、主动实践为基本特征，以教师合理的、有效的引导为前提，以实现学生各方面能力的综合发展为目的，促进学生整体素质的全面发展。

与探究学习相对的是接受学习。接受学习是指将学习内容直接呈现给学习者，而在探究学习中学习内容是以问题的形式来呈现的。和接受学习相比，探究学习具有更强的问题性、实践性、参与性和开放性。通过探究过程以获得理智和情感的体验、建构知识、掌握解决问题的方法，这是探究学习要达到的三个目标。"记录在纸上的思想就如同某人留在沙上的脚印，我们也许能看到他走过的路，但若想知道他在路上看见了什么东西，就必须用我们自己的眼睛。"德国哲学家叔本华的这番话很好地道出了探究学习的重要价值。探究学习也有助于发展学生优秀的智慧品质，如热爱和珍惜学习的机会，尊重事实，客观、审慎地对待批判性思维，理解、谦虚地接受自己的不足，以及关注美好的事物等。

探究创新就意味着不故步自封、不因循守旧、不墨守成规，总是试着改变，所以创新、探究和发展是健康人格的重要组成部分。缺乏创新意识和能力的人的人格是不完善的，一个自我实现的人总是带有开拓进取、勇于冒险的精神，不会固守不变的东西得过且过。探究学习即从学科领域或现实社会生活中选择和确定研究主题，在教学中创设一种类似于学术（或科学）研究的情境，学生通过自主、独立地发现问题、实验、操作、调查、信息搜集、处理表达与交流等探索活动，获得知识、技能，发展情感与态度，特别是在探索精神和创新能力方面开发学习方式和学习过程。

中学探究性教学过程：启发引导—自主研究—讨论深化—归纳总结—应用创新。这种探究学习教学的基本思路是，先明确学习目标，带着问题去学习探索新知识，可通过预习列出知识框架并找出疑难点，然后查找资料，尽可能地先解决此时所发现的疑难点。在课堂上，教师要走下讲台，到学生中间去，当好"导演"，要调动好课堂气氛，让学生在课堂上有问题提、有问题探究，有问题通过小组合作来解决；要允许学生发表不同的观点，教师只在一些科学性的问题上给予明确答案，适时进行点拨指导，如果学生提不出问题，教师就要事先准备好有探究性的问题，不同类型的内容有不同的探究方法，如有对新的知识点的探究，有对概念间的区别的探究，有对科学家研究问题思路的探究，有探究性实验的设计，有探究性问题的资料研究，有对照实验设计的探究，有对实习、实践等问题的探究等。总之，新课程教学要真正体现把学习知识的主动权交给学生，那种靠教师唱独角戏，采取满堂灌或满堂问的做法都不能适应新课程改革的需要。

（四）教师落实移动课堂的教学模式

教师走下讲台，创造活跃的课堂氛围，可以使学生迅速进入情绪高昂、智力振奋的内心状态，从而有效地促进学生思维方式以及思维过程中能力的迁移，达到培养学生联想类比能力的目的。这就是"激趣—探究"教学，其基本模式为：激发兴趣—提出问题，做出假设；设计方案—分组实验，合作探究；分析数据—发现规律；综合考虑—得出结论。这使课堂真正成为一种民主、和谐、共进的平台，最大限度地提高学习的自由度。这种教学模式改变了师生在课堂中的角色定位，使学生成为课堂的主角，使教师担当了"导演"，通过教师的"导"，让课堂成为一个真正的"学习共同体"；使教师与学生能够分享彼此的思考、经验和知识，交流彼此的情感、体验和观念，共同创建一个"合作型的课堂"；使师生在合作的过程中都能有所收获，真正实现师生的共同发展；使教学从"主体失落"走向自身觉醒，教学觉醒意味着教学主体的回归，教学觉醒意味着教学过程是一种对话；使学生从边缘进入中心，这种教学模式需要重视学生的多元化，需要教学回归到学生的现实生活。

关注学生作为"整体的人"的发展，是指"为了每位学生的发展，让每一位学生都自信，使每一位学生都成功"，就要谋求学生智力与人格的协调发展。倡导个性化的知识生成方式，是指学校教学应促进学生发现和创造的兴趣，满足学生主动认识世界的愿望，使学生形成独立思维的习惯以及终身学习的能力。我们所处的时代是一个知识激增的时代，知识浩瀚无边，教师所能教给学生的只是知识总量中极少的一部分。学生只有通过自己主动地探究学习，才能形成对自然界客观的、逐步深入的认识，形成一定的概念和概念体系。变"组织教学"为"动机激发"，变"讲授知识"为"主动求知"，变"巩固知识"为"自我表现"，变"运用知识"为"实践创新"，变"检查知识"为"互相交流"。

三、构建网络移动自主课堂教学的重要性

网络移动自主课堂是对传统课堂的变革，是在优秀教师的指导下，先学后教的课堂教学模式。它以发挥学生参与性与主动性为目标，充分尊重学生各方面的差异，注重学生个性发展；它在知识高效传送的基础上，推动课堂教学从"知识导向"向"综合素质导向"转变。

（一）网络移动自主课堂的价值定位

网络移动自主课堂，是利用当前多媒体技术的条件和大数据分析的优势，为改变学生学习方式和教师教学方式所做的一种教学改革尝试。它是指把由教师重复讲授的内容，如概念讲解和事实展示等放在课堂教学之前，通过视频或其他形式来供学生学习，从而让学生学习更加主动，让学生逐步学会对自己的学习负责。同时，在当前信息化的社会背景下，网络移动自主课堂可以充分利用多媒体技术，实现教与学的及时互动与信息反馈，把握学生的个体差异，强化教育教学的针对性，使学生的个性发展尽可能地得到满足，尝试为班级授课制背景下学生的个性化学习提供可能和载体；它使学生在课后高效学习的基础上，能够更加充分地利用课堂上的宝贵时间，用于学生完成作业、合作学习、动手操作、探究创造等，实现从"知识导向"向"知识与能力融合"，"认知导向"向"认知与情感统一"的转变。

1. 网络移动自主课堂的指向 —— 让学生对自己的学习负责

从事网络移动自主课堂的研究者和实践者一再强调，让每个学生自己而不是教师和家长对学生的学习承担责任。个体终究要独立面对社会，处理各种复杂的社会问题。培养个体的自主自立意识和能力，既是一个社会问题，更是一个教育问题。在基础教育阶段，如何培养学生的自主学习能力，让学生自己而不是教师和家长对其学习负责，是学生学习成功的关键所在。当然，学生自主学习意识的培养、自主学习能力的养成都很难自然形成，需要教师和家长共同培养和教育。

在我国，学生的自主学习能力同样受到教育者的关注。有学者曾提出学生学习的"三个当家"的理论，即自己当家、他人当家、无人当家。在其他条件相似的情况下，如果孩子能对自己的学习负责，能自己当家，其学习以及今后的发展一般都比较好，在今后的社会生活中抗挫折的能力也较强；如果是教师和家长等他人为孩子的学习"当家"，其学习有的也不差，但是在未来的生活中，他们依赖性较强，独立性较弱；如果没有人为孩子的学习"当家"，在大多数情况下，这些孩子学习不会好，在未来生活中也会产生各种问题。这一事实表明了孩子自主学习意识和能力的重要性。

然而，在一家只有一个孩子的情况下，家长对孩子生活的过度关照、教育的激烈竞争导致的学校对孩子学习的过度安排，使不少的孩子很少有机会发展其自主的意识和能力，这对其在校学习、在社会中生存等都不利。如何培养孩子的自主学习意识和能力，已成为全球教育者共同关心的重要课题。

网络移动自主课堂作为一种"先学后教"的模式，在促进学生自主当家方面有着天

然的优势。这一优势表现为：自定进度与步骤的自主学习方式有效地减轻了学生的心理负担，增强了学生主动参与讨论的积极性。

在班级授课制的情况下，教师在课堂上无法面对个别学生进行讲授，这样就会出现在部分学生并没充分掌握相关学习内容的情况下，教师已完成了他的授课任务。一句"大家都懂了吗"，似乎在提示不懂的学生可以提问（只要有学生提出问题，教师也是愿意为其做出进一步指导的），然而现实往往是，在课堂上很少有学生会经常地提出问题，因为他们害怕被别的同学认为自己比别人笨。

在微视频学习的基础上，学生初步掌握了基本的知识，他们在课堂上感到自己有话可说、有话能说，由此，在课堂讨论中的参与性就得到了极大的提高。

心理学的研究表明，人的任何行为都是由其动机所推动的。这种动机有时是内部的，譬如对阅读本身的喜欢、对探究知识的兴趣、对实验过程的好奇等，但是对学生，尤其是低年级的学生而言，学习的动机更多是外部的：学得好就有更多机会在同学面前展示，就有机会教自己的同伴；学得好就能够得到教师的表扬、家长的鼓励、同学的赞扬等。网络移动自主课堂给了学生展示自己的舞台，这无疑对学习自主性的增强有着极大的意义。这是他们迈向自己对学习负责、自己对未来生活负责的第一步，其意义绝不能低估。

很多人都担心：中小学生中不乏一批自律性还不是很高的孩子，课后学生不学微视频怎么办？回到家中，手中拿着平板电脑，学生只玩游戏，不学课程怎么办？其实，这些问题就像我们现在问"学生回家不做作业怎么办"一样。微视频的学习要比做作业更"好玩"，更适合学生的"玩"的天性，因此，它要比作业更能吸引孩子，在这一判断的基础上，可以合理地假定，课后不学微视频孩子的比例不会超过不做作业的孩子。

当然，可以肯定地说，在任何时候都会有一些孩子抵挡不住外界的诱惑，出于贪玩的本性，课后不学微视频，或借学习的名义在网上玩游戏等。现代数字技术已经发展到了可以实时了解学生在线学习情况的程度，因此，就为家长与教师实时干预学生的学习，或者帮助学生树立良好的学习习惯提供了技术的支撑。

事实表明，孩子贪玩并不可怕，因为贪玩是孩子的天性。对教育而言，可怕的是让学习成为可怕的事。而网络移动自主课堂旨在转变这种状态，让学生喜欢学习，让学生发自内心地感到学习是自己的事，而不是为了应付家长与学校的布置的作业，最终让学生能对自己的学习负责。

2. 网络移动自主课堂的目标——让每个学生成为最好的自己

客观地说，现行的课堂是在历史发展过程中形成的，与特定的历史阶段相匹配，它有着极大的合理性。然而，随着社会的发展，人们对教育的要求越来越高，它的一些弱点也逐步地显现了出来。

（1）整齐划一的教学步骤

在班级授课的模式下，面对着数十个学生，教师很难照顾到学生的个体差异。教师只能以大体相同的教学进度来面对各不相同的孩子。然而每个孩子都是独特的主体，智能发展、人格倾向、个人喜好都有所不同，教师的教学活动一般都很难照顾到个体之间的差别。一种教学方式适应一部分学生，另一部分学生可能感到无所适从。课堂中以教师的教为主，学生学习被动，学生学习什么、如何学习、什么时候学习、学到什么程度等，都是被规定好的，学生只有被动地按照教师设计的轨道前进。

然而，每个学生都是独特的个体，有着不同的学习速度和学习风格。一个班级内，对于同一内容，有的学生很快学会了，有的学生可能需要花费更多的时间才能学会；有的学生喜欢听讲的方式，有的学生可能喜欢看演示的方式，还有的学生可能需要亲自动手操作才能学会；一部分学生学习数学很轻松，但是写作文就很吃力，另一部分学生正好与此相反；有的学生喜欢分析各种物理现象，还有的学生擅长手工实践等。

在传统的班级授课制的教学方式下，教师按照相同的课程标准、同一本教材、同样的学习时间、同样的教学方式，来面对这些学习有个性差异的学生。显然，有的学生很快学会了，觉得教师再讲解就得很啰唆；有的学生刚好学会；还有的学生跟不上教师的节奏，没有完全弄明白教师说的内容。下课时间到了，教师离开教室。课程进展到同一程度，留下了同样的作业，学会的学生作业很快完成了；学得不好的学生会一直困惑。第二天，延续同样的模式，困惑的学生会越来越困惑。教学的实践表明，只有学生每一步的发展得到保障，学生最终的成才才能得到保障。对绝大多数后进生来说，他们在学业上的落后并非天生的，而是在学习过程中慢慢积累。今天的学习比别人差一步，明天的学习再差一步，长此以往，"欠债"越来越多，导致无从补起。

其实，按照布卢姆的观点，后进生和其他学生的差别，就在于他们学习同一内容所需的时间更长，如果时间允许，再加上有适合他们的学习材料，95%的学生都可以达到掌握的程度。

（2）相对滞后的教学反馈

教师夹着厚厚一摞作业本走进教室，课后又带着一摞学生新交的作业本走出教室，这是目前我们在学校最常见的情景。如前所述，作业是学生巩固所学知识的重要手段，也是教师了解学生日常学习情况的主要途径。教师在课堂上布置作业，学生在课后完成作业，教师从学生完成的作业中了解他们学习的情况，这是当前教学的常态，师生们已经习惯了这样的教学反馈模式。然而，事实上，当教师在隔了一堂课后即使准确地了解了学生学习的情况，也已经很难在课堂上及时并有针对性地采取补救的教学措施。

与此同时，教师批改作业也已成了很大的负担，以致出现了一些教师采取抽查作业甚至让学生互批作业的情况。客观上这已使作业失去了教学反馈的功能，只有在学生学业上的问题积累到一定程度后，教师才能发现他们存在的问题。也就是说，教学反馈的相对滞后在相当程度上影响了教学质量的提高。

（3）多数沉默的互动现实

为改变课堂教学中学生被动接受的现状，近年来，不少学者和教师做出了诸多探索和不懈努力，如减少班级规模，尝试班级内的同伴互助、小组合作等策略都是这方面的探索。在实践过程中，这些措施都取得了一定的积极成效，但是在教学流程不变的情况下，其效果注定都是有限的。

在大班授课的情况下，人们看到，在班级互动环节中，比较活跃的总是那么几个"尖子"学生，他们思维敏捷，性格开朗，在师生互动中积极带头；而另一批学生往往成了"沉默的多数"，他们或者很少发言，或者只是在被教师点名以后才发言，或者跟在"尖子"学生后面发言，他们担心自己对教学内容理解不深、掌握不透，因而发言水平不高，有可能被教师和同学小看。长此以往，就造成了班级内的成绩分化。

（4）让每个学生成为最好的自己

如何让教学顺应学生的差异，从而为每个学生的充分发展提供指导和帮助，一直困扰着全球的教育工作者。网络移动自主课堂让每个学生成为最好的自己成为可能。

首先，"先学后教"的模式为在教学过程中给每个学生提供公平的机会创造了条件。学生的差异是客观存在的，然而，作为一种"先学后教"的模式学生在课下就已经掌握了基本的知识，尽管他们掌握这些知识所花费的时间，以及所采用的方式可能各不一样，但是，由此他们就有了在课堂讨论中的发言权，他们就不再甘心于充当"沉默的多数"这样的角色，他们也要在班级各种活动中积极参与，找回自信。

此外，及时而非滞后的反馈使得教师极大地提高了教学的针对性，而无须等到问题成堆以后再去解决。对于少数学生的个别问题，现代数字技术能够方便地找出其存在的原因，从而使得这些个别问题也能得以解决。

多种途径的学习为不同思维类型的学生找到适合自己学习的方式提供了更多选择的机会。凯特林·塔克在以"网络移动自主课堂，超越视频学习"为题的论文中指出："慕课学习和网络移动自主课堂的魅力在于，它让人们意识到了学习可以有多种媒介和途径，而不仅仅是在课堂内。事实上，一段在线教学内容，人们可以找到多种表述方式的视频，张教师的没看懂，可以再换李教师的，学生总能找到一段适合自己的。""不让一个学生掉队，让每个学生成为最好的自己"就是网络移动自主课堂的目标。

3. 网络移动自主课堂的追求——让教育从知识本位走向综合素质本位

所谓综合素质，当然包含学生的认知、情感与身体各方面的素质。所谓教育从知识本位走向综合素质本位，也就是说教育要从以往只注重知识的掌握，走向也要注重学生能力——主要是学生高级思维能力的发展，同时更要注重学生态度、情感、价值观的养成以及学生身体与心理的健康。从知识本位走向综合素质本位，是社会发展对教育的要求。重视学生综合素质的培养，尤其是价值观的养成，是基础教育阶段自始至终的重要任务，并在当前越来越受到世界各国的重视。2012年9月，联合国总部启动了"教育第一"的全球倡议行动，倡议指出，教育应充分发挥其培育为人之道的核心作用，培养全球公民意识，帮助人们构建更公平、和谐和包容的社会；在教育内容上更加强调价值观的培养。对社会发展的研究表明，人才培养目标至少应该包括以下几个方面。

（1）国际视野与本土情怀的融合

现代人需要有国际视野，要懂得国际社会，还要理解各国文化，通晓国际规则，适应国际竞争，能在国际舞台上贡献自己的一分力量。

与此同时，我们不能忘记，在让学生有国际视野时，还要让他们爱家乡、爱土地、爱祖国。国际化并不是把更多的孩子送出国，或者使更多的孩子在学期间有更多的国际交流的机会。爱国是社会主义也是中华民族的核心价值观之一。国际视野与本土情怀的融合就是要让孩子热爱祖国、热爱家庭、热爱父母，这几项缺一不可。一个人如果对家庭都不热爱，对家乡都不热爱，就很难有什么东西再值得他热爱了。

（2）精英素质与平民意识的结合

一些优质学校提出，要培养各行各业的领袖人才，当然，这里所说的"领袖人才"不一定是政界的领袖，可能是IT界的领袖，引领IT技术的发展；可能是物流界的领袖，引领物流业的发展；可能是商贸界的领袖，带动商贸界品质的提升。

中国的发展呼唤在每个行业的国际竞争中都能涌现出领袖级的人。社会需要这批精英，他们能为社会带来财富，创造财富。但是千万不要忘记，这些精英一定要有"平民"的意识，要培养他们理解创造财富是为了解决民生，是为了服务大众，是为了每个百姓；要使他们能够关注社会中的弱势群体。为此，我们要特别强调把"精英素质"和"平民意识"结合起来，否则这些所谓的"精英"最终也会被社会所抛弃。

（3）科技能力与人文素养的统一

没有科技的进步就没有经济和社会的发展，就不可能有产业的提升和转型。因此，我们培养的人才还需要有人文素养，有人文关怀，能够始终从人性出发，从而以高质量的人文素养把握科技发展的方向。唯有如此，我们的社会才有可能持续地发展，我们的地球才有可能持续地成为人类栖息的家园。

现在社会发展在很大程度上是依赖于高科技的。为此，学校要让学生懂得科学、懂得技术，这样他们才能为社会创造财富。但是客观地说，当今社会的人们对科学技术重视有余，而对人文精神敬慕不足。所以我们要珍惜生命、关爱他人，要有人文的情怀、人文的素养。所谓人文情怀，就是要关注生命的意义、生命的价值，学会相互理解，懂得包容和谐。

（4）身体发展与心理健康的和谐

身体健康是当前几乎全社会都给予了高度关注的问题。有关文件提出，中小学生每天要锻炼一小时。该文件是一个很宏观的文件却把这么细小的一个点写进去，可见这个问题的严重性，值得教育工作者反思。

我们发现，那些最关心、最疼爱学生的父母和教师都在想方设法地把各种学习负担加给学生。因为他们相信，只有多学点知识，他们的孩子才会有更美好的未来；让孩子多学点知识，这是对孩子前途负责的唯一选择。

应当承认，家长在这一问题上的选择有非常理性的一面。从家长方面来说，他们看到了未来社会的竞争将日趋激烈，同时，他们对孩子的期望也在不断提高。家长对未来社会的竞争将日趋激烈的预测，应当说是基本正确的，对孩子的期望不断提高也是无可指责的。因为教育在客观上存在着选拔的功能。从某种意义上来说，通过教育来选拔人才是最公正的选拔。通过教育来选拔人才从本质上来说，是根据人的能力来选拔，它比起根据家长的社会地位和经济地位来选拔要公正得多。它推动了社会的进步和文明的发展。成年人喜欢把今天学生在课堂上的学习看作是为了未来生活的准备，并提出所谓的"痛苦的童年是未来幸福人生的必要牺牲"，而事实上，学生的学习生活是其人生的重要组成部分，而童年只占了很少的一部分。学生接受现代教育，如果到高中毕业就已经在学校中度过了12年的时间，再到本科毕业需要16年时间，如果博士毕业则需要长达22～23年的时间，这部分的时间是人生重要的组成部分。如果学习是痛苦的会对学生未来的人生产生一辈子的影响，甚至有可能造成他们出现反常行为和反社会的倾向。过重的学习负担不仅会使学生失去童年的乐趣，影响他们身体的发展，造成他们心理的压抑和思维与创新精神的下降，严重的还会表现在社会中行为的失常。

当然，总体而言学习总是艰苦的，为此，我们要鼓励学生为了社会的发展，为了他们自身人生价值的实现，在今天要努力地学习，要鼓励他们有克服各种学习困难的毅力与勇气。但是，当学习成为一种折磨，而这种折磨超出了学生心理承受能力的时候，作为社会、家长和教育工作者，难道我们不需要认真考虑：我们让学生付出的代价是否太大，是否值得？尤其是，当学习的量超出了学生心理的承受能力，而致使学生表现出一些反常的行为的时候，我们有没有思考过社会为此付出的代价是否太大，是否值得，是否有可能减少不必要的代价。

从这一事实出发，我们对家长和教师的建议是：千万别逼你的孩子或你的学生去学超出他能力的，或他不愿去学的东西。每个孩子都是不一样的。其他孩子能做到的，你的孩子未必能做到；其他孩子能学好的，你的孩子未必能学好。当然，你的孩子能做到的，其他孩子也未必能做到；你的孩子能学好的，其他孩子也未必能学好。最好的学习，是和你的孩子或学生兴趣相配的学习。学习不能只考虑学生的兴趣，也不能不考虑学生的兴趣。看到人家孩子在哪一方面成功了，就希望自己的孩子在这方面也能成功，不从孩子的实际出发，往往是教育失败的开始。

（5）鲜明个性和团队意识的协调

没有个性就没有创造。每个人都应该有自己的个性，你是你，我是我，别人一看就知道。然而，不管人有什么个性，在现代社会中，都要讲团队、讲协作。所以，人们希望今天的教育所培养的孩子的个性是鲜明的，同时又是具有团队协作意识的，能在未来社会当中成为一个能够交流的、健康生活的人。重视知识的传递，一直是教师职业的重要表现。新课程改革虽明确提出对学生培养的三维目标——知识与技能、过程与方法、情感态度价值观，但由于受到当前过程与方法、情感态度与价值观的内容很难在纸笔测试中体现出来，导致在当前的教学过程中，被师生所重视的依然主要是知识的记忆、理解和应用，而过程与方法、情感态度与价值观的教育和培养处于被弱化的状态。

有不少人一直心有疑虑：慕课是否适合于中小学教育？在他们看来，中小学是孩子们人生观、世界观与价值观形成的主要阶段，虚拟的网络世界阻断了师生，甚至阻断了生生之间的面对面的交往。这种交往的缺失，必然会导致学生在情感、态度、价值观方面教育的缺失。事实上，在中小学，慕课一开始就是以"微视频+网络移动自主课堂"为基本模式，而这一模式为师生与生生之间的更深入交流提供了充分的时间，为他们相互之间产生的更深刻的影响提供了难得的机会。

微视频学习是网络移动自主课堂实施的前提，而网络移动自主课堂的目的是解决微视频学习不能解决的问题，如师生和生生之间的讨论交流，以及在此过程中的思维碰撞与深化、情感与心灵的交融、理想信念价值观的确立等。而这些都是需要在课堂上完成的，微视频学习和网络移动自主课堂的实施是密不可分的。这一事实就体现了网络移动自主课堂不会削弱对中小学学生情感、态度、价值观的教育。

（二）云计算对网络移动自主课堂教学的重要性分析

1. 有利于学生多元化地获取知识

科学技术的发展，尤其是信息技术的到来，已大大变革了学生的学习方式。电子白板、移动学习终端等学习工具、教学工具的推广和普及，改变了由教师作为单一的知识来源的局面。云课堂教学模式让学生获取的信息量更多，探索的空间更为宽广，可利用的学习形式更为丰富有趣，从而使学生的学习从单一向多元化转变，从被动学习变为主动学习，从而真正成为学习的主人。

2. 有利于激发学生学习的热情，增加师生的互动

在传统的教学中，如果教师不能用知识的疑点去吸引学生，用优美的语言去感染学生，课堂教学就会呈现教师"单脚跳独舞"的现象，随着时间的推移，学生听得枯燥乏味，教师讲久了自己也觉得没劲。云课堂教学模式最大的好处就是全面提升了课堂教学的互动性，教师的角色已经从"内容的呈现者"转变为"学习的教练"，教师有时间与学生交谈，回答学生的问题，或参与到学习小组观察学生之间的互动，对每个学生的学习进行个别指导。在这样的环境中，学生更深刻地体会到了教师是在引导他们的学习，而不是发布指令，也不会因怕答错问题而拘谨，而是轻松、自信、想学、有意义。

3. 有利于让学生掌握学习的主动性

每个学生的学习能力和兴趣是不同的。在传统课堂教学的方式中，最受教师关注的往往是看起来"最好"和"最聪明"的学生，他们在课堂上积极举手、响应或提出很棒的问题。而与此同时，其他学生则是被动地在听，甚至跟不上教师讲解的进度，也无法真正实现分层教学。云课堂教学则利用教学视频，使学生能根据自身情况来安排和控制自己的学习深度，真正实现分层教学，每个学生都可以按自己的速度来学习。学生可以在课外或回家看教师的视频讲解，使得其学习完全可以在轻松的氛围中进行，而不必像在课堂上教师集体教学那样紧绷神经，担心遗漏什么，或因为分心而跟不上教学节奏。学生观看视频的节奏快慢全由自己掌握，懂了的则快进跳过，没懂的则倒退反复观看，也可停下来仔细思考或做笔记，甚至还可以通过聊天软件向教师和同学寻求帮助。

4. 有利于改变课堂管理模式

在传统教学课堂上，教师必须全神贯注地注意课堂上每个学生的动向，关注自己所讲的每一个知识是否讲清、讲透。大家都清楚，讲课不可能每一节都有趣，一旦知识较难或教师准备不充分，或一些学生稍有分心就会有跟不上的情况出现，学生就会感到无

聊或搞小动作甚至影响其他人学习。实施云课堂教学模式，使每个学生都在忙于活动或小组协作，这样使缺乏学习兴趣而想捣乱课堂的学生也有事可做，"表演失去了观众"，课堂管理问题也就消失了。

5. 有利于让教师与家长深入交流

云课堂教学模式改变了教师与家长交流的内容。大家都记得，每次开家长会，父母问得最多的是自己孩子在课堂上的表现和成绩如何。比如，是否专心听讲，行为是否恭敬，是否举手回答问题，是否完成作业，等等。这些看起来很普通的问题，其实在那种情景回答起来却很片面、很笼统。而在实施云课堂教学后，在课堂上这些问题也不再是重要的问题，取而代之的是：孩子们是否在学习？如果他们不学习，家长能做些什么来帮助孩子学习呢？这些更深刻的问题会带领教师与家长商量如何把学生带到一个学习的环境，从而引导学生主动地去学习，帮助学生成为更好的学习者。

总之，经过云课堂教学后，教师有精力、有时间去获取新知识和新理念，以便不断丰富自己。这样在45分钟课堂上教师不再是满堂灌，而是用高度概括的语言把知识精要在学生最需要的时候讲给学生，课堂中更重视知识的生成过程，以及教会学生归纳概括的能力。这样便能做到有的放矢，真正做到讲课的高效、学习的高效、时间的高效、效果的高效。

6. 有利于转变传统的教学模式

在传统的教学过程中，以教师讲解和学生听讲为主，然而在这种传统的教学模式下，出现了教师很努力但是学生仍兴趣不高的现象，这样的课堂无法形成真正的师生互动，更无法形成真正的生生互动。并且在这种教学模式下，学生的学习兴趣很低，学习效率也很低，尤其是对于以科学和严谨著称的信息技术课程，很多学生的学习积极性本应该很高，但是在传统的教学模式下，必然有很大部分的学生不喜欢信息技术。

网络移动自主课堂教学模式将这种传统的课堂进行了一次翻转，使学生成了课堂的主体，使学生在教师的引导下进行合作探究、互相讨论，彼此之间能够协作竞争、互相提高，并且教师在教学的过程中，其教学水平和业务能力也会有很大提高。

7. 有利于营造个性化的学习环境

在传统的教学模式中，教师如果准备一堂课，理论上这堂课要顾及班级里各个学习层次的学生，而现实是受讲授时间等原因，这堂课的内容仅仅能适合其中一部分的学生，对于其他部分的学生是不合适的。在这样的情况下，新课改所倡导的分层次教学就无法得以实施。而网络移动自主课堂的出现就打破了这一僵局，它要求学生在课前充分地预习课本内容，这样预习课的学习时间就变长了，从而提高了教学效率，并且教师在上课的过程中，利用多种教学情境引导学生相互协作、积极探究，在触发学生学习能动性的同时内化了所学知识。这样的课堂适合于每一个学生，适合于每一个层次的学生，使他们能根据教师发放的学习任务来达成自己的学习目标。

在利用网络移动自主课堂的时候，电脑的基础知识很重要，但是单纯的信息技术知识很枯燥，学生不喜欢学习这些电脑知识，所以教师可以通过网络移动自主课堂设置一些个性化的学习环境让学生去学习、去应用。比如现在的中学生对电脑游戏比较感兴趣，所以为了让学生能更好地学习电脑的基础知识，教师可以设置或选择一些有益于学习的小游戏，让学生进行通关式的学习，在通关的过程中，让学生学习电脑相关的硬件知识，这样不仅学生学得比较牢固，并且学生通过探索合作完成整个游戏也会提高继续学习的兴趣，同时在这个合作的过程中，学生的合作能力也有了显著的提高。

8. 有利于构建互动、协作、探究的学习模式

学习不是一个学生独立完成事情的过程，它需要教师与学生通过交流、互动来共同完成，在这个过程中学生完成了对知识的内化。但是在传统的课堂上，这种对知识的内化实现起来非常难，因为教师面对的是整体的学生，而网络移动自主课堂却将这一内化的过程拉长，学生不仅仅在课堂上可以通过学习得到知识，在课堂外也照样能够习得知识。并且网络移动自主课堂还可以利用多媒体及网络来实现教师授课的随时暂停、反复播放等有利于学生参与其中并且反复观看、揣摩、思考等行为的实施。并且网络移动自主课堂也能实现教师与学生、学生与学生之间的互动，使学生能够以合作探究小组的形式一起探究，最终达到学会的效果，并且能够灵活地进行知识的应用。

因此，在平时的教学过程中，教师应该专门建立一个学习、交流的平台，然后将自己制作的课件或者是攻克难点和重点的过程放在这个平台上，供学生下载学习，比如信息库的设计方式、如何发布信息和处理信息等。有了这个平台，学生就可以随时随地地学习、复习这些知识，即使有些学生在上课的过程中没有听懂这些内容，在课下自己学习和再复习的时候，也能慢慢地理解这些内容，这其实就是网络移动自主课堂的一种方式。

9. 有利于促进教学评价的改变

在传统的教学过程中，教学评价的方式简单而又直接，即利用考试成绩来评价学生的学习努力程度和学习态度，但这种方式有一定的局限性。自网络移动自主课堂实施以来，教学评价方式也发生了相应的转变，它不仅仅评价学生的学习结果，还利用学生档案的形式评价了学生的学习过程；不仅仅做到了定性评价和定量评价相结合，更做到了形成性评价对总结性评价的总结和补充；另外，网络移动自主课堂还注重以学生的自评和互评相结合的方式对学生进行评价，不仅仅让学生知道自己有哪些方面做得不足，还可以请同学对自己进行监督和评价，这样，学生能够随时看到自己的不足，也能够随时地根据评价内容来调整自己努力的方向。

第七章 "互联网+"高校教育中的慕课及微课教学模式

第一节 "互联网+"高校教育中的慕课教学

从教学法角度看，慕课教学设计不能沿袭传统的容纳数十人的课堂教学模式，以满足慕课环境下大规模学习者的需求。然而，现有慕课设计倾向于把技术作为解决一切教学问题的灵丹妙药，忽视了教学设计、学习模式和教学互动的重要性。

正如相关评审专家的话："只重技术而无视教学法的任何教学模式注定都是失败，可是很多慕课支持者对此置若罔闻。"

从基于教学习模式和教学互动的角度提出慕课环境下教学方法设计具体方案以促进慕课教学发展和学习者学习绩效的提升。相关学者设计的教学研究有六个特点，分别是：（1）强调高等教育领域至关重要的、广泛的、复杂的问题；（2）已知的和假设的设计理论、原则和技术工具有机结合，提供复杂问题的可行性解决方案；（3）积极反思、探索、测试并完善创新性学习环境，同时探索并展示新的设计原则；（4）学习者的长期参与需要不断完善各种问题和各项要求；（5）促进研究者和实施者之间的密切合作；（6）解决现实问题的同时，致力于理论建构和解释。

一、学习模式与慕课教学方法设计

有关学者区分了两种学习模式，即作为知识获取的学习和为活动参与的学习。在分类的基础上，还有一些学者提出第三种学习模式，即作为知识创造的学习模式，作为知识获取的学习代表着传统设计原则和实践，认为学习"主要是获取期望的知识碎片的过程"，强调了知识的心理概念并把知识看作是作为容器的个体大脑所拥有。在对学习的界定和认识下，最大化个体知识的"效率"成为判断教学是否有效的重要标准。为达到个体知识最大化这一效率标准，早期的教学设计模式突出强调使用界定良好的过程、清晰的文本、明确的要求和细分作业帮助学习者掌握特定知识或技能。这一教学设计样本包括任务驱动的教学设计模型、标准参照教学模型、教学设计原则和重要演示理论。个体知识的增加通常是首要目标，尽管作为知识获取的学习理论也认同创新的重要性，但对绝大多数传统教学设计模型而言，创新明显居于次要位置。

作为活动参与的学习模式认为学习是参与各种文化活动和共享学习活动的过程。活动被认为是学习的核心，知识被认为是分布在个体和其所在环境中，换句话说，就是学习的重点是活动（知道的过程），而不是结果（知识）。基于把学习作为活动参与理论的教学设计模型强调活动及合作的重要性，比如，基于问题、基于项目、基于探索的教学活动。在这一学习观点的指导下，教学设计的着眼点是支持情景学习和探索的有意义建构活动，活动的设计特点是以学生为中心的自主学习、认知学徒式情景学习。尽管基于这一学习理论的教学设计通过学习者活动参与促进了学习，但其不足是没有把知识作为集体性社交活动产品并设计促进知识创新的活动。这一学习理论指导下的教学方法往往是把学习作为一套学习者可以遵循的程序，比如，基于问题的学习方法。根据这一方法，学习者经过明确界定的系列活动：（1）识别问题；（2）制定问题解决方案；（3）确定解决问题所需知识；（4）运用新获取的知识解决问题；（5）通过思考抽象出问题解决过程中的知识。

作为知识创造的学习模式强调创新性的探索过程，即"新知识得以创造，最初的知识得以丰富或改变"。以此为理论指导的教学设计的重点是自我涌现、自我组织的活动。学习作为知识创造教学设计模式把学习的焦点转移到了学习者如何学习、学习的结果应该是什么以及怎样的学习环境能够最有效地促成创造知识的学习。因此，以学习作为知识创造为理论基础建构慕课环境下的教学方法既是慕课的根本属性，也是慕课学习的优势和本质所在。

二、社交互动与慕课教学方法设计

慕课环境下的学习超越了传统课堂环境下学习者的小组或者班级互动、合作，更有可能创建大规模在线互动、交流，从而使得学习者的个体兴趣在更广泛的时空内得以丰富和实现。众所周知，慕课的学习者规模使得教师和学习者之间的一对一互动成为不可能，几乎所有师生互动都发生在课程平台上的在线论坛或者其他社交媒体工具中。助教的一个主要职责是管理论坛，并运用专业知识和技能对学习者的要求做出直接回应或者把疑难问题传递给教师。在总结了加州大学伯克利分校五门慕课试验的基础上，恩格尔指出研究生和本科生助教（学习促进者）在五门慕课中具有突出的作用：他们在教师的指导下，通过开发教学资源、直接帮助学习者、对课程平台进行管理和维护、对学习者进行问答测验等教学活动支持了课程的顺利进行。他也指出慕课教师参与学习者互动有助于支持学习社区的发展，此外，明确的学习目标、精心设计的课程活动、结构良好的课程模式对众多背景各异、动机和期望不同、学习风格有别的学习者取得慕课学习的成功至关重要。同伴互助也是慕课成功的关键因素之一，可以通过学习者活动参与和学习社区建设促进同伴互助的发展。

一些学者研究指出社交互动是有效学习过程的基础，学习者之间的互动在学习中起着不可替代的作用。因此课程设计的核心原则之一就是创造在线学习互动促进模式，使得学习者通过互动活动得到学习支持、获取更有意义的学习过程和结果。同时，互动设计要考虑到学习者在线互动的自主性、目的性和主动性，而不是强制性；要理解并尊重学习者展示知识、能力和技能以及思考和交流的不同方式。学习者互动设计的目的也包括鼓励学习者应用各种多媒体工具完成不同的开放式作业。

考虑到慕课教学的在线属性，并且现有理论和实践已经证明在线教学法可以比传统课堂教学法更加具有社交属性，设计学习者能够相对更容易地深入参与在线学习互动，稍早的在线教学和联结主义慕课学习认识到教师和学习者以及学习者之间的社交学习的重要性，并因此在教学设计上充分考虑了互动社交学习的实现。因此，在教学设计时致力于通过博客、交流、论坛、维基和小组作业以促进学习者学习。从本质上说，学习不仅是获取大量知识和技能，更是创造知识的过程，并且学习往往通过互动得以有效实现，所以说，有效的慕课教学法往往会充分利用开放网络以挖掘信息、知识并促进学习者之间、学习者和教师之间以及学习者和开放网络中其他人之间的沟通和互动的构建，以促进作为知识创造的学习实现。

第二节　"互联网+"高校教育中的微课教学

一、微课教学设计中的教学策略

（一）自主学习策略

自主学习策略的核心是要发挥学生学习的主动性、积极性，充分体现学生的认知主体作用，其着眼点是如何帮助学生"学"，因此这类教学策略的具体形式虽然也是多种多样，但始终有一条主线贯穿始终，这就是"自主探索、自主发现"。所以，通常也把这类教学策略称之为自主学习策略或是发现式教学策略。然而，由于一些教师对自主学习缺乏深入的了解和深刻的认识，导致在实践中出现诸多问题。

（1）缺乏明确的学习任务

学习过程松散而效率低下，一切从学习的"需要"和"兴趣"出发，课堂处于放任自流状态。

（2）缺乏必要的指导

教师在课堂上为了多给学生留出"自由"的空间，而不敢多讲一句话、不敢多提学习要求、不敢多对学生的学习做出适当的评价。

（3）自主学习活动花样繁多

为了自主而"自主"，缺乏对教材内容、学生的特征等做深入分析，在形式上追求丰富性，忽略了促进学生的意义建构这一根本目的。

针对上述这些问题，微课在自主学习设计中，应该注意以下几方面：

①重视人的设计

要在学习过程中充分发挥学习的主动性，体现学生的首创精神。环境是促进学习者主动建构知识意义的"外因"，理想的学习环境是必要的，但学习者是学习的"内因"，缺乏人的自主学习，意义建构就无从谈起。设计的重点放在能够促进学习发展上，而不是活动的形式上。

②目标明确

在自主学习中，学生对知识的意义建构是整个学习过程的最终目的。在学习过程中强调对知识的意义建构，无疑是正确的，但如果不分析学习目标，对当前所学内容不加区分，一概完成"意义建构"（确定深刻的理解与掌握）是不恰当的，正确做法应该是在进行教学目标分析的基础上选出当前所学知识中的基本概念、基本原理、基本方法和基本过程作为当前所学知识的"主题"（或"基本内容"），然后再围绕这个主题进行意义建构。另外，要让学生有多种机会在不同情景下去应用他们所学的知识，即将知识外化。

让学习者能根据自身行动的反馈信息来形成对客观事物的认识和解决实际问题的方案，即能实现自我反馈。

③重视教师的指导

教师是学习过程的组织者、指导者，教师要对学生的意义建构起促进和帮助作用。在充分体现学生主体地位的同时，不能忽视教师的指导作用。

（二）协作学习策略

协作学习是一种以小组或团队的形式，组织学生协作完成某种既定的学习任务的教学策略或形式。在协作学习的过程中，学习者之间以融洽的关系、相互合作的态度，对同一问题运用多种不同观点进行观察、比较、分析和综合。学习者共享学习资源，共同担负学习责任，共同享受成功的喜悦。

1. 常见的协作学习策略种类

常见的协作学习策略有讨论策略、角色扮演策略、竞争策略、协同策略和伙伴策略。

（1）讨论策略

讨论策略的运用要求整个协作学习过程均由教师组织引导，讨论的问题皆由教师提

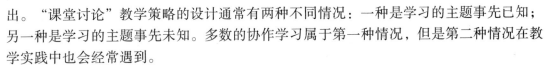

出。"课堂讨论"教学策略的设计通常有两种不同情况：一种是学习的主题事先已知；另一种是学习的主题事先未知。多数的协作学习属于第一种情况，但是第二种情况在教学实践中也会经常遇到。

（2）角色扮演策略

角色扮演包括师生角色扮演和情境角色扮演两类。师生角色扮演就是让不同的学生分别扮演学习者和指导者的角色，学习者需要解答问题，指导者则检查学习者在解题过程中是否有错误。当学习者在解题过程中遇到困难时，指导者帮助学习者解决疑难。在学习过程中，他们所扮演的角色可以互换。情境角色扮演是要求若干学生，按照与当前学习主题密切相关的情境分别扮演其中的不同角色，以便营造一种身临其境的气氛，使学生能设身处地地去体验、去理解学习的内容和学习主题的要求。

（3）竞争策略

竞争指两个或多个学习者针对同一学习内容或学习情境，通过计算机网络进行竞争性学习，看谁能够首先达到教学目标的要求。由于学习者的竞争关系，学习者在学习过程中，会很自然地产生人类与生俱来的求胜本能，所以学习者在学习过程中会全神贯注，易于取得良好的学习效果。在运用这种协作学习的策略时，教师须注意恰当选择竞争对象，巧妙设计竞争主题，一方面要避免学生产生受挫感，另一方面又要巧妙利用学生不愿服输的心理刺激其进一步地学习。

（4）协同策略

协同指多个学习者共同完成某个学习任务，在共同完成任务的过程中，学习者发挥各自的认知特点，相互争论、相互帮助、相互提示或者是进行分工合作。学习者对学习内容的理解和领悟就在这种和同伴紧密沟通与协作的过程中逐渐形成。

（5）伙伴策略

在现实生活中，学生们常常与自己熟识的同学一起做作业。没有问题时，大家各做各的；当遇到问题时，便相互讨论，从别人的思考中得到启发和帮助。伙伴学习策略与此类似，它可以使学生在学习过程中感觉到自己并不是孤独的，而是有伙伴可以互相支持、互相帮助，当碰到问题时，他可以随时与伙伴讨论。由于个人的思考范围有限，若在学习过程中，能和伙伴相互交流、相互鼓励，则可达到事半功倍的效果。

2. 设计协作学习策略注意事项

在设计协作学习策略以及协作学习过程时，要注意以下几方面：

（1）建立合适的协作小组

协作学习是学习者组成一个群体，互相帮助、共同学习，通过协商和辩论，加深对问题的认识，因此形成一个适当规模和构成层次相当的协作小组对于协作学习的成功与否非常重要。如果规模不合适或协作者之间基础相差悬殊，则可能不能形成协作或协作不充分，从而协作学习自然会失败。

（2）学习主题具有挑战性，问题具有争论性

协作学习的主题可以由教师指定，也可以由学生自行确定。学习者协作解决的问题

可以是围绕主题的、能引起争议的初始问题，可以是深化主题的问题，也可以是稍稍超前于学生智力发展水平的问题，这些问题是否具有可争论性，关系到是否有必要组织协作学习。

（3）重视教师的主导

协作学习的设计和学习过程都需要教师的组织及引导，教师要设计有争议的问题以及评价方式。在协作过程中，教师还要关注每位学生的表现，对学生表现出的积极因素给予及时的反馈和鼓励；如果学生的讨论出现离题或开始纠缠于枝节问题时，要及时加以正确引导，将其引回主题；对于学生讨论过程中暴露出来的关于某个概念或认识的模糊或不正确的问题，要用适当的方式进行引导；对于整个协作学习的过程，教师要做出恰当的评价。

现代信息技术在学生的自主学习和协作学习方面，能够提供有效的支持。信息技术可以为学生提供探索的问题情境，提供可以利用的各种信息资源和工具，支持学生之间的合作和沟通，并更好地超越课本与教材的限制，拓展学生学习的空间。近些年，计算机支持的协作学习使协作学习超越了时空的限制，拓展了学习的空间。

二、微课教学设计中的教学模式

在微课教学理论研究与实践中，形成了适用于不同学习结果的教学模式，这些教学模式有些体现了以教为主的教学思想，有些侧重于以学为主。下面列举一些具有代表性、有较大影响的教学模式，可供大家根据不同的教学目标和学习内容选择参考。

（一）传递接受教学模式

传递接受教学模式适用于认知领域的教学目标，教师控制教学过程，学生能在较短的时间内掌握大量的知识，但不利于学生主体地位的发挥。该模式包括激发学习动机、复习旧课、讲授新课、巩固运用、检查等5个主要环节。

（二）九段教学模式

九段教学模式是美国著名教育心理学家加涅将认知学习理论应用于教学过程而提出的一种教学模式。加涅认为，教学活动是一种旨在影响学习者内部心理过程的外部刺激，因此教学程序应当与学习活动中学习者的内部心理过程相吻合。根据这种观点，他把学习活动中学习者内部的心理活动分解为9个阶段，相应的教学程序也应包含9个步骤：引起注意 — 阐述教学目标 — 刺激回忆 — 呈现刺激材料 — 提供学习指导 — 诱发学习行为（反应）— 提供反馈 — 评价表现 — 促进记忆与迁移。"九段教学策略"由于有认知学习理论作基础，所以不仅能发挥教师的主导作用，也能激发学生的学习兴趣，在一定程度上调动学生的学习主动性、积极性，建立起学与教之间的联系，再加上其实施步骤具体明确、可操作性强，因此影响和应用都比较广泛。

（三）引导发现教学模式

该模式适用于认知领域的教学目标，以解决问题为中心，注重学生独立活动，有利于学生的探究能力和创造性思维能力的培养，需要学生具有一定先行经验的储备，比较适用于数理学科。该模式包括提出问题、产生假设、验证假设、总结结论4个环节。

（四）掌握学习

掌握学习（Mastery Learning）是美国心理学家和教育学家布卢姆提出的，旨在把教学过程与学生的个别需要和学习特征结合起来，让大多数学生都能够掌握所教内容并达到预期教学目标。该模式包括学生定向、常规授课、纠正差错、矫正差错、再次测评5个环节。

（五）抛锚式教学模式

抛锚式教学模式是由温特比尔特认知与技术小组开发的。这种教学模式要求在多样化的现实生活情境中（或在利用技术虚拟的情境中）运用情境化教学技术以促进学生反思，提高远迁移能力和解决复杂问题能力。抛锚式教学模式的核心要素是"锚"，学习与教学活动都要围绕着"锚"来进行设计。教学中使用的"锚"一般是有情节的故事，而且这些故事要设计得有助于教师和学生进行探索。在进行教学时，这些故事可作为"宏观背景"提供给师生。该模式在全球范围内产生了较大的影响，并得到了广泛认可和应用。

（六）随机进入教学模式

由于事物的复杂性和问题的多面性，要做到对事物内在性质和事物之间相互联系的全面了解与掌握，真正达到对所学知识的全面而深刻的意义建构是很困难的。因为从单一视角提出的每个单独的观点虽不是虚假的或错误的，但却是不充分的，往往从不同的角度考虑可以得出不同的理解。为克服这方面的弊病，在教学中就要注意对同一教学内容，要在不同的时间和情境下，为不同的教学目的、用不同的方式加以呈现，还应避免内容的过于简单化。在条件许可时，尽可能保持知识的真实性与复杂性，保证知识的高度概括性与具体性的结合，使知识富有弹性，以灵活适应变化的情境，增强知识的迁移性和覆盖面。作为教学内容的知识源泉应该是高度联系的知识整体，而不是各自为政的、分割的，换句话说，学习者可以随意通过不同途径、不同方式进入同样教学内容的学习，从而获得对同一事物或同一问题的多方面的认识与理解，这就是所谓的"随机进入教学"。随机进入教学模式主要包括以下几个步骤：呈现基本情境—随机进入学习—思维发展训练（由于随机进入学习的内容通常比较复杂，所研究的问题往往涉及许多方面，因此在这类学习中，教师还应特别注意发展学生的思维能力）—小组协作学习—学习效果评价。

（七）支架式教学模式

支架式教学模式来源于苏联著名心理学家维果斯基的"最邻近发展区"理论。最邻近发展区是指，学生独立解决问题时的实际发展水平（第1个发展水平）和教师指导下解决问题时的潜在发展水平（第 2 个发展水平）之间的距离。可见，学生的第 1 个发展水平与第 2 个发展水平之间的状态是由教学决定的，即教学可以创造最邻近发展区。因此教学绝不应消极地适应学生智力发展的已有水平，而应当走在发展的前面，不停顿地把学生的智力从一个水平引导到另一个新的更高的水平。建构主义者正是从维果斯基的思想出发，借用建筑行业中使用的"脚手架"作为上述概念框架的形象化比喻。所谓脚手架是指教师所能提供给学生，帮助学生从现有能力提高一步的支持形式。脚手架的例子包括教师揭示或给予线索，或帮助学生在停滞时找到出路，通过提问帮助他们去诊断错误的原因并且发展修正的策略，激发学生达到任务目标的兴趣及指引学生的活动朝向预定目标。通过这种脚手架的支撑作用，不断地把学生的智力从一个水平提升到另一个新的水平，真正做到使教学走在发展的前面。支架式教学策略由搭脚手架、进入情境（将学生引入定的问题情境）、独立探索、协作学习、效果评价等环节组成。

在以上几种教学模式中，传递接受教学模式和九段教学模式主要体现了以教为主的教学思想，引导发现教学模式、支架式教学模式、抛锚式教学模式及随机进入教学模式特别强调情景创设、学生主体地位的发挥，倡导自主、合作、探究的学习方式和策略，因而，具有更鲜明的信息化环境下的教学特征。除了上述几种模式外，近些年在信息化教学实践中，已逐渐探索和形成了很多信息化教学模式。

第八章 "互联网+"背景下高校教学模式的创新

第一节 "互联网+"高校教育概述

一、"互联网+"高校教育的基本理论

(一)"互联网+"教育的核心及本质

2015年7月,《国务院关于积极推进"互联网+"行动的指导意见》发布,针对教育领域提出:要针对各级教育创新教育公共服务供给模式和网络化教育新模式,汇集多方力量共同开发数字教育资源及网络教育服务;探索网络学习的学分认定与学分转换等制度,推动高等教育服务模式的变革;与国际接轨,与互联网企业合作,实现国际合作以及校企合作,共同推进"互联网+教育"变革路径探索。

2015年6月14日举办的2015中国互联网+创新大会·河北峰会上,业界权威专家学者围绕"互联网+教育"这个中心议题,纷纷阐述自己的观点:"互联网+"不仅不会取代传统教育,而且会让传统教育焕发出新的活力;第一代教育以书本为核心,第二代教育以教材为核心,第三代教育以辅导和案例方式出现,如今的第四代教育,才是真正以学生为核心。中国工程院院士李京文表示:"中国教育正在迈向4.0时代。"

之后,党的十八届五中全会提出要实施"互联网+"行动计划,至此,"互联网+"

的理念在社会各界、各领域、各行业产生了巨大的反响,引起了多个行业的变革。而教育作为承担社会发展的基础领域,历来是社会变革的主阵地与痛点,因此"互联网+"也引发了教育界广泛与持续的关注,"互联网+教育"成为教育变革新的聚焦点。

其实在"互联网+"提出之前,互联网教育已经有了近10年的发展历史,这表示即使政府不制订"互联网+"计划,"互联网+教育"的模式探索与尝试也已经开展,大数据、云计算、互联网等逐渐与教育相结合,教育的形态被"智能"的力量重塑,可以说教育行业已经实现了互联网化。互联网成为教育变革的一大契机,但是它只是对传统教育的升级,其目的不是去颠覆教育,更不是颠覆当前学校的体制,而是要改变我们的教育理念,改变教学模式与教学方法。混合式乃至融合式教学时代已经到来,"互联网+"引发的教育变革快速蔓延,一日千里、势不可当,其规模之广、声势之大、影响之深、持续之长,史无前例。"互联网+"引发的教育革命将是21世纪世界教育和社会发展史上最伟大的创举之一。

基于此,我们认为,"互联网+教育"的核心和本质就是基于信息技术,实现教育内容的持续更新、教育模式的不断优化、学习方式的连续转变以及教育评价的日益多元化。

1. "互联网+教育":教育内容的持续更新

"互联网+课程",不仅仅产生网络课程,更重要的是它让整个学校课程,从组织结构到基本内容都发生了巨大变化。正是因为具有海量资源的互联网存在,才使得高等院校各学科课程内容的全面拓展与更新,适合大学生的诸多前沿知识能够及时地进入课堂,成为学生的精神套餐,课程内容的艺术化、生活化也变成现实。通过互联网,学生获得的知识更加丰富和先进,完全有可能超越教师。除了对必修课程内容的创新,在互联网的支持下,各类选修课程的开发与应用也变得天宽地广,越来越多的学校能够开设上百门的特色选修课程,诸多从前想都不敢想的课程如今都成了现实。

2. "互联网+教育":教学模式的不断优化

"互联网+教学",形成了网络教学平台、网络教学系统、网络教学资源、网络教学软件、网络教学视频等诸多全新的概念,不但帮助教师树立了先进的教学理念,改变了课堂教学手段,大大提升了教学素养,而且更令人兴奋的是传统的教学组织形式也发生了革命性的变化。正是因为互联网技术的发展,以先学后教为特征的"翻转课堂"才真正成为现实。同时,教学中的师生互动不再流于形式,通过互联网,完全突破了课堂上的时空限制。学生几乎可以随时随地随心地与同伴沟通、与老师交流。在互联网天地中,教师的主导作用达到了最高限度,教师通过移动终端,能及时地给予学生点拨指导,同时,教师不再居高临下地灌输知识,更多的是为学生提供资源的链接,激发兴趣,进行思维的引领。由于随时可以通过互联网将教学的触角伸向任何一个领域的任何一个角落,甚至可以与远在千里之外的各行各业的专家达人进行即时视频聊天,因此,教师的课堂教学变得更加自如,手段也更加丰富。当学生在课堂上能够获得他们想要的知识,能够见到自己仰慕的人物,能够通过形象的画面和声音解开心中的各种疑惑,可以想象他们对于这一学科的喜爱和热情将是前所未有的。

3. "互联网＋教育"：学习方式的持续转变

"互联网＋学习"，创造了如今十分红火的移动学习，但它绝不仅仅是作为简单的随时随地可学习的一种方式而存在的概念，它代表的是学生学习观念与行为方式的转变。通过互联网，学生学习的主观能动性得以强化，他们在互联网世界中寻找到学习的需求与价值；寻找到不需要死记硬背的高效学习方式；寻找到可以解开其诸多学习疑惑的答案。研究性学习倡导多年，一直没能在高校真正得以应用和推广，重要的原因就在于它受制于研究的指导者、研究的场地、研究的资源、研究的财力物力等，但随着互联网技术的日益发展，这些问题基本都能迎刃而解。在网络的天地间，学生对于研究对象可以轻松地进行全面的、多角度的观察，可以对相识与陌生的人群作大规模的调研，甚至可以进行虚拟的科学实验。当互联网技术成为学生手中的利器，学生才能真正确立主体地位，摆脱学习的被动感，自主学习才能从口号变为实际行动。大多数学生都将有能力在互联网世界中探索知识、发现问题、寻找解决的途径。"互联网＋学习"，对于教师的影响同样是巨大的，教师远程培训的兴起完全基于互联网技术的发展，而教师终身学习的理念也在互联网世界里变成现实，对于多数使用互联网的教师来说，他们十分清楚自己曾经拥有的知识，以惊人的速度在锐减老化，也真正懂得"弟子不必不如师，师不必贤于弟子"的道理。互联网不但改变着教师的教学态度和技能，同样也改变着教师的学习态度和方法。他们不再以教师的权威俯视学生，而是真正蹲下身子与学生对话，成为学生的合作伙伴，与他们共同进行探究式学习。

4. "互联网＋教育"：教育评价的日益多元

"互联网＋评价"，这就是另一个热词——"网评"，在教育领域里，网评已经成为现代教育教学管理工作的重要手段。学生通过网络平台，给教师的教育教学水平打分，教师通过网络途径给教育行政部门及领导打分，而行政机构也通过网络大数据对不同的学校、教师的教育教学活动及时进行相应的评价与监控，确保每个学校、教师都能获得良性发展。换句话说，在"互联网＋"时代，教育领域里的每个人都是评价的主体，也是评价的对象，而社会各阶层也将更容易通过网络介入，对教育进行评价。此外，"互联网＋评价"改变的不仅仅是评价的方式，更大的变化还有评价的内容或标准。例如，在传统教育教学体制下，教师的教育教学水平基本由学生的成绩来体现，而在"互联网＋"时代，教师的信息组织与整合能力、教师教育教学研究成果的转化率、教师积累的经验通过互联网获得共享的程度等，都将成为教师考评的重要指标。

总之，随着"互联网＋"被纳入国家战略的顶层设计，"互联网＋"时代的正式到来，教育工作者只有顺应这一时代变革，持续不断地进行革命性的学习和创造，才能走向新的境界和高度。

（二）"互联网＋"高校教育的特性

高等教育与其他教育最根本的不同是由高等教育的本质所决定的。在对高等教育本质的研究上，学术界一直争论不休，目前尚未有定论。高等教育作为一种社会活动存在，具有同其他社会组织相同的多重联系和多重属性。但作为教育事业的一个组成部分，总体上说，具有"教育是一种培养人的活动"的本质属性，但具体来说，高等教育是培养各类专业性、技能型人才的专门机构，关系着社会进步、经济发展、民族兴衰。但归根到底，高等教育所肩负的育人任务是无法改变的，离不开"人"的培养和"人"的活动。那么在"互联网+"时代，高校教育的特性是什么呢？

"互联网+"高校教育的特性是定制化教学趋势突出。"互联网+"作为互联网时代一种全新的社会发展形态，对高校教学也产生了重要影响，为高校教学改革突破传统路径提供了颠覆性创新的可能性。而"定制"作为一种顺应互联网时代的生产模式，核心是对每一个个体需求的关注，而这一理念也应该是当前高校教学改革的方向与必经之路。高等教育不同于基础教育，更应该关注每一个学习者个体的需求与发展，因此"互联网+"高校定制化教学与高校教学改革有着密切的联系。

一方面，"互联网+"背景下的高校定制化教学是一种基于现代信息技术，包括大数据技术、物联网、云计算、安全存储、人工智能、量化自我、学习分析技术及脑科学等，以及互联网络技术为学习者提供自身适应的教学路径与个性化的教学内容的新型教学模式，而在这种教学模式之下，学习者能够深刻感受到自身的发展与成长，能够明确自身的发展方向。另一方面，定制化教学并不是要摒弃或替代现有教学模式，并且定制化教学也不可能替代现有教学模式，定制化教学是对现有教学模式的一种补充与辅助，通过现代信息技术把握学习者的个体特征，进行个性化的教学设计；提升教师智慧，帮助教师开展更科学、更具针对性的教学活动与教学辅导，能够有效地提升学习者参与度与教学效果，与现有教学模式相结合，共同构成了"互联网+"背景下的新型教学模式。

"互联网+"背景下的高校定制化教学以学习者的个性倾向、兴趣、知识结构、认知框架、能力结构、思维特征等为教学设计和一切教学活动的起点和出发点，因此定制化教学能够为每位学习者提供适合的教学，能够在一定程度上增强学习者的学习积极性与主动性，大大提高学习者的学习动机及学习者的自我效能感。同时定制化教学关注学习者的能力倾向，因此能够给每位学习者以不同的发展路径与教学目标，有利于学习者个体能力的培养，包括创造能力、发现和解决问题的能力等。因此"互联网+"高校教学特性可以从学习资源、学习者、教师、政策保障等加以分析。

1. 教育资源层面

（1）丰富优质的教育资源提供了内容保障

互联网时代高校教学的一个突出特征也是最显著的变化，是教育教学资源的极大丰富。慕课（MOOC）、私播客（SPOC）、视频公开课、精品资源共享课、微课、在线学习平台、网络资源等教育资源不断涌现，为高校教学变革提供了内容丰富、呈现形式多样、开放共享、获取便利的教学资源，不同的教学资源具有不同的特点，但正是这些丰富优质的教育资源成为了"互联网+"定制化教学的基础与保障。

不同的特点的教育资源具有不同的适用范围：慕课作为大规模开放在线课程提供的是丰富多样的课程资源，为学习者提供了广阔的互动交流平台；私播客作为小规模限制性在线课程提供的是更具针对性的教学资源,更利于与传统教学相结合;微课具有"短、小、精、悍"的特点,是一种针对具体教学要点的资源,便于学习者对具体教学要点的学习。各具特点的教学资源为定制化教学的开展提供了可能性,针对学习者的不同个体特征可以选择不同的教学资源,为定制化教学开展提供了课程资源保障及内容保障。

在互联网时代,资源的生成速度也越来越快。当学习者在学习平台上学习的时候,不需要任何人的要求,学习者会自发地在网络上交流分享自己的资源。在教学活动或学习活动进行的过程中,全世界各地的学习者都在共享自己的学习资源,由此可见教学资源的生成速度。同时由于学习者的生活文化背景都不相同,学历背景与学习进度也不相同,因此生成的资源是多样性的,这也极大地丰富了教学资源的形式,同时多样性的资源对学习者的学习能力以及学习效率提出了更高的要求。

（2）高校对教育资源的占有

当前丰富的教育资源得益于网络,包括移动互联网络的发展与普及,在线学习平台及网络平台的建设为整合丰富的教育资源提供了途径。慕课、私播客、视频公开课、精品资源共享课等优质教育资源本质上是国内外各知名高校开发的课程,为其附加多种辅助教育资源后将其开放共享,形成了各具特色并有质量保证的教学资源。同时慕课、私播客、视频公开课、精品资源共享课等教育资源的使用者大多是高校教师和在校学生,高教师将其作为提升自我的途径以及开展教学的补充资源,学习者将其作为传统高校教学的辅助与补充。此外,关于慕课、私播客、精品资源共享课、视频公开课、微课、在线教学平台等资源的相关研究,尤其是具有前瞻性与指导意义的研究集中在高校。综上所述,"互联网+"时代的数字化学习资源、网络学习资源的开发、使用、研究等都有赖于高校,因此可以说高校占有了大部分优质资源,能够更加高效便捷地获取资源,也能够广泛地开展对优质资源的多种利用形式的探索,还能够实现对丰富优质资源的合理与充分利用,这也为在高校开展基于技术的定制化教学提供了可行性。

2. 学习者层面

（1）互联网时代学习者特征

互联网时代的学习者都是熟悉了解计算机技术和网络技术,成长在网络环境中的"数字原住民",正因如此,他们具备较高的信息素养与实践能力。但是随着"互联网+"时代知识增长速度不断加快,越来越多的信息充斥着学习者的生活,为他们带来丰富资源的同时也带来了巨大的认知负荷与学习负担,因此,学习者们必须不断提高自身的信息素养,才能够适应不断发展的"互联网+"时代对他们提出的新要求。"互联网+"时代的学习者对技术、网络、信息等保持着很高的兴趣与关注,热衷于关心新事物与前沿问题发展,他们有意愿并且有能力获取更多更优质的资源,以及与外界网络化环境产生深度的交互。在"互联网+"环境中开展学习活动已经成为当代学习者的主要学习方式,因此学习者能够很好地适应"互联网+"背景下的高校定制化教学,也更倾向于这种关注自身个体特征的教学方式。

（2）学习者对新型教学方式的需求

通过文献调研及相关访谈可以明确的是，学习者对当前高校教学方式有诸多看法，对当前高校教学的效果也并不满意，究其原因在于当前高校教学还延续传统教学模式。虽然教育可以说是较早与"互联网＋"整合的行业，但是时至今日，"互联网＋"教育仍然没有对高校教学方式产生变革性的影响。

当前高校教学仍为追求教学效率与管理便利而采用大规模教学，但是这样的教学方式无疑会忽视学习者的个体特征而更关注学习者整体的特征，并以此来开展教学活动，确定教学进度。但是这样确定的教学进度与设计的教学活动并不能符合每一个学习者的情况，有些学习者往往因为不能跟上教学进度或者不能深度参与教学活动而消极对待教学活动，最终导致了教学效果低下，以此形成恶性循环。同时，有些学习者可能远远超过教师制定的学习进度，因此在教学过程中，这些学生往往没有学习热情，也达不到良好的教学效果。而且这种教学方式所选取的教学资源往往是一种普遍并且简洁的呈现形式，如幻灯片呈现或文本呈现，但是这种呈现方式追求的是教学信息呈现的效率，即使用幻灯片或者文本呈现教学信息，能够在有限的范围内尽可能呈现更多的教学内容。

不过，这种信息呈现方式的高效率并不代表信息呈现的优效果，因为不同的学习者需要不同的信息呈现形式，不同的信息呈现形式也将对学习者的学习效果产生影响。学习者自身能够接触到丰富的教育资源，并且能够主动去接受和学习，学习者需要更能体现个性化、更具针对性的新型教学方式。"互联网＋"高校定制化教学的核心是对学习者个体特征的关注，能够根据学习者的个体情况开展教学，有利于激发学习者的积极性，提高教学效果，满足学习者对基于技术的新型教学方式的期望与需求。

3. 教师层面

（1）新型教育理念的树立

基于各类技术的高校教学改革的理论研究与实践探索在高校中的开展，为"互联网＋"高校定制化教学奠定了理论基础，这些实践探索与研究为此提供了案例参考与应用可能性。随着理论研究的不断深入与教学变革实践的开展，高校教师在"互联网＋"的时代也深刻认识到，当前的教学形式不能适应社会发展的需求，也不能满足学习者的个体需要，因此教师也在积极接受与更新自己的教育理念，不断将新的教学形式应用整合到原有的教学框架中。如将微博、QQ（一款即时聊天软件）等社交媒体运用到课程教学中，开展以深度交互为核心的社群交互方式；将学习平台等在线学习平台应用到课程教学中，开展以学习者为中心的探究性协作教学；将慕课、精品资源共享课等资源运用到课堂教学中，大大丰富了课堂教学内容。所有这些都反映了高校教师已接受并积极探索新型教学形式，有利于高校定制化教学的研究与开展。

（2）教师价值的重现

高校教学之所以无法具有科学研究工作那样的内在吸引力，其中一个重要的原因在于教学中包含着大量重复性劳动。教师在进行同一课程的教学时，往往延续以前的教学设计，同时由于课程时间、课时数量等的限制，教师教学以传统授课为主要形式，以传授知识为主要目标，教师积极性不能得到发挥，同时也不利于学习者学习积极性的提升与创新思维、创新能力的培养。

教师最重要的价值在于运用自身智慧来帮助学习者生成智慧、塑造品格、培养能力，而不应该沦为单纯教授知识。而基于"互联网＋"的高校定制化教学虽然将教学设计的决策权交还给学习者，但是教师也因此承担了更重要的责任。首先，学习者往往不能准确把握自身的个体特征，在大数据技术、学习分析技术、量化自我技术等相关技术的支撑下，学习者能够对自身情况有所了解，但是也没有足够的能力来做出最适合自己的决策。此时，教师依据大量的数据信息对学习者的具体情况和特点有初步的掌握，同时根据自身对教学内容的把握、多年积累的教学智慧，为学习者提供决策指导与教学指导，帮助学习者做出合适的选择。同时，定制化教学所实现的对课程、资源的整合，将为教师开展教学提供更多的可能性，因此在定制化教学设计过程中，教师起着至关重要的作用，能够充分实现教师在生成智慧、启迪人生方面的重要价值，教师对定制化教学的认同与尝试将是"互联网＋"定制化教学的有利因素，能够为定制化教学的开展提供师资力量的保障。

4. 政策保障

2015 年 7 月，国家出台的相关文件对"互联网＋"时代如何将互联网创新成果与其他领域深度融合提出了指导，提出在协同制造领域，应积极发展大规模定制，即利用互联网采集并对接用户的个性化需求，开展基于个性化产品的服务模式；同时在益民服务领域提出要探索新型教育服务供给方式，加快推动高等教育服务模式变革。"互联网＋"时代进行高校教学模式变革可以开阔眼界，不仅仅将教学模式变革放在教育领域内部考虑，完全可以借鉴其他行业领域的变革方式，创新教学模式。将生产制造行业的"定制化"策略应用于高校教学之中，利用互联网采集学习者的个性化需求与学习者个体特征，通过对信息化教学设计的关键环节进行模块化构建与整合改造，深入挖掘学习者的个体发展需求，开展基于学习者个体特征的定制化教学设计，实现高校教学模式的创新。清华大学综合改革方案、北京大学综合改革方案、上海交通大学综合改革方案分别于 2014 年 10 月 31 日、12 月 1 日、12 月 29 日获得国家教育体制改革领导小组办公室批准，并将投入实施，这标志着高校教学改革的全面展开。教学改革涉及专业改革、学科改革、课程改革、招生改革、资源配置改革等多个方面。"互联网＋"高校定制化教学以学生个体的幸福、发展、成长为教学的最终目标，将对传统教学方式进行变革。

二、"互联网＋"给高校教育带来的机遇

（一）"互联网＋"使高校教育走向开放

"互联网＋"打破了权威对知识的垄断，让教育走向开放，使得优质的教育资源不再局限于少数的名校之中，人们不分国界、老幼都可以通过网络接触到最优质的教育资源。在全球开放的时代下，正在加速形成一个全球性的知识库，通过互联网，人们可以

随时随地地从这个知识库中获取各国、各地区优质的学习资源。

根据国家建设重点院校的政策，国家的财政性教育经费很大一部分给了985、211工程的高校，剩余的经费才能分到其他院校，因此导致最优质的教育资源都集中在少数的重点高校中，而其他院校则很少能得到优质的教师和政策支持。但是通过互联网，普通高校的学生能够通过网络接触到985等重点高校的教育资源，同时通过互联网，可以跨地域、跨时间段重复地针对一个知识点进行反复地学习，加深对知识的理解，不至于在短短的45分钟或是一个小时的课堂上强行接收所有的知识点，且不担心知识点的遗漏。由此学生获取知识的效率大幅提高，也为终身学习的学习型社会的建设奠定了坚实的基础。

（二）"互联网+"改变高校教育模式，提升教育自我进化能力

互联网使得教师和学生的界限不再泾渭分明，改变了传统的"以教师为中心"的授课形式，使其转变成"以学生为中心"的形式。在"校校通、班班通、人人通"的"互联网+"时代，学生获取知识已变得非常快捷，师生间知识量的天平并不一定偏向教师，教师必须调整自身定位，让自己成为学生学习的伙伴和引导者。

要做到"以学生为中心"的教育就必须强调学生的个性化特征，中国的应试教育以考试结果作为划分学生优劣的标准，甚至更为偏激地认为成绩优秀的学生必然品德也是优良的。这种划分方式致使许多虽然偏科但具有特殊才能的学生的发展受到了阻碍，互联网中的用户思维就是指在价值链的各个环节都要以用户为中心去思考问题，根据用户的需求进行服务。在"互联网+"时代下，利用大数据分析学生的特点，准确分析学生的兴趣爱好、认知水平、接受能力等，然后在此基础上因材施教。例如美国亚利桑那州立大学，该学校是美国最大的公立大学，拥有72000名学生。学校在采取了一个在线教育服务商的"动态适配学习技术"来提高学生的数学水平，2000名学生通过使用该系统两个学期之后，该校的辍学率下降了56%，毕业率从64%上升到75%。由此可见，利用大数据对学生的特性进行分析，然后为学生提供相应的教学，能够更为有效地提升学生的学习效果。因此现在为了满足学生的需要，互联网为学生提供了多种学习模式，如体验式学习、协作式学习及混合学习等。

传统教育体系中包括教育对象和教育环境两大体系，教育对象指的是学生，而教育环境则包括了学习主体以外周围的事物，包括教师、教学内容、教学条件等。在传统的教学系统中，我们的出发点和落脚点在于考试和升学，对于人的综合素质的发展则关注得比较少，因此我国的学生总是在经过反反复复地打磨后成了一个个标准的产品，个体之间缺少差异性。但是英国著名教育理论家怀特提出，学生是有血有肉的人，教育的目的是激发和引导他们的自我发展之路。也就是说教育的核心是要充分调动人的主体意识，使其在学习、发展过程中变"被动"为"主动"，产生积极主动的心理状态，从而提高自身的认知水平和学习效率。而互联网时代则正好强调的就是主动性和创新性，通过提升学生的主动性来提升教育的能力。

首先，当"互联网+"进入现有的教育体系之后，打破了原有的教育体系的平衡，

敲开了教育原本封闭的大门，为传统的教育体系提供了新的知识信息源泉，使得原有的学生子系统能够更为快捷和方便地与外部的大系统进行知识的交互、获取信息，因此推动了自身知识的增长，从而推动教育的自我进化能力。其次，互联网的虚拟环境能够为学生创造一个拟真世界，学生能够利用互联网从三维的视角去认知、探索世界。陶行知曾经说过"劳力上劳心"，这才是创新人才的办学模式，陶行知批评说："中国的教员、学生，实在太迷信书本了。他们以为书本可以耕田、织布、治国、平天下；他们以为要想耕田、织布、治国、平天下，只要读读书就会了。"陶行知认为学习应该是实践与认知相结合的过程，而非只沉浸在书本中，在"互联网+"的时代，学生能够通过网络中的拟真世界进行相应的实践，并随时根据网络的信息更新知识，例如管理专业的学生能够通过网上进行沙盘模拟获知与企业运营相关的知识等，由此加强学生的实践操作能力。

此外，"虚拟大学"在高等教育界成了流行词，在不久的将来在我国有可能成为现实。虚拟大学是指运用虚拟技术，创办在互联网络上的、不消耗现实教育资源和能量的，并且有现实大学特征和功能的一个办学实体。借助于"互联网+"，虚拟大学的教学硬件是虚拟的、教学过程是网络的、教材是多媒体的、教学管理是遥控的、学生成才是个性化的。虚拟大学突破了传统实体大学的高等教育模式，创办于1976年的美国凤凰城大学（University of Phoenix）就是一所非常典型的虚拟大学。该大学提供在线学院、系、班级、课程、项目、学分与学位，无疑是"互联网+"让高等教育模式多元化的一个典型代表。

目前，国家开放大学的办学模式已经具备虚拟大学的显著特征，国家开放大学信息部也已经研发出了多终端融合的虚拟仿真实验室，广东深圳现在也已建有"深圳虚拟大学园"。我国高校已经受到"互联网+"的强烈冲击，特别是慕课让许多大学的实体课程教学面临学生逃课增加的窘境，这些情况将在"互联网+教育"不断深化发展的未来进一步加剧。而"有破就有立"，虚拟学校这种新的教育模式已现雏形便是明证。所以，"互联网+"是一把双刃剑，兼具破坏性和建设性。它将使我国教育模式更为多元，除了不再只有实体学校，各类虚拟学校将大量涌现。

随着"互联网+"时代的来临，高校教育正进入一场基于信息技术更伟大的变革中。"互联网+"教育核心和本质是基于信息技术，实现教育内容的持续更新、教育模式的不断优化、学习方式的连续转变以及教育评价的日益多元化。由于高校教育不仅是利用互联网和相关信息技术进行教学方式的创新的途径，还是如何有效利用互联网和相关信息技术提供的平台和空间，由此也引发了我们对高校教育本质的再思考。"互联网+"打破了权威对知识的垄断，让教育从封闭走向开放，极大地放大了优质教育资源的作用和价值，改变了高校教育的教学模式，并加速了教育的自我进化能力。

"互联网+"也催生出相关的教育市场，教育要素自发在国际间流动，使中国高校教育面临市场化和国际化的冲击，普通高校面临严重的优质生源危机，高校教育将由此受到深远的影响。

三、"互联网 +"给高校教育带来的挑战

（一）"互联网 +"使普通高校面临缺乏优质生源的挑战

互联网可以将最优质的课程以一种近乎免费的方式提供给广大的学生，例如，2010年在海地地震之后成立的"人民大学"，这所学校就是互联网教学的雏形。在这里，学生能够免费或是缴纳少部分的学费进行学习获得学分。按此模式发展，如果互联网教育发展到一定的程度，并且能够提供受到社会认可的证书，那么相当一部分学子在没能进入所谓的重点院校之后，也不会退而求其次进入一所普通院校，甚至是学习自己不喜欢的专业。他们可以通过互联网来学习大学应该学到的知识，并得到社会的认可。这样一来，首先，我国很多二、三本院校以及高职等专科院校的师资资源本就比不上重点院校的师资资源丰富，而在"互联网 +"教育的时代，又不能与网络上提供的教学资源相比。其次，学校为了维持其基本的运转和基础设施的建设，就必须向学生收取超过互联网网络学校的费用，这样在成本上又无法与之相抗衡。最后，在互联网教育不够发达的时代，高校学生之所以选择一所普通高校就读，甚至在分数不够的情况下选择一个自己并不喜欢的专业就读，很大一方面的原因是为了获得学位，受到社会上的认可。但是当互联网教育也能够提供一样的学位认可，而且学生能够自主进行专业的选择，那么高校就会受到互联网教育的强烈冲击。这样一来，高校无法招收到数量充足的学生，运营资金短缺，也无力去获取更好的教师资源，这样地恶性循环下去，普通高校势必将面临严重的生源危机。

（二）"互联网 +"使大学生受到学习碎片化的影响

华东师范大学终身教授和教育技术学博士生导师、华东师范大学网络教育学院院长、教育信息化系统工程研究中心主任祝智庭认为，学习碎片化起始于信息碎片化，进而带来知识碎片化、时间碎片化、空间碎片化、媒体碎片化、关系碎片化等，即学习者可以利用乘坐公交车、课间休息、睡前十分钟等零碎的时间，通过网络获取一些零碎的知识进行学习。碎片化学习资源具有短小精悍、结构松散，传播迅速、生命周期短，去中心化、多元化、娱乐化以及多方式表达、多平台呈现的特点，而也正是因为这些特点导致学生在网络学习中产生障碍。

首先，碎片化知识短小精悍、结构松散，促进了学生认知方式的转变，对新知识的呈现形态提出新的要求，学生适应了简短的信息阅读方式，可能会对较长的信息和图书阅读产生不适感。长期以来，我们受到的大学教育都是要求学生能够对知识进行系统的加工建构，如果做不到，那么学生就会产生认知的障碍，甚至以偏概全。

其次，碎片化知识传播迅速、生命周期短，对学生的记忆能力提出要求。一直以来，高校学生都习惯了纸质书籍这种连续的、线性的知识获取方式，信息的相互联系具有一体性，这样便于学生对于知识进行整体记忆。但是碎片化知识以短时间记忆为主，学生日后进行信息的提取时可能会产生虚构和错构，导致信息失真。

最后，碎片化信息去中心化、多元化和娱乐化等特点，导致学生的思维不能集中，

产生思维跳跃。知识碎片的多元化导致学生正在思考的内容很容易被环境中时刻变化的新信息吸引，尤其是娱乐信息吸引，无法围绕一个主题进行深入思考。同时，由于大量碎片化知识和信息唾手可得，而其中大量的信息内容空虚、缺乏价值甚至是毫无价值，学生对于这类信息却不加思考全盘接受，导致思维活动空洞，毫无深度可言。正是因为互联网下的教育与各行各业的知识在不断融合，知识迅速更新拓展，知识的复杂度加强，信息以指数级增长，且呈现出碎片化的形式，可用的资源虽丰富却也鱼龙混杂。而在传统的学习模式下，学生对于知识实行的是全盘接受，不需考虑其他，但是在"互联网+"时代，却需要学生对所接收到的知识信息重新进行加工处理，而这对于学习、信息加工处理能力不足的学生来说是一个巨大的挑战。

（三）"互联网+"使大学生受到心理健康和人际关系的双重冲击

互联网由于其信息的易得性和娱乐性，目前已经成为人们主要的信息获取和沟通的来源，但是我国对于互联网管理的法制法规尚不健全，管理也比较被动，导致互联网上的信息以及教育视频良莠不齐。另外，由于技术不平衡的原因，国外发达国家较早从事互联网的教育工作，现在网络上比较有名的几个互联网教育机构或是雏形都是国外的产品。这样一来，我国学生尤其是高校学生在接受了一些比较前沿的科学知识的同时也接受了国外文化的影响，甚至是不好的文化影响。

虚拟性是互联网的另一个重要特点。在互联网中一切的事物都是虚拟的，然而正是这一特性，使我们的学生具有了虚拟世界的身份，现实中的人际关系就变得冷漠起来。传统的教学使学生在集体环境中生活，参与到了多样化的集体活动，在与同学的交往过程中，无形地培养了他们的群体意识、集体主义观念和团结协作的精神。而网络环境是一个相对自闭的环境，纯粹的网络学习是通过一套网络设备完成相互交流，人与人之间直接交往的机会急剧的减少，教师与学生之间的情感不能直接相互感受，教师与学生之间仅仅是通过网络论坛、电子邮件等网络工具进行交流，人与人之间建立的关系是一种虚拟的人际关系，一种不现实的关系。这种虚拟的关系，使得学生的群体意识淡薄，不利于健康个性及人格的发展，也不利于人与人之间的协作共事、共同生活。例如，慕课虽然极大地便利了人们接受世界著名大学的许多优质课程和教学，但却没有传统实体大学里师生面对面地接触和交流，即便技术（包括在线即时视频技术）不断更新换代，也无法产生与在现实同一时空中同样的效果。

四、"互联网+"高校教育改革发展趋势与路径

高校教育现代化是其发展的必然方向。在这一发展中，互联网的作用不容小觑，但也离不开政府这一推动力。在2019年2月中共中央、国务院印发的《中国教育现代化2035》中提出了推动教育现代化的八大基本理念：更加注重以德为先，更加注重全面发展，更加注重面向人，更加注重终身学习，更加注重因材施教，更加注重知行合一，更加注重融合发展，更加注重共建共享。从这不难看出"互联网+"高校教育改革发展的

趋势和路径。

（一）"互联网＋"高校教育发展趋势

1. 高等教育的开放程度更大

互联网的运用使得高等教育不再局限于某种单一教学方式，而是打破传统高校独立运行的机制，通过资源共享、交互性强、多重任务等特点的网络技术进行教学，使得信息技术与高等教育深度融合，重塑了教育教学的形态，促进高等教育的特点呈正相关性增长。比如，目前正在使用的"翻转课堂""微课""慕课"等线上教育工具，改善了教育教学环境，打破了现实中的物理封闭空间，开放了虚拟的网络空间，为高等教育教学提供了更多发展空间，促使学生在学习内容和学习方式上也相应拥有了更多的选择权。同时，从官方的制度改革上也可以看到高等教育的逐步开放化。相关文件指出：学生根据学校有关规定，可以申请辅修校内其他专业或者选修其他专业课程；也可以申请跨校辅修专业或者修读课程，参加学校认可的开放式网络课程学习。学生修读的课程成绩（学分），经学校审核同意后，予以承认；还规定学生因退学等情况中止学业，其在校学习期间所修课程及已获得学分，应当予以记录；学生重新参加入学考试、符合录取条件，再次入学的，其已获得学分，经录取学校认定，可以予以承认，具体办法由学校规定。显而易见，互联网背景下的高等教育，已然将学生真正作为教育的主体，愈加的开放与包容。

2. 高等教育知识传授的物理空间将逐渐弱化

未来学生将有可能自由选择、订制上大学的时间、地点和模式。在哪学、怎么学已经变得不再重要。以互联网为代表的信息技术日新月异，在这个知识大爆发的时代，各行各业都在寻求新的突破与契机，"互联网＋"成为行业新常态，旨在通过与互联网的有机结合，带动行业发展，教育行业也不例外。学生接受知识的渠道不再只是书本和课堂，互联网尤其是移动互联网技术的发展将为学生的选择提供更加多样化和定制化的服务。传统课堂的理论讲授功能将逐渐被弱化，"慕课""微课"等互联网教育模式将在一定程度上代替部分基础理论课程。同时通过互联网的便捷性，学生拥有为自己量身定制的教学方案和课程计划，实现一人计划、一人一方案的先进性教育理念。

现在已有高校在新生入学之初，通过对学生进行职业生涯规划测试等方式，使学生尽快明确自己将来的职业发展目标，并将学生分为就业、创业、升学三类进行培养。对于目标不同的学生，针对性地进行课程设置，开展第二课堂活动和社会实践活动。但由于受传统课堂师资、场地、时间的各种限定因素，目前还无法很好地实现分类培养的效果。"互联网＋"的课程模式使得分类别、多层次、理论与实践并重的慕课、微课等授课方式大受好评。有了互联网这一媒介，处处皆课堂，学生能够随时随地，在自己喜欢的时间，喜欢的地点通过互联网和老师沟通，并学习知识。未来的互联网教育模式使大学不再是一个仅仅提供文凭背书的认证机构，而是使大学逐渐发展为一个学生自己当家作主，自己定制自己的培养计划，自己决定如何学习、如何实践的训练营，学校将成为能让学生"能力附体"的训练营，实现"混搭 + 定制""线上知识学习 + 校园实操体验"的新型高等教育模式。

3. 高等教育的管理职能弱化，育人和服务功能凸显

传统高等教育重管理、轻服务，无论学生的特点是什么，人生规划是什么，但课程是一样的，思想教育的内容是一样的。党的十八大以来，建设"一流大学"和"一流学科"成为现代高等教育的新目标，这也要求高等教育改革必须遵循人才培养的无定性规律。互联网与高等教育的深度融合将催生出新的学校、教师、学生关系。学校需要在转变传统办学观念的基础上，积极探索构建开放式、共享式的人才培养模式，这是一项长期性与阶段性、单一性与复杂性并存的工程。学校应根据学生的不同需求，为学生提供"菜单式"的针对性服务，自主选择课堂、选择时间、选择教师。教师也可以根据学生的要求，选择授课内容、授课时间与地点，在注重理论讲授的同时，更注重联系实际，指导学生参加社会实践，将理论知识转化为生产实践。当然，在做任何工作、讲授任何课程的时候，都要围绕立德树人这一根本任务，都要坚持因事而化、因时而进、因势而新的原则，做好学生的思想引领，同时注重一切围绕学生，以学生为本，从管理育人为主向服务育人转变，为学生发展做好身与心的保驾护航。

（二）"互联网 +"高校教育改革的路径

1. 构建素质教育为中心的人文教育新体系

互联网的关注点是人与人的链接，教育的关注点是人的发展。链接可以自由选择，发展则是内心的力量。链接越快越好，发展却需要放慢脚步，等待成长。所以，教育的本质是让受教育者提高能力、完善人格，并最终获得爱和幸福。教育的终极目标是培养全面发展的人，以及合格的中国公民。随着互联网的全方位覆盖，网络化的课程教学开始异军突起，但这绝不是完整的教育，就像充斥着网络的资讯不能等同于知识一样，校园文化和校风、学风润物无声的教育是网络课程教育所不能传达的。传统学校中的师生情感具有互联网教育无法替代的价值，除了传授知识，学生和教师间可以学习互动、生活关怀、指点成长等，师生间、学生间在相互影响中追求着人生的真善美，这些对学生的心智发展都是非常重要的。

在信息超载和知识碎片化的互联网背景下，信息不等同于知识，碎片化的知识不等同于系统的知识，而复杂的任务和挑战需要系统的知识作为基础。因此，只有组装信息和碎片化的知识才能有价值和作用，高校正是承担组装使命的机构。因此，不用担心网络教育会完全代替传统高等教育，高等教育要成为以学生为中心、充分挖掘每位学生的潜能、激发其创造力、构建基于素质教育的个性化学习平台，实现学生的全面发展，为社会主义现代化建设培养高素质人才。

2. 构筑教育资源共享的教学共同体

相关文件提出："要以学生为主体、以教师为主导，充分发挥学生的主动性，把促进学生健康成长作为学校一切工作的出发点和落脚点。关心每个学生，促进每个学生主

动地、生动活泼地发展，尊重教育规律和学生身心发展规律，为每个学生提供适合的教育。"教的本质是自我教育，学的本质是自我学习，在人们学习过程碎片化的互联网背景下，其实教与学是一种"榕树现象"。自然界中的榕树可以自己汲取根部的营养，同时枝条也可以扎根生长，这就好比老师的教和学生学习的内化。获取知识渠道的多样化，使得传统的教与学已经远远不能满足和适应当前的教育改革，"一支粉笔是老师，一张凳子是学生"的时代逐渐远离我们，教师的角色定位正在发生转变，课堂是教师设计学习的过程，而非仅仅传递内容，教师这职业的内涵正在变得更加多元和富有价值。这种新型的教学共同体打破了时空界限，扩展了教育载体，重建了师生关系，同时，也对教师重铸教学能力提出了更高的要求。教师能力的提升和必要的培训是重要的方面。作为互联网背景下教学的实施者，其职业素养至关重要。教师首先要树立"为未知而教，为未来而学"的基于教师和学生共同成长的教学理念和思想，明白在互联网背景下，学校和教师成了学习过程中的可选项而不是必选项，教师要充分发挥其在学生成长进步中的"导师"作用，着眼于未来，努力培养学生对多变世界的好奇心和责任感，启迪学生智慧，增强学生自主创新能力，引导学生自觉、自主、自愿地学习，让学生不再是课堂的沉默者，引导学生成为课堂问题的制造者和回答者。教师要树立互联网思维，学会资源整合、学会设计过程、学会设计内容，一本教材讲几年的现象将越来越少，超越基础技能、超越传统学科、超越彼此割裂的各学科、超越区域性观念、超越对学术内容的掌握、超越既定内容的课程组织能力对教师提出了更高的要求，教师必须在与学生共同成长的过程中完成教学任务，完成互联网所不能给予的思维和创新训练。

3. 拓展开放、共享的优质教育资源

互联网开放与共享的特点，一直被认为是互联网发展的原动力，也是最核心的"互联网精神"。众多开放、共享、大规模的优质教育资源平台伴随着互联网的发展而产生，倒逼着高等教育将不同空间和时间的教育资源进行全面整合，数量众多的开放网络课程将引领今后的教育资源改革，成为高等教育教学资源新的发展趋势，成为今后学生学习的主要途径。"个人将对自己的学习和教育享有更多的自由，承担更大的责任，学习将彻底变成一件自我可以主导并完成的任务。"网络课堂共享资源，以及视频公开课、慕课，将吸引众多学生在线学习。这种一个知识点可以通过一个 5 ~ 20 分钟左右视频获得的学习方式，不仅可以强化知识点，同时可以让学生更集中精力消化所学内容。

学生更快、最大化地获取优质教育资源不仅成为可能，还可以满足自身个性化学习的需要。网络课程因其共享、优质、传播迅速，正逐渐成为传统大学课程的有益补充，更多优质教育资源的激增也将成为今后跨校协作的重要内容。

4. 创新供需匹配的管理、服务体制

互联网对大学的教学组织形式、教学管理、学生管理等都提出了挑战。学制弹性、学习时间随意等成为互联网背景下不可避免的现实，传统的集中时间、地点甚至集中食宿的大学教育现象逐渐减弱。由于对传统教育模式的不满，学生将会利用互联网开展、开放、交互、即时、生动的虚拟空间学习模式。学生成绩的记录，学籍的管理，学分在不同学校间的转换和认定等都成为不能回避的事实。因此，理念先行、技术支撑是当前

高等教育的教育教学者应该树立的基本思想。互联网时代，教育教学活动要与时俱进，不能让传统教育方式的观念依然惯性前行，要培养互联网思维，树立服务最终用户的观念。利用移动互联网整合教育教学资源，建成"以人为本、深度交融"的智慧型校园，建设随处、随时、人人可学的学习型教育环境。与此同时，做好顶层设计，设计好制度，这是真正开展和接受互联网教育的基础。

综上所述，着力构建基于信息技术的新型教育教学模式、教育服务供给方式以及教育治理新模式；促进信息技术与教育教学深度融合，重塑教育教学形态；加快建设多元协同、内容丰富、应用广泛、服务及时的高等教育云平台，打造适应学生自主学习、自主管理、自主服务所需求的智慧课堂、智慧实验室、智慧校园；大力推动互联网，大数据、人工智能、虚拟现实等现代技术在教学和管理中的应用，探索实施网络化、数字化、智能化、个性化的教育，推动形成"互联网+高等教育"新形态，以现代信息技术推动高等教育质量提升的"变轨超车"，成为目前高校现代信息化的追求目标之一。

第二节 "互联网+"背景下高校教学模式创新的重要性

一、"互联网+"背景下高校教学模式创新给高校教育带来新机遇

（一）"互联网+"背景下高校教学模式创新促进了人才培养的研究

1. 为人才培养质量的提高创造了条件

现代互联网技术的发展已经超出了我们的想象，由其带动的移动通信技术也得到了极大的关注。在这样的背景下，高校教学模式进行了不同程度的创新和改革，例如微课、慕课、翻转课堂等。在高校实施人才培养方案时，得益于"互联网+"背景下高校教学模式的创新，学生可以享受到更丰富、更优质的教学信息资源，可以不再受到时间和地点的制约；教师也可以采用大量现代信息化技术应用于教学内容、形式、手段的改革，以获得更好的教学效果，提高教学质量和人才培养质量。

2. 制订了更具优势的人才培养方案

目前，我国人才培养的主战场仍是各大高等学府。在"互联网+"背景下，高校在制订人才培养方案时，必然要满足时代对高素质创新型的复合人才的培养需求，从单一学科背景下的人才培养转变为多学科交叉融合的宽口径人才培养，并带动学科布局与专业结构优化。在"互联网+"背景下，高校创新型人才培养方案为提高学生的素质和创

新创业等综合能力，通过慕课、微课、翻转课堂等创新方式实现了突破时间、空间的教学模式。在这样的大环境中，学生可以利用有效的时间学习更多的优质课程，使辅修与双学位学习、校企合作的订单培养、现代学徒班等模式更有效地实施。

（二）"互联网+"背景下的高校教学模式创新提供了教学方式和方法改革的可行性

1. 开放教学的新途径

传统的高校教学模式是以专业和班级为教学单元组织教学活动。教师利用这种教学模式可以高效、集中地完成教学任务，高校管理部门也可以利用这种教学模式更加便捷、准确地进行教学活动的管理。"互联网+"背景下创新的高校教学模式改变了以往的形式，高等教育展开了开放、自由的新篇章。

2. 实现了教学环节的同步化

在传统的高校教学过程中，教师事前认真备课、准备教学材料，并占据了实际课堂上的大部分时间，学生则是被动地接受，经常在课后进行复习总结之后才能发现问题和疑惑。因此，教师教的环节和学生学的环节是很难同步的。在"互联网+"背景下的高校教学模式，师生之间的互动可以依赖QQ、微信、邮箱、微博等各种新兴的通信方式而随时随地实现。另外，利用创新的网络教学平台，教师可以将现实中的课堂上传到网络中。学生只要登录网页，便可以浏览到课程教学资料、教学计划、日常测试、案例库、试题集等，还可以根据个人掌握专业知识的程度来进行预习、复习，真正做到了教、学同步，从而实现了开放与包容的高等教育教学模式。特别是对于对专业课程精益求精的学生、有兴趣辅修双学位的学生和利用业余时间自学进修的上班族来说，这种"互联网+"背景下的高校教学模式是非常便利的，有效满足了终身学习的要求。

3. 使课堂教学实现了多元化发展

在"互联网+"背景下，高校课堂实现了与互联网技术、现代化信息技术、移动智能终端开发技术等先进科技的深度融合。随之而来的便是出现了微课、慕课、翻转课堂等一系列新兴的教学方式。同时，微信、微博、QQ等沟通媒介也被教师引入了教学环节，有效实现了教学资源的共建共享，也保证了学习质量的提高和形式上的便捷。这样能够充分发挥互联网优势的教学模式突破了传统教学班级的局限，强调了学生的主体地位，使课堂教学活动无限延伸到休闲时间。学生则借助移动智能电子设备，整合了碎片化时间，随时随地进行了学习。除此之外，发挥了主观能动性、具有创新精神的高校教师营造出开放、逼真、多元、丰富、有趣的课堂情境，使教学内容的导入、组织、分析和交流的全过程连贯而生动，最大限度地激发了学生的学习热情和积极性，打造出更有成效的教学模式。

（三）"互联网+"背景下的高校教学模式创新提高了学生学习的能力

在传统的高校教学模式中，学生是教学活动的客体，是被动地接受知识传递的一方，教师教什么、学生就学什么已经成为一种思维惯式。在"互联网+"背景下，依靠现代信息化技术和移动互联网的支持，学生的学习理念与行为模式彻底发生了改变。在这样的创新的高校教学模式中，学生的能动性和积极性被充分调动起来，其自主学习的能力得到强化。学生在各种网络学习平台和交流软件中可以自发寻找自己感兴趣的信息资源；可以向教师寻求学习中遇到的困惑和方法；可以与同学们交流和探讨专业问题；可以和伙伴们共同协作来完成学习任务。正因为"互联网+"背景下高校教学模式的出现，学生才能将被动学习转变为主动学习，进而大大提高学习兴趣。

（四）"互联网+"背景下的高校教学模式创新完善了教学管理和评价机制

1.创新优化了教学管理体系

传统的高校教学管理工作涉及的教学环节非常之多，但在实际的教学管理活动中多数高校难以实现以整个教学活动为基础，仅仅关于课堂教学环节，只重视教师在课堂的表现是否合格、学生出勤人数是否达到90%以上。基于教学活动的整体性，兼顾教学全过程管理特点，在"互联网+"背景下高校教学管理体系应实现开放化、全面化和科学化的管理模式，为满足学生个性的学习需求、多元化的成长需要。高校教学管理依靠大数据技术、云计算技术、移动互联网平台等，实现了学分制、跨专业、跨学校的开放教育制度，通过对教师的课程建设、教学成果和学生学习态度、成绩反馈等进行长期观察和跟踪，建立完善的教学信息数据库，开展科学的数据分析，以此促进高校的全过程教学管理。

2.创新构建更完善的评价机制

在高校教学活动中，教学评价机制是十分重要的教学环节，是促进教学良性发展、指导教师教学水平提升的有效模式。为了更加科学、民主、便利地评价学生评教系统，高校可借助"互联网+"的优势，实施网络评教、第三方评价等多种多元化、智能化、过程化的评价机制，以此协助教师改进教学方式、调整教学思路、增强师生互动。

（五）"互联网+"背景下的高校教学模式创新促进中国高等教育的发展

1.提供了促进中国高等教育更加公平的条件

在我国的高等教育阶段，由于地域限制和学校间的差异性，教学资源分布明显存在着不均匀性，也间接影响了教育的公平性。"互联网+"背景下的高校教学模式打破了时间和空间的限制，优质的教学资源可以借助互联网平台实现有效的共享分配，高校师资不足的问题也可以得到一定程度的缓解，提供了促进教育公平的条件。

2.促进了中国高等教育国际化发展

在传统的高校教学模式中，部分高校对于高等教育国际化发展的办学理念认识不到位，没有真正意识到其重要性。部分率先开展国际交流的高校，所开展的国际合作教学存在方式比较粗浅、起点较低、规模较小、合作不规范等问题。一方面，在"互联网+"

背景下，高等教育借助微课、慕课、翻转课堂等新兴的教学平台，可以借鉴国外高校优秀的教学改革经验和优质教学成果，开展本土本校的教学改革活动，在促进教学发展的同时也可以提高社会知名度和国际影响力。另一方面，国内高校积极与国外高校进行交流学习，达成教育教学联盟，推进国际化课程建设工作，实现了开放融合的教学新模式，有效促进了国家高等教育的发展。

二、"互联网+"背景下高校教学模式创新面对的挑战

"互联网+"背景下高校教学模式创新的确给我国高校的发展提供了许多机会，但在实际中，现代科学技术和互联网发展的速度明显快于高校教学改革的步伐。因此，"互联网+"在改变高等教育学习方式与教育方式的同时也带来了不小的挑战。

"互联网+"教育对传统教学观念产生了冲击。传统的高校教学模式中，以专业班级为教学单位统一实施教学活动，重视理念知识的灌输，轻视技能的操作和锻炼，所培养的人才多为标准化的规格。这样的模式不利于学生特色化、多样化、个性化的培养，也不利于教师面对时刻更新、飞速发展的信息时代的专业发展和教学水平的提升。"互联网+"背景下的高校教学模式中，教师可以结合学生的特长和个性因材施教，树立全新教学理念，大力开展信息化教学改革，采取国内外新兴的教学模式和授课方式，着重培养高素质、高技能型的创新人才，促进学生多样化、全面自由地发展。

"互联网+"教育对传统教学模式提出了挑战。传统的课堂教学中，教师按照教学大纲的要求和教学计划的设计主动讲授固有的专业知识，学生被动性地被灌输知识。教师的学术水平和教学能力是决定课程好坏的关键因素。这样的情况下，学生的学习积极性不高，学习热情缺乏，出勤率和抬头率双低。而在"互联网+"背景下，学生在移动互联网的帮助下，可以利用手机了解自己想知道的一切。教师如果不改变原有的教学模式的话，其授课的效果会更差，学生在课堂上的专注度会更低，甚至师生关系会出现严重的问题。但是，如果教师肯主动出击，利用互联网上丰富的优质课程资源，使用新兴的多媒体课件制作技术，采取微信、QQ、微博等互动性强的沟通方式，着手实施"网络课堂+实体课堂混合式教学"，全新的教学模式就可以使课堂教学变得丰富多彩，激发学生的学习热情，促进师生之间良性互动。

"互联网+"教育对教师的教学能力提出了挑战。在"互联网+"背景下的高校教学活动中，教师和学生一同迎来了挑战。对于教师来说，这样的挑战难度更大。首先，不断创新的信息技术和不断丰富的信息资源，给教师的教学工作带来了一定的难度。教师既要掌握现代化的信息技术，以丰富课堂的教学和课后的知识复习；还要不断扩充自己的知识领域，以面对学生层出不穷的问题。其次，学生利用移动电子设备随时随地可以查询自己不懂的问题，探索未知的专业领域。教师必须保证自身的教学体系更具有独特性，个人的人格魅力和学术观点更有吸引力，以便符合互联网一代年轻人的学习习惯和教学需求。最后，以教书育人为职业道德标准的教师，在"互联网+"背景下的高校教学模式中更应该以身作则，以自身的道德行为和人格魅力引导学生能够客观、正确地

面对和处理网络诱惑、不良信息等因素带来的恶劣影响。教师应该更好地发挥育人功能，加强培养学生正确的人生观、道德观和价值观，促进其身心健康发展，成为社会栋梁之材。

"互联网+"教育对学生的学生能力提出了挑战。作为"互联网+"背景下出生的青少年，从小就接触电脑、手机和互联网，顺理成章地长成了标准的"网民"。这一代青少年的性格、认知、态度、行为深受互联网的影响，其现代信息技术、计算机应用能力、互联网技术等都比较好，同时也具有个性的追求和独立的思想。但正因如此，他们的注意力、基础文化素质、学习主管能力、自我管理能力等方面比较差。一旦遇到问题，学生往往不会选择问教师或者与同学讨论，而是选择百度等搜索引擎，寻求网络信息的帮助。面对鱼龙混杂的网络信息，知识量较少的学生很难完成辨别工作，也无法深入挖掘信息价值，更难以独立进一步思考并发现新的问题，实现能力的提升。所以，在进入到高等教育层次之后，对于这样的互联网一代学生的培养工作就格外具有挑战性。

三、"互联网+"背景下高校教学模式创新的必要性阐述

就目前的情况来说，"互联网+"对高校教学模式的必要性是十分紧迫的，本节从时代发展的需求、信息载体转变的需求、教学思路优化的需求、教育模式改革创新的需求、教学内容升级的需求和新时代高校人才质量评价的需求等方面出发，阐述"互联网+"背景下高校教学模式创新的必要性。

（一）顺应了时代发展的需求

在新的时代里，像互联网技术、云计算技术、大数据应用技术、现代信息技术等创新科学技术的出现，促使了现代社会各行各业的革新，尤其是电子商务的延伸、电子工业化和网络金融科技的发展，对人们的生活模式产生了冲击性的影响。因此，面对社会及行业的快速发展，高等教育必须顺应时代的发展，开展教学改革。"互联网+"背景下高校教学模式创新势在必行。

（二）顺应了信息载体转变的需求

在现代信息技术出现并快速发展的影响下，以纸为信息主要载体的时代已经落幕了，取而代之的是电子信息储存时代。人们已经习惯性通过互联网平台搜索自己需要的信息，并直接存储在电子数据库或者电子云中。在这样的情况下，高等教育的信息传播媒介也随之发生转变，互联网学习平台也越发受到广大教育工作者和学生的欢迎。"互联网+"背景下高校教师大力改革了原有的单一的课堂教学，着重利用互联网进行教学资源的使用、教学方法的改进等。教师通过互联网学习平台，可以大力激发学生的学习热情，有益于学生针对个人的特点进行信息收集，构建个人的知识体系，突出了学生学习的主体性。

（三）顺应了教学思路优化的需求

在高等教育层次，各个高校根据自身的办学特色和重点学科的不同进行人才培养模式的制定。在不同专业的人才培养过程中，越来越多的高校意识到对学科的实践性和应用性的发展。考虑到"互联网+"背景下对于人才培养的影响，教师针对学科实践能力和应用能力的教学设计也在不断升级和优化。这方面的培养需要教师给予学生更多的技能型训练的机会，微课、慕课、翻转课堂等新兴教学模式都给予教师实现教学思路优化的可能性。因此，"互联网+"背景下的高校教学模式创新顺应了教学思路优化的需求。

（四）顺应了教育模式改革创新的需求

在"互联网+"背景下的高校教学模式中，学生不再是被动接受教师的填鸭式知识灌输，而是自己主导整个教学过程。在这个过程中，教师以一种协助学生学习的角色出现，其所发挥的作用要贯穿整个教学过程。"互联网+"背景下的高校教学模式并不需要硬件的过多投入和实际课堂的准备，而是强调了无形的教学资源和网络环境的重要性。这种情况就要求教师不断改革创新教学模式，始终抱有终身学习新的知识和技能的观点，突破定式的教学思维，大胆使用新兴的现代信息技术进行教学，促进专业学科的发展。对于实践能力要求较高的专业，"互联网+"背景下的高校教学模式更适合其专业教学改革。例如，可以根据学生学习能力、实践能力的差异性进行分类教学，并根据教学任务的不同难度进行模块化教学，以此来制定不同模块的微课。特别是对难度较大的知识点，教师可以利用微课进行详细解释、说明和演示，对实例操作进行详细解说和操作演示。相应地，学生自然能够在线下和线上自由地选择教学内容进行自学，也能在一定程度上解决传统教学模式易出现的重基础、轻实用、略难点的问题。另外，现代生活中的互联网数字平台是人们获取信息最直接的媒介。互联网的拓扑结构是网状结构，所传递的数据信息是一种离散型的动态组织。所以，以"互联网+"背景下高校教学模式为基础，教师组织的教学活动可以不再固定于某一个地点或者某一个固定的时间段，学生的学习活动也可以更加自由地、自主地选择学习时间、学习地点、学习内容，和授课教师共同实现创新的高等教育学习。

（五）顺应了教学内容升级的需求

现代信息化的发展和互联网的普及给人们带来海量的信息和便捷的沟通。世界不再广阔，也不再陌生。所以，高校教学内容也必然顺应高等教育的发展实现升级。各大高校的不同专业都要根据"互联网+"背景下人才培养的目标、社会用人需求、学生的个性化发展和毕业后的反馈进行教学内容的重新规划，开通教学内容改革的快速通道，实现以大数据信息分析为基础的灵活的、定制化的人才培养新模式。另外，"互联网+"背景下高校教学活动对现代信息技术的合理化应用，显著提升了师生之间的互动和沟通。例如，教师利用微博或者朋友圈时常发布自己对专业知识的理解或时下最新的专业理论、观点、相关文章等，关注教师的动态学生就可以随时了解经由教师筛选的本专业的前沿信息，从而实现了学以致用，提升学习效果。

（六）顺应了高校人才质量评价的需求

高等教育人才培养质量评价作为高校教学管理工作中一个重要的环节，既是高校人才培养的落脚点，也是高校教学工作的参照点。"互联网+"背景下的高校教学管理过程，充分利用了现代信息化技术和大数据分析技术，高校管理部分可以构建符合社会用人、教师教学实际和学生身心健康发展要求的完善的人才评价模式。"互联网+"背景下高校人才培养质量的评价模式，要对本校所有人才培养数据的采集存储、数据交换、清洗、整合、分析等过程达到跟踪与检测，挖掘出学生人才培养质量与各因素之间的关系并做出准确预测，才能够提高高校教学管理的水平。

科学、合理、正确的人才质量评价体系，能够促进教师借助其评价结果建立动态的、互动的、灵活的、兼容的教学课程体系，进而提升人才培养的质量和学生个体的职业生涯发展。同时科学、合理、正确的人才质量评价体系，能够促进教师借助其结果撰写贴近实际的互动性强的立体化教材，建设符合企业用人要求的实训环境，为学生自主学习和职业技术培训提供更为便捷的学习资源库。由此可见，"互联网+"背景下高校教学模式创新对时代发展、信息载体转变、教学思路优化、教育模式改革创新、教学内容升级和新时代高校人才质量评价等方面都起到了非常关键的作用，也对各大高校各个学科专业的发展起到了必不可少的指导性作用，值得更多的高等教育工作者更加深入地研究与探讨。

第三节 "互联网+"背景下高校教学模式的创新举措

一、"互联网+"背景下高校教学模式影响范围扩大

（一）"互联网+"引发了高校教学思维变革

互联网发展迅速，甚至呈现爆炸式发展，当"互联网+"与高校课堂教学相结合时，"互联网+"教育的模式将会对现代教育工作产生巨大的影响。"互联网+"教学不仅仅是教育现代化，它更是代表教育信息化进入了新时代新时期，互联网让教育拥有了新的生命力。高校教育融入"互联网+"就是利用了"互联网+"的特点和优势，给高校课堂教学灌注了新的活力，使互联网应用在高校教育的各个环节当中，发挥其优势和作用。但是，当前我国高校课堂教学在变革和发展中仍存在一些问题，所以能否从实际教学当中寻找到切实可行的解决方法十分重要。互联网推进高校教学变革应将高校教学作为突破口，以实现高校教育的发展。

当今时代，互联网技术就如同两次工业革命对人类社会产生了巨大影响，互联网必然会让传统行业获得进一步的改造，而"互联网+"则拥有创新、融合、开放、重塑结构等特点，"互联网+"将社会各个产业进行优化，提升了社会整体的生产效率和生产质量。互联网如同一张覆盖世界的大网，将整个世界连接在一起，互联网覆盖世界的同时，互联网思维也逐渐在人类认知中产生。互联网思维指的是在互联网时代中，以用户为中心，尊重知识，重视知识传播和分享的一种思维模式。互联网思维不仅仅局限在互联网的虚拟世界当中，而是将整个世界作为对象。互联网思维是当今时代人类必然要具备的思维方式，互联网思维要求人类必须重视互联网的应用和发展，这也是互联网思维进步发展的基础。

互联网思维被重视，人们也就会更加积极主动地去学习和思考这种思维模式，进而就会去利用互联网进行创造性劳动。互联网思维下推行平等和公平，要以开放的心态去思考和解决问题，重视的是以人为本，用户至上。只有用户需求被满足，"互联网+"的行为才能被实现，如果对用户不了解，不能满足用户所需，就无法实现互动，不能拥有使用对象。可以说，"互联网+"与教育的结合是教育发展的必然趋势，要实现这目的就要树立互联网思维，对教育模式、教学组织进行创新，最终建立符合信息时代需求的数字化教育生态模式。

（二）"互联网+"丰富了高校课堂教学的指导思想

"互联网+"与高校教育融合的关键在于要打破传统教育的思维框架，要将平等开放、以人为本以及自主学习等作为指导思想。"互联网+"让高校课堂实现共享开放。互联网精神以开放为首，通过互联网，高校课堂打破了时间和空间的边界，高校课堂由传统的封闭转为开放，将知识的获取途径扩大，不仅仅局限于课堂当中。

在互联网时代中，高校课堂必须适应时代的发展，扩大其影响范围，由课堂走向课外。高校教学本就具有开放性，互联网技术为高校教育实现开放提供了技术基础。通过信息技术，高校教育可以将正式学习与非正式学习有机地融合在一起，通过线上的混合模式丰富高校教育的形式和功能。网络能够互通互联，通过网络人类可获得知识共享的权利。在当今的信息时代中，人们有权享有知识，在网络的开放和共享当中，每一个人都拥有获得优质教育的机会，这有利于提升社会教育质量，也为教育公平的实现提供了更多的渠道。

网络时代各种资源日新月异，知识更迭异常快速，高校学生对知识信息的需求也日益增长。仅仅依靠课堂上教师所传授的知识显然难以满足学生的需求，所以高校不仅仅要传递知识，更要教会学生如何主动学习，掌握获取更多知识的渠道。而实现主动学习，也是"互联网+"背景下高校课堂教学变革的重要内容。

培养学生的自主学习能力需要从以下几个方面入手。

首先，要营造良好的学习环境。学生在积极健康的学习环境中学习，可以有效地提高学习效率，获得良好的学习体验，这对于学生的成长和成才至关重要。这就要求教师在教育工作当中不仅仅要注重知识的传播，还要为学生提供更多的主动学习的机会，让学生可以在学习当中获得更多的兴趣。

其次，要推行教与学并重的理念。教和学是教学活动的重要内容，两者不可分割，两者相结合才能实现教学目的。传统教学模式下，教师是课堂教学的主体，教师根据自己的节奏和习惯来完成教学任务，学生难以发挥自主性，在长期的学习过程当中必然容易丧失学习兴趣。

最后，要提升的学习力，教师要将学生的自主学习能力作为出发点。在网络时代下教师的身份必然要发生改变，学生将成为课堂的中心，教学必须以学生的学习需求和发展方向为主，将传统课堂的讲授变为学生主动学习，强化学生的课堂地位，增加学生的学习积极性。互联网时代中，终身学习是个人发展的必备素质，高校课堂教学目标不能仅仅将传授知识作为教学目标。教师教会学生如何拥有以及提升自主学习能力是另一个重要的目标。学生懂得自主学，能够分析问题，进而可以从容地解决问题，也是人才必备素质之一。

"互联网+"背景下，高校的教学模式和教学观念必然会发生改变，传统教育面临变革，不论是教学方式还是课堂体系都将发生变化。不论如何变化，高校教育的本质是不会发生变化的，培养人才、以人为本是教育的核心主题。高校教师应利用"互联网+"技术存在的优势充分发掘每一名学生的内在潜力，尊重每一名学生，开发每一名学生的价值，让他们成为最好的自己。

（三）"互联网+"背景影响了高校课堂教学变革取向

"互联网+"就像是巨大的旋风，使社会各个领域发生了剧变。高校承担着培养人才、服务社会的责任，同样受到了互联网的冲击和影响。互联网甚至影响到了高校课堂教学模式、理念等深层次的内容，可以说，高校课堂的教学模式已经向混合式教学发展，学生的学习方式也向全息学习变化。

互联网可以将世界连接在一起，同样，师生也可以跨越时间、空间进行联系。传统教学受时空限制，局限在同一时间和同一教室当中，在传统教学观念下学生安静地听讲。在互联网时代中，这种时空限制被打破，高校教育更加多元，学习者完全可以根据自己的学习需求甚至在全球范围内选择需要的学习资源。所以，首先在"互联网+"背景下，高校教师身份必然会发生转变，教师将成为引导者、协助者，还要由传统教学的单面能力转为多面能力。"互联网+"背景下教师的观念必然要发生转变，树立网络教学的开放观念是必须具备的。其次是学生的观念，在"互联网+"背景下高校教育将学生潜能的开发作为教学目标之一，教育应完善学生的人格，帮助学生开发自己的主观能动性，获得丰富知识的同时还要具备乐观向上的精神和高尚的人格。这就要求高校必须正视学生，意识到学生是鲜活的个体，鼓励学生能够表达自我、丰富自己，让自己成为复合型人才。再次就是师生关系也发生了改变。在信息时代下，教师和学生之间的交流有了更多的渠道，也变得更为平等，师生之间可以建立一种相互信任和认可的关系。最后是教育技术观念需要更新。互联网技术直接推动了教育的进步，大数据、云技术等不断兴起。教育早已摆脱课本与黑板的教学模式，教师要以更为开放的心态迎接信息时代的到来，脚踏实地学习新技术，在实际教学工作当中充分利用技术优势，打造信息时代下的高校课堂。"互联网+"背景下的高校课堂教学变革要面向未来，传统教学模式难以满足时代发展需求。所以，高校教育必须具有前瞻性，丰富高校教育内容，满足当下需求，培养符合社会需求的人才。

"互联网+"背景下教师和学生会更习惯利用互联网技术对事物进行评判，传统课堂的单一评价方式将发生改变。学生成绩和课堂出勤是传统高校教育下考察的重点，这种评价方式单一、偏见，学生往往形成一种应付考试和出勤才去学习的习惯，这种情况下教育成为一种形式。互联网时代下高校课堂教学评价将会大大丰富，通过多角度、多层次对学生进行评价，以线上和线下两个途径进行。"互联网+"背景下的高校课堂评价会根据学生的线上学习数据分析学习偏好、学习行为等，得出学生的线上学习评价结果。整体可分为课前、课中以及课后：课前评价对学生的预习情况进行评价，课中评价从出勤、互动、课堂测试等方面数据进行分析，课后评价通过作业和考试成果来进行评价。"互联网+"背景下的高校课堂线下评价注重实体课堂学生的表现，包括学生在课堂上的情绪、注意力、思维状态等。"互联网+"背景下的高校课堂评价之所以可以实现多层次、多角度的评价体系，最根本的得益于技术的支持，将信息技术应用在学生的评价当中，更为客观地反映学生的学习成果。

二、"互联网+"背景下高校教学模式的网络化发展

"互联网+"背景下，高校根据自身的实际情况进行课堂教学改革，目前有些高校仍处于摸索阶段，并没有形成完善的体系，但是整体来看，我国高校普遍已经具有了"互联网+"背景下高校课堂变革的意识，并在实践中不断推进。当前我国高校教师在教学当中纷纷尝试利用不同的教学模式进行教学，如翻转课堂、慕课等，为学生带来了不同的学习体验。可以说，当前高校已经普遍意识到"互联网+"对高等教育教学的意义，并不断推进高校网络资源环境的建设。当前我国高校积极推进信息技术与高等教学相结合，试图在传统课堂中通过信息技术注入新鲜的血液，最终实现高校课堂教学变革的结果。

高校在探索课堂教学变革方式过程中，大致出现了以下几种形式。一是利用慕课作为辅助手段，完成课堂教学任务；二是筛选优质网络教学资源，在课堂教学当中穿插网络资源来丰富教学内容；三是高校建立线上平台，通过网上授课的方式对学生进行网络选修课教学，推进高校教学的改变。从实际效果来看，慕课的应用在实际教学当中使用率较低，而后两种方式在我国高校较受师生欢迎，并已经取得一定的成果。

当前我国高校教学向线上线下结合的方向发展，这种发展模式直接打破了传统课堂教学的局限，高校课堂教学从封闭走向开放，教学资源通过多种方式实现了共享的目的。通过网络课程来补充线下课堂教学受到普遍的欢迎，有以下几点原因。首先是在网络课程当中，会有名师授课，这些名师都是各个专业的专家，对学生来说有着巨大的吸引力。其次是网络课程更加灵活，学生可以根据自己的时间来自行调整，授课过程中有问题可

以重复收看，更加方便。但是网络课程也存在一定的局限性，一些学生表示在学习过程中遇到问题时难以得到及时解答，和网上教师沟通存在困难，教师回信较慢。

另外，网络课程学习要求学生自身有较高的自制能力，部分学生表示在学习网络课程时精力容易受到其他因素的干扰。最后的问题是，部分高校的网络建设工作仍需完善，视频资源加载较慢，影响了学生的学习进度和学习积极性。当前高校普遍建设了线上云平台，通过云平台帮助教师实现线上线下结合的教学模式，这种教学模式在一些高校当中推广并取得了较好的成果。这种教学模式也受到学生的普遍欢迎，学生可以在这种教学模式下感受到合作的乐趣，获得更强的学习成就感。

当然，并不是所有教师都能够接受高校课堂教学改革。持反对意见较多的是老教师，这部分老教师更喜欢传统教学模式，不愿做出改变。另外还有部分教师自身信息技术素养不高，难以在教学当中灵活运用，所以只能拒绝。

三、"互联网+"背景下高校教学模式的创新举措

高校课堂教学是高校教育的重要模式，高校课堂应该发现学生的潜能和个性，让学生能够发挥最大的个人能力。随着"互联网+"的推进，高校的教学模式创新已经取得可喜的成绩。但是处于变革时期的高校在资源建设、课堂模式、学习方式以及教师观念方面仍存在一定的问题，还要继续加强的工作包括开启数字资源的设计，合理划分数字资源，对数字资源整合优化；利用信息技术建立混合式教学方式，营造积极向上的课堂教学氛围。

（一）整合数字教学资源

"互联网+"背景下，高校的数字资源不断丰富，让高校有很多的选择。但是当前我国高校数字教学资源存在重复和浪费的情况，这不利于高校课堂教学的发展。因此，合理利用线上资源，优化资源对于推进高校教学变革有着重要意义。

推进高校教学变革必须强化高校数字资源环境。针对这一问题，高校应该对当前数字资源进行科学规划，对数字资源进行筛选，集中建立一批具有实用性和应用性的优质教学资源。高校需要先成立数字化领导小组，领导小组发挥领导作用，对网络资源进行分析，并制定战略规划，为日后高校数字化建设提出政策指导。另外，要设立相应的高校数字资源管理制度，为以后决策规划的执行提供保障。

对于不同类型的数字资源要进行分类，进而发挥数字资源的效率和价值。在分类时，应该本着科学、合理的原则，依据教育专业划分。我国教育部对于教育资源的划分提出过要求，以素材类型、适用对象以及学科进行划分，具体来看还可以分为试卷、文献、目录等详细资源类别。另外，高校还可以根据自身需求和习惯来进行分类。通过合理的方式来划分数字资源，是符合高校资源建设的要求的。在资源管理方面应该遵循科学性，在教学过程当中融入符合时代的教学观念，充分利用资源的价值，同时建立符合高校教育发展的数字资源体系。

高校在网络资源的建设上应该充分利用国家和社会的力量，通过合作共建等途径打造具有个性的高校数字资源。

数字资源的引入不要局限，而是要打破专业学科的限制，让高校数字资源变得更为开放，最终实现资源共享的目的。对于具有个性、数量要求较少的资源，高校可以通过自建的方式来满足资源需求；而需求大、大范围应用的数字资源，高校要通过合作共建的方式来解决。总之，高校根据自身情况和对资源的需求，要统筹规划、科学建设，在适合的环境当中建设路径，对高校数字资源进行丰富。

线上教育资源要提高利用率，需要建立有效的共享激励机制，推动高校教育资源的发展，实现资源建设的目的，来补充数字资源的空白。所以，建立数字资源共享激励机制十分重要，通过设立资源激励奖项来表彰推动资源整合与优化的人员，不但给予鼓励，还要有经费支持。同时，学校也可以给予数字资源管理人员一定的支持奖励。

（二）混合教学模式

"互联网＋"的思维模式使高校课堂教学模式增加了更多的内涵，通过信息技术丰富高校课堂教学的流程。在线上线下融合教学当中，高校课堂教学实现了开放，这种混合式教学将传统教学与网络教学两者的优势融合在一起。混合式教学将成为高校教学模式实现变革的重要途径。将线上与线下教学融合，可以从课前、课中以及课后三个方面入手。

课前阶段包括了教师备课与学生预习。在这一阶段，传统教学模式下教师会根据自己的理解和认识来完成备课工作。但是在信息时代中，传统的备课方式显然难以满足高校学生的课堂教学需求，所以教师在备课阶段就要注重创新和新角度的摸索。这时，协同网络备课就发挥了作用。所谓协同网络备课是指利用协同效应，使数字资源和个体实现有机协作，最终让教学效果非线性延长，这种混合式的备课方式可以有效地展现集体备课的优势，为课堂教学增添更多的创新性，可以获得更大的教学成果。这种混合式备课方式需要教师积极参与，每一个人在完成个人备课的基础上，在合作备课的过程当中要充分地发挥自己的力量，并积极调动创造能力。

在协同备课的过程当中，通常有以下内容需要完成。首先是制作预习材料。预习材料形式多样，包括微课、多媒体资料、习题等。其次是要将准备好的预习资料通过网络发送给学生，并且要确保学生已经接受并开始预习，教师可以通过网上平台监督学生的预习情况。另外，学生在预习中发现问题时可以和教师进行线上沟通，教师根据学生的反馈对教学内容进行有针对性的改进。最后是学生预习后在平台写下自己的反思。

课中教学环节当中，通常有授课、提问以及布置作业三个步骤，传统教学中学生被动的状态在信息时代下显然是行不通的。"互联网＋"背景下，互动将成为课堂教学的重要方式，在信息技术的支持下，高校教学课堂互动可以通过网络平台进行。在教学当中，学生将以小组形式学习，在预习阶段学生总结自己存在的问题，并传达给教师，教师根据学生在预习当中遇到的问题，在教学过程中创设情景、导入授课内容，并重点讲解学生存在的问题。

师生利用信息技术、移动设备等可以进行多屏教学，教师通过平台的反馈对学生的学习状态进行了解，在课下可以通过移动设备布置学习任务、组织学生讨论，最终完成学习任务。课堂测验是课堂教学的重要组成部分，通过信息技术将练习题发送到移动设备，让学生按时完成并提交，系统自动检查，并统计评分，对班级学生的知识掌握情况进行呈现，帮助教师分析当前班级学生的学习情况。最后，教师分析学生的测验情况和学习状态，在课后有针对性地指导学生并帮助学生建立知识体系。

课后辅导是课堂教学的重要组成内容，在传统高校教学当中课后辅导难以落实，学生需要通过自学来巩固知识。但是在"互联网＋"背景下，课后辅导与课堂教学将会融合在一起，得到令人满意的教学成果。在授课后，学生通过网络与教师沟通，课堂产生的问题没有及时解决的，可以通过互联网沟通来解决。对反映较多的问题，教师可以通过录制微课的方式帮助学生解决。另外，根据学生的问题反馈，教师可以通过人工智能等辅助手段对学生的掌握情况制成图表，对学生有针对性地实施教学。

（三）重塑学习观

"互联网＋"带来了大量信息，在信息大爆炸之下，人们被海量信息包围，如今碎片化的学习方式已经成为主流。在巨大的信息库存之下，学会分拣信息、在海量信息当中获取所需信息是当代高校大学生必须具备的能力。对于这个时代的学习者来说，学习已经不是单纯接受知识的过程，而提升自身的综合能力也是重要的任务。

在碎片化学习的过程当中，学生力求在短时间内获取大量的知识，因此信息也被分解成一个个碎片。面对大量的知识碎片，学生难以在其中寻找到内在的联系。所以，高校教师在课堂的教学当中要注意知识系统性的构建，为学生建构完整科学的知识体系。在具备知识体系后，学生再进行碎片化学习，在体系的基础上通过资料的搜集和学习丰富每一个知识点。学生在这个过程当中应当学会整理信息、归纳知识的能力，并发现适合自己的学习方法，在吸纳碎片化知识的同时能够建构一个科学的知识框架结构。

碎片化学习的优势显而易见，可以充分地利用碎片时间，随时随地学习知识、丰富自我。但是碎片化学习也会存在弊端，学生在学习时往往疏于表面，对知识的掌握缺乏深度。对于学生个体来说，信息本身并不是知识，只有进入人类的认知当中，并能够为实践活动做出指导，这样的信息才能被称为知识。所以，在信息时代当中，高校学生应该培养自己深度学习的能力，不要取得一点成果就沾沾自喜，要不断勉励自己，实现自我超越。在学习或做事时，身为学生，应该对自己严加要求，心无旁骛，最大限度地将自己的精力集中在当前所做的事情上，充分调动自己的创造力和积极性。

在"互联网＋"背景下，仍然需要将这种脚踏实地的精神放在学习上，实现深度学习，弥补碎片化学习的不足，更好地适应网络时代下的高校学习环境。在教学的过程当中，学习行为的发生十分重要。学习是一个过程，学习行为的发起者有着学习的主动意识后，才能让学习这一过程顺利地进行。所以，在信息时代，学生要实现主动学习就必须转变学习态度，以主动的学习态度迎接信息时代下的学习环境。

作为高校学生，必须树立终身学习的观念。终身学习要求人们认识到，学习不是一个阶段的事情，而是一个没有终点的过程。在"互联网+"背景下，人们已经拥有了终身学习的大环境，终身学习更是成为很多行业所推崇的理念。当代高校学生承担着社会责任，是社会未来人才资源的组成部分，必然要具备终身学习的思想。终身学习思想让社会教育事业更进一步，优化了社会人力资源结构。树立终身学习的思想，才能适应社会的不断变化，在面对人生挑战时更加自信。

（四）良好的师生关系

高校教育改革之下，高校师生要意识到，构建和谐、平等、包容的师生关系，不论是对工作还是对学习，都会产生极大的积极效果。特别是教师，应该意识到，学生都是有独立思想的个体，在教学过程当中引导学生思考，与学生积极沟通，会获得更多的教学成果。信息技术可以帮助师生深入沟通，构建良好的关系。线下线上结合的方式增加师生互动。在互联网技术下，教师和学生更应该积极沟通，通过积极互动来填平师生之间的代沟。

在学生心中，教师往往处于更高的位置，所以教师应该学会主动与学生交流，通过互动对学生的需求有所了解，进而在教学过程当中实现因材施教的目的。作为学生应该更加自信，树立自己是课堂主角的观念，在课堂学习时敢于发言，要让教师对自己了解得更多。同时，学生还要意识到学习的主人公是自己，必须树立正确的学习观念，课堂学习中积极与教师互动，遇到问题向教师寻求帮助。向教师讨教的过程当中可以让教师认识自己，学生应敢于展现自己的个性，表现自己独特的想法，建立一个和谐共融的师生关系。

四、"互联网+"背景下高校辅助教学应用程序的应用

（一）常用的高校教学应用软件

以微信和 QQ 为代表的社交类软件几乎是大学生手机中必备的软件。很多高校开设了公众号或官方账号，来发送学校的消息。微信和 QQ 本身就有着强大的信息传输能力，文字、图像、视频等都可以传输，所以这也是教师与学生沟通的主要方式。很多导师带领的论文小组都是通过微信群或 QQ 群来进行沟通。近年来，各种形式、种类的公众号层出不穷，与教育相关的也不在少数，所以高校通过社交软件的公众号与学生分享资料，可以取得良好的效果。随着智能手机的发展，除常用的手机社交应用程序之外，越来越多的手机应用程序出现。微信和 QQ 虽然有着极强的便捷性和影响力，但是在教育和学习方面与专业应用程序相比还是有较大的局限性。所以，当前一些高校开发了专属的校园应用程序，通过专属应用程序为学生提供专业课程与公共课程相关的学习支持，以及相关信息资源。

校园网是智慧校园工程的重要内容，通过校园网可以为师生提供线上学习与交流的平台。校园网的优势在于其更具有专业性，可以为在校教师和学生提供专业的教学服务，教师通过网络可以将自己的教学视频与教学资源上传到校园网当中，学生通过校园网就

可以使用教师的教学资源以达到自学的目的。同时，高校自身在校园网当中会提供知网、万方等网站的账户，以及高校自己建立的数据库资源，师生可以通过网络直接获得巨大的数据信息资源。

（二）"互联网+"背景下高校辅助教学应用程序应用的有效性

通过应用程序获取信息成为当代大学生最为常见的获取信息的方式。应用程序与高校教育结合，学生就可以根据自己的需求来选择所需要的教学课程。通过移动终端应用程序获取知识，可以充分地利用碎片时间，提高学习效率。移动智能终端有着海量的教学资源，教师也可以根据学生的个人情况，为学生推荐适合学生的学习资源，甚至帮助学生制订学习计划，明确学习目标，让学生在学习的道路上拥有目标感，更有学习动力和学习效率。

传统教学方式当中，教师忙于课堂讲授，在教学当中因为时间和空间的约束，难以对学生进行个性化教学。通过智能移动终端学习，教师与学生的互动会更加方便，教师可以将自己的经验传授给学生，学生对于知识体系的掌握可以更进一步，从而提高综合素质和能力。应用程序可以实现学习管理智能化，高校移动终端和高校网络学习平台对接，高校就可以为学生提供一站式的教学管理与服务。不论是学生学籍管理、选课还是作业提交等都可以通过应用程序在移动终端完成，进而提高高校学生管理水平，同时教师的工作量也会减少。应用程序增强了高校教学的互动性，数字化的教学资源十分丰富。资源的形式包括文字、图像、视频等，教师根据学生情况来选择教学资料。教学资源来源不限，可能是网上的资源，也可能是教师自己制作的资源，逐渐形成教学资源交互，形成师生资源共享的效果。在资源共享的过程当中，教师和学生相互沟通，有效地激发了学生参与的兴趣，教师也在这个过程当中更加了解学生。

应用程序在高校教学当中的具体应用十分广泛，课前阶段，教师通过应用程序发布预习信息，学生在第一时间就可以收到，利用手机的便携性可以随时随地对课程进行预习；在授课的过程当中，通过应用程序来使用数字教学资料可以减轻教师的负担，同时学生做课堂笔记更加方便，特别是在实践类课程当中，学生可以利用智能手机拍摄教师的示范过程，便于学生自己学习和揣摩；课后阶段，通过智能手机应用程序学生可以将自己的作业发送给教师，教师检查作业也更为方便，并将需要复习的内容发送给学生。

第九章 高校教育教学的发展

第一节　高校教育教学的发展创新

寻求高等教育路径现代化

推进高等教育现代化，建设高等教育强国，必须立足于中国社会现实与实际需要，扎根于中国文化教育的土壤与血脉，吸收借鉴人类知识积累与文明成果，特别是要抓住当下中国深化改革、扩大开放、推进社会转型的良好时机，充分利用政府科教兴国、人才强国、创新富国的政策支持和资源优势，在保持高等教育规模稳步扩大、多样性与丰富性不断增强的同时，努力提升高等教育的质量与品质，认真探索适合中国社会需要和发展节奏的高等教育现代化模式。

（一）探索高等教育现代化的中国路径

在世界上人口最多的发展中国家实现高等教育现代化是宏大而独特的教育创新，也是广泛而深刻的社会变革。在这一过程中，我们既不能简单延续中国高等教育发展的已有经验，也不能完全模仿西方发达国家高等教育的发展模式，只能努力探索适合中国国情、具有中国特色的高等教育现代化之路。这是中国跻身世界知识体系前沿，形成中国高等教育思想、制度和文化高地的关键所在。

1. 坚持走中国特色和世界水平相统一的道路

到 2030 年，中国不仅要在高等教育规模、结构、质量、效益、公平等方面达到国际先进水平，还要为人类社会贡献中国人所创造的具有普遍意义的办学理念和可资借鉴的办学模式。将"中国特色"与"世界水平"融为一体，使其相互支撑与促进，是中国高等教育现代化探索进程中最具挑战性、最有价值的部分。强调"中国特色"并非指中国独有，而是以中国为案例，通过对这片土地上近百年的改革探索与创新实践的浓缩提炼，展示后发的人口大国面对全球化、知识经济及社会转型的多重压力，艰难生存、崛起并发展的历史经历，为人类命运共同体共同应对当前和未来全球重大问题的挑战，提供具有普遍意义、可资借鉴的经验。

2. 坚持走文化优势与体制优势相结合的道路

高等教育现代化的建设路径要立足中国国情，扎根中国血脉。中华民族源远流长的文化教育传统历经人类历史长河的冲刷洗礼，不仅值得，而且必须为现代中国人所珍惜和继承，这是支撑我们生存和发展的精神基因。在高等教育现代化的过程中，我们要努力挖掘和弘扬中国文化传统中具有现代生命力和普遍解释力的原创性资源，树立文化自信，使现代中国的重新崛起具备坚实的文化根基。

作为"后发型"的发展中大国，中国社会对高等教育旺盛的需求与相对匮乏的资源支持形成巨大反差。我国要缩短与发达国家的差距，高等教育现代化建设要强化目标导向性决策，就要充分发挥我国社会主义制度能够集中力量办大事的政治优势；同时积极开拓和利用市场、社会等多种资源，大胆突破制度性瓶颈和体制性障碍，使高校拥有更加自主、自律发展的条件和空间。

3. 坚持走教育发展与国家富强相结合的道路

从现代高等教育的发展规律来看，将知识生产、人才培养与服务国家战略有机联系在一起是发达国家高等教育机构生存发展并走向成功的共同特点。许多世界一流大学都通过参加国家科学工程奠定和巩固自己的学术领军地位，并形成全球影响力。中国的很多高水平大学也是在高度参与国家工业化、现代化进程，对国家知识创新体系建设做出贡献而得到政府和社会认可，并逐渐跻身世界一流大学行列的。高等教育发展的根本动力来自宏观经济社会需求与大学发展内在逻辑的有机结合，走向 2030 的中国高等教育现代化进程，必须找准高等教育和国家发展富强的结合点，在政策与实践上精准发力，走依法治教之路：一方面政府通过体制改革，简政放权，赋予高校更大的法定治理自主权；另一方面高校要加强服务国家战略需求的意愿与能力，使人才培养及学术研究的成果在国家可持续发展及现代化建设中发挥更大的作用和价值。

4. 坚持走全球视野与中国意识相结合的道路

高等教育现代化是世界性趋势，需要我们以开放的姿态走向世界，以积极的行动参与国际交流。高等教育现代化也是本土行动，需要立足国情，针对中国社会实际问题，制订本土化解决方案。

由于中国改革发展中面临的问题既有中国特定经济社会因素，也有全球化的共同背景。因此，发现并科学解释和解决这些问题必须将全球视野和本土意识相互结合，将人类社会所积累的多学科知识、多领域经验与中国独特的文化传统和实践智慧融会贯通，走出具有中国特色的现代化建设之路。

（二）促进中国高等教育的系统转型

世界规模最大的中国高等教育体系经历了从精英向大众化阶段过渡，进而进入普及化阶段的历程。高等教育在这一历程中要经历脱胎换骨的变化，使同质化、封闭式的教育体系转型为多样化、开放性、协调性的教育体系。

1. 适应普及要求，提升服务经济社会多样化需要的能力

多年来，我国庞大的高等教育系统一直存在同质性强、内部创新要素发育不足以及服务经济社会多样化需要的能力有限等问题。知识经济社会对高等教育需求的增加带来高等教育功能的拓展，传统高等教育难以为继，必须进行系统转型。

从东亚地区的经验看，学生的学习具有一定程度的"实用主义"色彩，在基础教育以升学为导向和高等教育以就业为导向的背景下，学生的学习动机与经济发展速度成正比。在经济腾飞阶段，经济快速增长能够提供较多、较好的就业岗位，大学生学习的积极性较高，因为毕业可以找到好工作；而经济发展进入平稳增长甚至停滞阶段，就业岗位减少，"好"的岗位远不能满足需要，学生的学习动机就会下降，厌学情绪上升。目前，我国经济发展已经由高速增长转变为平稳增长，需要高等教育的系统转型。系统转型是从性质单一的传统高等教育体系转向内涵丰富的第三级教育系统，突破原有大学教育与职业培训、正规高等教育与非正规高等教育、全日制高等教育与非全日制高等教育的藩篱，改变狭窄固化的人才培养理念和制度，培育新的教育机构和组织形态，形成能使不同人才脱颖而出的培养环境和机制；系统转型是高等教育系统在自身与外部环境的互动中，根据社会发展形势与要求，遵循高等教育自身发展规律，实现系统的全面发展与进步，这种转型是渐进式的自身发展演变，而非外部力量强力推进下的断裂式变化。

经历系统转型的现代化高等教育体系，应该既符合国家和社会优先发展目标，又保障人民群众享有基本教育权利；既适应经济社会发展需要，又满足学习者多样性需求；既与基础教育、职业教育相连接，又体现终身学习理念，称为综合完善的第三级教育体系。我们要从第三级教育系统的建设与完善上，统筹规划职业教育和普通教育、学校教育和终身学习、高端人才培养与大众普及教育等工作，提高教育系统的健康性，实现教育形式的多元化。

2. 促进多样发展，丰富包容性教育的学制体系内涵

高等学校多样化是高等教育现代化的必然要求。现代高等教育系统发展逐渐由同质化走向多样化、异质化。未来十几年，伴随世界一流大学和一流学科建设，普通本科院校更加突出与经济社会发展结合、应用型人才培养以及现代职业教育体系建设，我国将逐步形成以"双一流"为代表的研究型大学和以应用型高校为代表的地方性、行业型本

科院校以及以示范性高职为代表的高等职业技术学院，以此为基础建立起中国特色的高等教育分类体系。

明晰不同类型高等教育的层次结构、功能定位，突破人才培养的制度壁垒，打造一个同时注重应用性技能与学术创造性的第三级教育系统。以多样型人才培养体系取代传统教育体系。要完善我国高校合理定位的法规和政策体系，通过构建普通高等学校分类标准，完善普通高等学校设置的条例，明确各类高等教育机构的定位，加强对不同类型高校的分类指导和管理。

要破除传统的政府或单一学术视角的高校层次分类标准，形成综合政府、社会、高校、市场的多维视野，构建起类型与层次相互结合的多元高校分类框架。真正代表普及化时代高等教育的不仅仅是少数几所一流大学，而是一流多元的高等教育体系。在这一体系中，各类高校平衡发展，各展所长，办出特色，办出水平。既有世界一流的研究型大学，也有世界一流的应用型高校和高等职业技术学院。不同类型高校的学生都能受到公平、适切的教育，成长为合格人才、有用之才。

适应和促进高等教育的办学形式、学习者的学习方式、高等教育机构的存在方式的深刻变化，在包容发展中推进多样化的高等教育。逐步形成以政府主办的公立高等教育与民办高等教育、中外合作办学、企业大学等共同包容发展的高等教育系统。为学生和社会各界提供更充分、更多样、更适切的学习机会。

3. 做好制度设计，维护协调性发展布局和开放性学制体系

高等教育现代化要求高等教育有序协调发展，这种协调包括多方面多重关系的协调。基于我国地域辽阔、人口众多、发展很不平衡的现实，积极推进区域高等教育的协调发展，不仅是教育问题，而且也是经济问题和政治问题。高等教育布局既要考虑不同区域经济社会发展需要，又要尊重高等教育自身发展规律，统筹和平衡高等教育规模、质量、公平与效益间的矛盾与张力，提高高等教育的聚集程度，建设世界级、全国性和区域化的高等教育中心。

开放性学制体系首先是推进高等教育体系内部的开放合作。以灵活的学习制度和教学管理制度为纽带，搭建起开放多元、便捷畅通的高等教育"立交桥"和终身学习平台。实现高等教育真正意义上的综合化，既促进校内学科专业交叉融合，又增强高校间的开放与合作，还要推进高等教育体系面向社会的开放合作。以国民教育体系为依托，充分发挥网络教育、自学考试等系统的平台作用，建立更加开放和多样化的继续教育体制框架，以企事业单位继续教育和岗位培训为重点，推进学习型组织建设。以在职学习提高为主体，促进职前教育与继续教育相互衔接，普通教育和职业教育相互沟通、有组织教育与自主学习相互补充，实现各类教育共同发展，资源共享，推进形成全民学习、终身学习的学习型社会。同时，要关注国内与国际高等教育的开放合作，搭建国际与国内高等教育交流合作网，提高高等教育的国际化水平与能力。

（四）完善高等教育治理体系

实现高等教育现代化，需要在既往改革的基础上，不断探索适应我国国情，能够推

动现代化进程的制度、体制与机制。完善高等教育治理体系，实现高等教育治理能力现代化，依法治教，理顺高校与政府之间的关系，进一步扩大与落实高校办学自主权，完善中国特色现代大学制度建设。

1. 推进两级管理三级办学制度

明确划分中央与地方政府管理高等教育的权限，逐步完善"省级统筹"的高等教育管理制度。虽然我国确立了"统一领导，分级管理"的高等教育体制，但各种法规只对中央和地方的管理权限做了笼统的划分，许多方面缺乏明确具体的规定，导致高等教育管理往往会出现主、次的角色偏离和权限范围内、外的角色偏离等问题。应建立条块有机结合的新型高等教育管理体制，高等教育管理体制改革和布局结构调整应采取以宏观指导下的省级政府统筹为主的原则，把中央部属高校与地方高校的改革与调整有机结合起来，在管理体制的变化中实现高等教育资源的优化调整。地方在规划和实施本地区范围高校改革与调整时，要主动统筹考虑本地区范围内包括部属高校在内的所有高校，有关部门则应密切配合。

完善以省级政府为主管理高等教育的体制是国家中长期教育改革和发展规划的明确目标，也是我国具体国情的必然要求。我国作为一个发展中的大国，基本特征就是各省、自治区、直辖市之间经济社会发展很不平衡。中央政府在许多具体的高等教育管理方面难以制定并实施全国性政策。因而，在完善高等教育管理体制的改革过程中，不仅要发挥中央层面的宏观调控作用，还需要突出省级政府的区域统筹作用，做到权责一致、权力均衡、统筹和决策相统一等。

2. 进一步理顺高校与政府、社会的关系

政府与高校的关系是我国高等教育改革与发展的核心问题，政府是（公办）高校的举办者和管理者，高校是具体的办学者，也是高等教育活动的关键角色，具有核心地位。因此，高等教育管理制度改革的目标之一应是理顺政府教育管理职能，构建政府与高校的新型关系，切实扩大高校办学自主权，推动高校学术工作去行政化。政府必须转变教育管理职能，认识并尊重高校区别于其他机构尤其是行政机构的特性，改变直接行政干预的单一方式，履行政策引导、统筹规划、监督管理和公共财政投入等多方面的职责；高校则要面对政府与社会问责，自主办学，接受质量和绩效评估。

高等教育现代化是国家强盛、社会繁荣、学术发达的重要表征。我们要从实现中华民族伟大复兴的历史高度和建设人力资源强国的战略全局出发，用开放的态度、国际的视野、创新的思维、认真扎实的行动，为中国高等教育的现代化目标实现贡献力量。

第二节 "互联网 +"时代教学创新展望

自从 20 世纪中叶以来，以计算机技术创新为主要特征的社会进步引发了一场全球

化的信息革命，这场人类历史上迄今为止的第六次信息革命对人类现代生活的各个领域都产生了深远而重大的影响。信息以大量数据的形式对人类社会发展起到了巨大的推动作用。随着互联网技术覆盖面越来越广泛，人与人、人与客观世界的关系逐步趋向协同化、网络化、虚拟化、个性化和均等化。与此同时，互联网的普遍应用正在深刻地改变着教育教学形式，并不断助力教学向数字化、网络化智能化、智慧化方向发展。教育教学领域也与社会许多其他行业一样受到了"互联网+"时代的洗礼，教育理念与教学方式、方法、手段更面临着严峻的挑战和冲击，这也是广大教育工作者和一线老师无法回避的时代问题。"互联网+"时代要求教育信息化以网络技术为基础，依托云平台、大数据及物联网络技术，融合各优秀资源平台实现智慧化教学，以优化教学过程，提升教学效果。"互联网+"时代也要求教学创新常态化，借助信息技术发展的力量顺势而为，推动国内教育变革与教学创新长远发展。

人类到目前为止，从语言、文字、印刷术、电报、电话、广播、电视的普及，到今天计算机和互联网技术的应用，再到与通信技术的无缝结合，社会彻底进入了信息化时代，人工智能的飞速发展，将会取代未来各行各业蓝领的工作，甚至一部分脑力工作者也难以逃脱被取代的命运。教育家、心理学家杜威曾说："如果我们还用昨天的方式教育今天的孩子，那等于抹杀孩子的未来。"面对这种情况不禁让教育工作者开始反思我们今天高等教育的现状，思考当今高校又将需要什么样的老师来为未来而工作？思考如今高校将要培养什么样的学生以适应未来社会发展的需要？众所周知，人工智能技术出现的本质是为人类生活提供更好的服务，从本质上来说是加速人类社会的发展，而不会完全取代人类自身的存在，相反地还会给一些人提供新的工作的机会，更重要的是人工智能技术尚属于物质世界的范畴，还无法跨越到更高级的意识领域。到目前为止，人工智能也只能对已有的物质进行模仿、复制或再加工，而不能个性化地设计与创作。那么未来人类最重要的事情只有意识层面的创新和创造，而未来教育的使命便是学习适应、转变、调整和创造。未来学校或者说未来的学习也将会发生重大的变革。作为高校教育工作者或者是高校老师，我们必须认识到，不管是现在还是未来，高等教育所承担的重要使命是帮助我们的学生拥有终身受益的能力：拥有从容面对生活中所遇到的各种变化和问题的能力；拥有建立良好的自信心的能力，在学习的过程中不断地寻找自己、发现自己、发掘自己的优势和特点，从而成就个完整的自己的能力；拥有在以后生活中自主构建有意义的精神生活的能力。

一、未来中国教育重要发展趋势

飞速发展的时代给人类提出越来越高的标准，也让我们越来越接近教育的本质。教育者们，包括社会、学校以及父母，如何发挥应有的作用，帮助学生适应时代的发展与变化，是值得全人类共同深思的话题之一。教育特别是高等教育是面向未来的事业，研判未来教育的发展趋势，对于今日的教育及日后的教育发展都有着极为重要的意义。根据国家发展的总体安排和部署，考虑到社会的变化、世界教育的发展趋势和教育自身演变的规律，可以预判未来中国教育将有多项重要发展趋势。

（一）信息技术在教育教学中应用更加广泛

当今社会处于快速变化的时代浪潮之中，"互联网+"时代的到来让人类社会发展更加快速，以云计算和人工智能为标志的第四次产业革命在全世界众多领域产生了深远的影响，整个社会越来越智能化、自动化、数字化。教育领域内的影响亦是如此，第四次产业革命对教育教学产生的影响日渐凸显，以互联网、云计算、大数据、物联网、人工智能等为代表的信息技术与教学结合更为密切，在教学中应用更是愈加广泛而深入，课堂教学与学校教学管理日趋智能化、自动化和数字化。智能教学系统、智能决策支持系统、智能计算机辅助教学系统迅速发展，为老师的课堂教学信息化提供平台依托，物联网已经在课堂教学、课外学习和教育管理三个方面给教育提供了更多的技术保障。2018 年的调查数据显示，我国上线慕课已有 8000 门，选学人数突破 1.4 亿人次，慕课、混合式学习、翻转课堂等在线课堂在教学当中普遍应用极大地提高了教育效率，也取得更好的教学效果。随着信息技术的日益进步，可以预见信息技术在我国教育领域必将得到更广泛的应用，以大量数据为基础的人工智能化教育为未来大学生提供了更多发展空间，虚拟学习助手和专家系统依赖人工智能技术后台大量数据及优秀算法实现引导学生深度学习的目的。有关研究认为，基于对教育领域需求的分析，智能化的基础设施、学习过程的智能化支持、智能化的评价手段、智能化的教师辅助手段和智能化的教育管理五个方面在未来教育中将大有作为，帮助高等教育构建了当前人工智能技术在教育领域的基本应用框架，为高等教育的智能化发展提供了技术和平台保障。

（二）教育培养目标转向能力培养为主

"互联网+"时代的到来，人工智能技术的飞速发展促使人类生产方式不断变革，同时也促进人类思维方式发生重大变化，未来社会的生产方式必将会产生更重大的变革，意味着社会对人才需求的变化，进而决定了未来教育对人的培养方式。在新的时代背景下，教育理念、目标、形式和内容都发生巨大的变化，为了实现培养符合未来社会需求的人才，教育一定要作出相应的调整甚至是革命。未来社会人工智能高度发达，会产生非常多的新职业，同时也将会取代许多原有职业，根据研究，未来将有 47% 的工作可能被人工智能或机器人所取代，而我国将会有近 700 种职业的约 710 万工作岗位不复存在。当今教育所面临的重要课题就是如何顺应未来社会需求培养人才，以面对新生的职业和新的岗位。对于高等教育而言，面对未来职业的改变，教育领域必须及时调整人才培养目标。传统的高等教育主要以知识传授和理解为主，但在知识记忆和简单理解方面，人工智能在很多方面已经超越了人类，在未来靠知识记忆和简单理解为主的工作将全面被人工智能所取代，所以整个教育体系的目标必须全面地加以调整，培养学生的综合素质则是未来教育的首要任务。从老师的角度来讲，教育应该由知识记忆为主转向能力培养为主，更加注重培养人的批判性思考能力、创造能力、创新精神和创业精神，也更加注重培养人机合作的能力；从学生的角度来讲，则必须改变以往单向学习的学习方式，通过多方面锻炼和素质拓展，培养自主学习，自立能力，主动发现问题，积极解决问题的能力。可以预见中国未来的教育，人才培养目标必将加以调整，教育教学方式也必将发生翻天覆地的变化。

（三）混合式学习更加普遍

数字时代正在改变着整个世界的学习方式，混合式学习已经成为教育创新的热词，它整合了传统的课堂学习和"互联网＋"时代的在线学习，慕课、翻转课堂、微课堂等新的学习方式正在逐步走进课堂，融入学生的学习生活，在网络平台的课堂中，每个学生都可以选择最好的老师，可以走进全世界最好的大学，可以聆听全世界最好的课堂，充分实现了教育公平。混合式学习不单是面对面式的学习和在线学习两种学习模式有机结合，更是混合多种教学设备、多种教学方法、多种学习策略与评价方法、同步学习与异步学习、多种课程和学习资源等，既要发挥老师引导、启发、监控教学过程的主导作用，又要充分体现学生作为学习主体的主动性、积极性与创造性。它汲取了面对面学习和在线学习的优势，比单纯的面对面学习或者在线学习更有效，借助互联网技术使学习突破了时空的限制，学生可以根据自己的情况选择实时与非实时、同步与异步授课，同时可以促进学生在线讨论学习、协作学习，基于合作的小组学习，围绕网络开展自主学习，正式与非正式学习。混合式学习在计划制订、选择学习方法设计、评价学习效果和跟踪学习记录等方面都有突出优势，可以达到降低成本、优化学习效果的作用。在许多发达国家的教育中，混合式学习已经得到广泛应用，是未来教育的重要形态和发展趋势。我国高校互联网普及率已经达到了非常高的比例，为高校师生推动混合式学习的发展奠定了足够的物质条件，近年来中国大学慕课、中国教育在线开放资源平台、粉笔网、万门大学、爱课程等网络平台汇集了全世界优秀的课堂资源被越来越多的高校引入课堂教学，极大地促进了混合式教学的开展，有效地提高了我国学校的课堂教学效果。可以预测，未来混合式学习将成为我国教育改革发展的大趋势之一。

（四）学生的培养将更加个性化

个性化培养是指学校根据每个学生特点而采取有针对性的人才培养模式，是与工业时代学校统一化、标准化和规模化的学生培养模式相对应的一种培养方式。面对席卷而来的人工智能浪潮，"互联网＋"时代的教育认为，人工智能对教育的影响由革新逐渐走向革命，然而它并不能取代学校教育。人工智能不是信息化的延续，它有助于拓展人类的思维，也必将重塑未来教育的样态。对未来社会的大学生而言，未来的学习在哪儿学？跟谁学？怎么学？大学校园原有的学习概念和结构可能都会被完全颠覆。大学的教育如何调整以培养适应新时代要求的人才？未来社会对人才的各个方面都提出了新的需求，未来社会对大学生的学习目标、学习内容、能力层级甚至心智模式都有完全不同的标准，这也就意味着未来的高等教育要着重强调学生的高阶认知能力和高阶思维能力的培养，老师更要注重教原理、教方法，让学生有大观点，能统筹看问题，在实际的课堂教学中，老师要从概念性知识、方法性知识和价值性知识入手，既要培养学生的信息加工、综合分析、逻辑等高阶思维，还要增加和突出学生计算思维、设计思维和交互思维能力。同时我们更可以看到人工智能对教育有改良和促进作用，帮助老师从繁重的机械重复工作中解放出来，去做更有价值的工作；帮助学生把个性化学习变成可能，为学生个性化学习提供技术上的和经济上的保障。助学平台通过大数据分析学生的学习倾向、学习动机、学习风格和学习爱好等，实现辅助学习精准化，推送学习资源个性化，完成学习目标自助化，还可以根据每个学生的智力程度和思维习惯以及学习方式进行教学，实现真正的个性化学习和因材施教，顺应人才成长的规律，呈现自古以来的教育理想境界。可以预测，在未来我国学生量体裁衣式的个性化培养将越来越普遍，这必将成为我国教育未来发展的大趋势之一。

（五）学习更以学生为中心

在工业社会所形成的传统教学模式中，"以教师为中心、以教材为中心、以课堂为中心"的"三中心论"教学思想处于主导地位。老师是教学活动的组织者、指导者和控制者，整个教学活动以老师为中心，更注重从老师的角度来研究教学，关心的是如何设计教学，如何导入、过渡以及总结等以老师为本的过程，忽视了作为受教育者的学生，学生在课堂学习中只能处于被动地位，被动地接受教学安排和知识内容，学生作为个体的特征和差异并没有被充分关注到。而随着信息技术与教学应用的结合，学生的学习模式发生巨变，正在越来越以学生为中心。未来社会的发展需要掌握高阶知识和能力的人、需要具备终身学习能力的人，这需要学校培养学生积极学习的能力和自主学习愿望。老师作为学生学习的引导者和支持者，在整个教学过程中为学生提供必要的辅助，为学生构建一个积极主动学习的环境，通过案例项目、研究实习、团队合作甚至是社会调研等活动开展研究性学习、协作式学习，这种情况下课堂只是学习的一部分，是有老师引导的学习，大量的学习可能发生在课堂之外，而互联网的飞跃式发展更为这种学习提供了可能。互联网的教育资源已经极大丰富，未来还将更丰富，使得学生获得知识及能力、素养的提升途径无疑会更多元化，这为学生主动学习提供了必要的条件。未来人工智能技术能为学生的主动学习提供更大的可能。社会发展、信息技术在教育领域的广泛应用和学校教学模式的转变都要求学习更以学生为中心，要求学生更加积极主动地学习，这必将成为未来中国教育发展的大趋势之一。

（六）老师的角色和作用将发生变化

一直以来，中国都有尊师重道的传统，老师被置于较高的位置，特别是大学老师，他们拥有高级知识，是知识的传授者。在大学的课堂上老师更多的是启发思维、启迪智慧，但随着信息社会的进一步发展，大学老师的角色和作用正在发生着重大变化。随着信息技术特别是人工智能的广泛应用，混合式学习日渐普及，学习更加以学生为中心，学生个性化学习的需求越来越明显，而"互联网＋"时代则有众多的学习平台和丰富的学习资源让学生获取知识和信息，学生可以根据自己的情况在网络上寻找需要的学习资源，未来的学习也是随时随地都可以发生的，大学老师不再是高级知识的唯一传播者，同时也可能是学习的辅助者和共同学习者，还可能是学习的引导者和规划者。老师角色的分工会更加细化，发挥的作用也截然不同。一部分善于讲授的老师，讲课能力强、授课水平高、熟练驾驭语言、风趣幽默，学生对他所讲授的内容感兴趣，这部分老师仍然担当授课教师的角色，当然，除了与学生面对面授课外，将讲课视频通过网络广泛传播，以满足学生个性化学习的需要。未来社会学习的主流方式将是个性化学习，一部分老师愿意承担在线辅导的工作，这部分老师专业知识过硬、有耐心、讲方法，成为学生在线学习的辅助者，可以为在线学习提供实时帮助，让学生的课外学习顺利而有效地进行。一部分老师将不再直接传授知识，变成学生学习的规划者和引导者，这部分老师能更了解大学生的学习需要，针对不同学生的不同学习需求制定不同的学习规划，并且对学生的学习进行有效引导，为学生订制个性化学习方案。教师角色和作用发生的变化已经在教育领域得到体现，在可以预见的未来，我国大部分教师的角色和作用将不可避免地分化和迁移。

（七）终身学习将成为人们的生活方式

终身学习是一种学习理念，是指人类为适应社会的不断进步和实现个体顺利发展持续学习的过程，它将贯穿人的一生。随着人类社会迈入知识型社会，知识信息更新频率越来越快，社会对人们知识和能力的要求日益提高，"互联网＋"环境下的社会发展要求人们不断学习、不断更新知识、不断发展自身的能力，以满足未来社会不同职业、岗位的要求和科技进步的需要，因此在学校完成的学习内容已经无法适应社会飞速发展的需要，这就要求人们必须进行终身学习。教育的终身化意味着时时学习、普遍学习、多样化学习，信息技术、大数据技术、人工智能快速发展也为人们终身学习提供了资源、保障和现实条件。信息技术与终身学习深度融合呈现出双向互动新趋势，也在推动继续教育、终身学习转型升级，未来社会将为人们构建终身学习的"生态圈"，更好更快地提高教育质量，促进教学公平。未来社会也将打造基于"互联网＋"环境的终身学习的社会氛围，不断强化持续性学习和个性学习的理念，并凝练积极学习、主动参与的终身学习文化，更需要采取建构智慧型学习家庭等多种方法来促进学习方式的创新，也更关注远程教育在消除知识鸿沟、为每个人提供终身学习机遇等方面的巨大潜力与价值，以逐步达成国际通行的终身学习标准与愿景。终身学习也要求当今学校教育要顺应时代发展，尽快转变教育的方式方法，深度利用网络技术跨越式发展的优势。学校的人才培养目标不仅仅是单纯的知识传授，更是要培养人们的终身学习能力和主动学习的意识，学习将伴随人的一生，终身学习将成为人们的日常生活必不可少的重要部分。

二、未来教育与文化深度融合趋势

社会主义文化建设与学校教育的目标都是促进人的全面发展，文化内涵式发展是人发挥主动性、创造性的过程。"互联网＋"时代社会能够持续而稳定发展需要的不仅是掌握一定知识或技能的人，更需要兼具美德与智慧、身心健康的人。大学生正处于成长的重要阶段，是人生观、世界观、价值观形成的关键时期，面对新鲜事物有非常强烈的好奇心，而"互联网＋"时代的各种媒体充斥着大学生的课余生活，这不仅改变着他们的生活和学习方式，还加快了他们获得信息的速度，接受多元文化的影响，这虽然丰富了他们的精神世界，但问题也随之而来，大学生获得的信息中不乏消极思想，加之受到不同文化的冲击，他们"三观"也容易受到不良影响，非常不利于学生在接受高等教育阶段形成社会主义核心价值观，因此在高校课堂教学中与文化深度融合是非常必要的。在高校人才培养过程中应增强大学生文化自信的培养、增加专业思政思想的影响，以发挥文化教化的重要作用；同时将人才培养与应用型高校实际相结合，引导大学生建立文化自觉意识，奠定文化自信的坚实基础。在大学校园里面营造适合大学生身心健康成长的良好氛围，为实现大学生道德与智慧、知识与能力、素养与潜质、心理与生理的全面发展提供良好环境。

（一）高校人才培养强化大学生文化自信

当代大学生对中华优秀传统文化总体上持有认同、积极、肯定、信服的态度，有学习此类文化的意愿，但同时也存在着对传统文化的理解只停留在表层的现象，有一些大学生对基本常识还不太了解，对核心内容更是缺乏深入地学习，还有些大学生不能理性认识和分辨外来文化，甚至盲目崇拜，使得大学生传统历史文化底蕴薄弱，欠缺文化自觉和文化自信。高校担负着传授专业知识、文化技术等的教育责任，同时又是文化传承和文化创新的主要场所，因此，高校应该加强文化自信的引领，营造校园文化传播、创设课堂文化渗透氛围，培养新时代大学生自身文化教育能力。在高等教育阶段，通过潜移默化的培养影响学生，以加深大学生进对优秀传统文化的认识，提升大学生文化自觉、自省能力，形成正确的价值观。

（二）高校人才培养融入专业思政思想影响

大学生核心素养的形成离不开教育与文化的双重作用，教育肩负着为党和国家培养人才的重要任务。培养什么样的人是教育首要问题；如何将思政思想有效贯通于高水平人才培养体系是高校教育领域有待深入研究的重大课题。课程思政应该以课堂教学改革为基础，高校老师需要将思想政治教育有机融入学科教学和改革当中，这样既拓宽了思想政治教育的主渠道，发挥学科的作用，又将课程思政贯穿课程方案、课程标准、教学计划、备课授课及教学评价等教学的全过程，实现知识传授与价值引领的有效结合。特别是转型期高校老师应该基于专业思政思想的理念，重构课程教学体系，逐步形成从"思政课程"向"课程思政"转变的局面，以思想渗透的方式做好育人工作，于无声处激发学生爱国主义情怀和民族自豪感。

（三）高校人才培养与地方本科院校密切结合

高校肩负着为国家培养人才的重要任务，特别是地方本科院校培养的是适应生产、建设、管理与服务第一线需要的高等技术应用型人才。该类型人才更需具备良好自学能力、创新能力和创业能力。同时，地方应用型本科院校还需要面对高等教育质量监测评估保障"四大体系"下的专业认证，教育不只是培养复合型、应用型人才，更要传递文化的温度与温情。可以说，教育与文化的融合有坚实的理论基础和现实必然性。特别是理科的大学生更需要人文素养的浸润、工程文化的摄入，以提升审美层次、艺术设计等能力。高校要树立创新型教育理念、基于专业认证背景下解读人才培养模式、重新构建文化融入的课堂教学、搭建以提升人文素养为导向、加强实践能力培养为目标的教学平台，建立长效机制，创新人才培养模式，提升人才培养规格，使地方本科院校有长足地发展。

高等教育首先要着眼于学生的未来。高校培养的人才应该具有德行高尚、品位高雅、信心笃定、阳光健康的优良品格，具备立足社会、持续发展的能力。由此而知，学生的能力不仅仅意味着知识的掌握和技能的获得，它涉及相互关联的系统，是更高层级的特征，包括高深专业知识和技能、兼具人文情怀、可持续发展能力以及对国家和民族的关心和热爱之情等等。高等专业教育与文化更加深入地融合将是未来教育发展的必然趋势，培养大学生文化自觉，形成文化自信；发挥思想政治教育的引领作用；将人才培养与地方本科院校的校情与发展密切结合将更有助于高规格人才的培养。高校作为社会主义核心价值观教育的主阵地，需要多措并举、不断推动教育改革和创新，让教育的影响、文化的传播更具效率与意义，也更受学生欢迎。

三、未来教育可持续行动展望

2015 年 11 月联合国教科文组织通过的有关文件明确了教育在实现可持续发展目标中的重要作用，并为教育研究者的研究工作提供指导。教育是阻断贫困代际传递的重要途径，能够有效促进不良观念的转变，而且是实现和平、平等国际环境的强有力的工具，有助于缩小国家内部及国家之间的差距，但教育并不是万能的，教育必须与其他社会子系统协同共进才能发挥作用。为此，中国面向 2030 可持续发展教育提出了如下策略：

（一）制定可持续发展教育规划

可持续发展是一种新的发展观，它着眼于人类的长远发展。教育为人类的进步和社会发展培养各个领域的杰出人才，直接或间接地为全球的可持续发展发挥重要作用。为了满足社会可持续发展所面临的巨大挑战，教育自身需要进行深刻的反思与变革。教育大事，关系国计民生，十年树木，百年树人，教育的可持续发展是由教育自身的特点决定的，只有制定了长远的规划，才能保证教育与社会其他行业协调发展，促进教育内部各项指标的稳定增长。同时发展规划也起着良好的导向作用，引导国家各级各类教育朝向正确的方向迈进，避免走错路、走弯路，减少教育活动的随意性和盲目性，保证国家的总体战略目标得以实施。在国家宏观调控层面最大限度地优化配置教育资源，以确保各项资源合理利用。教育是一项全民的、长期的事业，在遇到新问题和新情况时，需要协调社会各界的关系，更需要得到国家、社会和广大民众的有力支持，但不容回避的是教育发展规划中或多或少还存在着一些问题，比如过度重视教育发展的规模和速度，而忽视了质量和效益；只是将学校教育等正规教育纳入发展规划当中，还缺少必要的弹性。这些无疑都会阻碍教育可持续发展的进程，所以必须制定具备系统性、综合性、长远性、动态性特点的发展策略才能使可持续发展战略顺利实施。

（二）加强可持续发展教育的国际合作

国家合作顶层倡议倡导"合作共赢、共同发展"，致力于构建沿线国家全方位互联、互通的发展网络，有力地增进了沿线各个国家的人文交流、高级访学等，为可持续发展教育的国际合作搭建了一个全新的平台，推动沿线各国教育更加深度的合作，以达到共学互鉴，提升区域教育在国际影响力的目的。在加强可持续发展教育方面以教育互联互通、人才培养、共同协商为合作重点。沿线各国加强教育政策沟通，制定教育合作公约，解决互通瓶颈性问题，尽早实现学分互认、学位互授，教育领域合作交流，形成往来频繁、合作众多、交流活跃、关系密切的携手发展局面，定期举办沿线国家校长论坛，推进各学校间高层次人才多领域的深入合作，为各国专家学者及高级知识人才的学术研究提供学术交流的平台，进而推进优质教育资源共享。同时制订留学合作办学、联合培养、师资培训等计划，完善服务管理体系、整合资源，使优质教育模式在沿线各国互学互鉴，提高师资水平，推进沿线国家发展急需的各专业领域联合培养学生，建立校际或国际教育联盟。充分发挥教育援助力量，逐步加大对教育不发达地区的教育援助力度，开展教学设备、教学方案及师资培训一体化援助，通过多种渠道拓宽教育经费来源，实现教育共同发展。

（三）培养可持续发展教育的教师能力

可持续发展教育是实现社会、经济和环境可持续发展的重要前提，已经被中国政府提到越来越重要的位置。随着可持续发展教育的迅速铺开，有针对性的教师培训越发显得必要和紧迫。可持续发展教育可以贯穿老师包括职前在内的整个职业生涯，老师需要有足够的准备和知识储备才能从事可持续发展教育，因此老师需要具备关键的可持续发展的知识能力，更需要具备可持续发展的教育能力，老师需要通过一系列创新教学方法培养学生可持续发展的能力。2018年联合国教科文组织发布了公报，明确了未来社会可持续发展教育需要老师必备的能力：内驱力、学习力、研究力、反思力及创新力。老师到名师的可持续成长源自老师对教育的担当和使命，源自老师对教育的责任，源自老师发自内心不息的、向上的力量，更源自老师的自觉自悟。教育是培养人的事业，老师内心怀有对职业的敬畏感才能有源源不断的自我驱动力量。同时作为老师，学习能力、研究与反思能力是促进老师专业化发展最有效的途径，通过不断锤炼自己成为有深度的老师。老师的创新能力更是与社会发展密不可分，创新教学方法、创新教学视角，在组织教与学的过程中担当变革的推动者，关注交叉学科与跨学科的前沿观点、重要问题，能综合考虑社会经济和文化等多方面发展，是可持续发展教育对教师的基本要求。

（四）革新可持续发展教育的教学方法

未来社会是充满机遇与挑战的世界，"互联网＋教育"、人工智能环境下的教育必将是蓬勃发展的事业。教育领域正发生着深刻的变化，无处不在的学习、没有教室的学校、一张课表的教育让老师这一古老的行业改变了运行已久的轨道，未来老师除了承担"授业解惑"的角色，还要扮演学生心灵的分析师、课程重组的设计师、知识联结的策划师等角色，这既是时代赋予老师的新使命，也是未来社会对教师专业发展提出的新要求。当然，课程的呈现也不会是单一的哪个学科的哪一门课程，而是立体的，通过跨概念、跨学科、跨领域的方式，以专题形式呈现的课程体系，可以弥合学校教育长久以来分科教学对知识的硬性割裂。未来教育还会打破固定的课时安排，根据学习内容和各不同年龄段学生的特征灵活设置长短课或大小课，让学生在对话和互动中建构知识，实现知识的有效迁移和对知识的深度理解。无论"互联网＋教育"、人工智能如何发展，老师永远都是第一位的。老师是教育一线的实践者，老师的教育理念与教学方法影响着学校的教学文化和教学风向，如果老师不发生教育理念方面的根本变化，再美妙的教育变革也难以实现。2016年至今，人工智能发展逐渐写入《发展纲要》，进而上升到国家战略层面。人工智能与教育的深度整合已经越来越成为国家提升教育质量的重要技术手段。随着国家对于教育重视程度的不断提升以及人工智能技术的迅猛发展，人工智能重塑了学习体验，新型教育体系正在形成。老师应该具备危机意识和改革意识，作为大学老师更应该思考如何发展那些"无可取替""AI无而我有"的高级能力，思考什么才是真正的教育以及未来需要培养怎样的人才等问题。在教育教学着重强调学科教学的同时，我们不能仅仅片面强调学生生存技能的学习而忽视了人文精神的培养与社会文化的建设与传承，老师应该从情感态度、人文关怀等人性角度重新审视教与学的过程，如果真正解决了这些存在的问题，那么未来人工智能将整体变革传统教育，整合包括人类情感在内的各种因素，进而创造未来教育新架构。

无论教育怎样与信息技术、人工智能或其他更高精尖技结合，教学方法怎么改变，老师的工作都是机器无法取代的，老师和学生的肢体语言、面部表情、眼神交流等传达的隐藏知识和情感是人工智能和虚拟现实技术无法实现的，而且内含文化的传承也需要人与人之间面对面的交往，因此学校和老师在人类情感和精神家园的建设中有着重要的作用。对于教育来说，无论时代如何变迁，其本质从来都没有发生变化，教育的终极目标始终就是对人的培养，让每一个人都有持续发展的能力，帮助每一个人变成自己想变成的样子，让每一个人拥有幸福的生活，帮助每一个人更热爱生活、享受生活，成就美满生活！未来日近，教育要以最高昂的姿态迎接未来，人类更应该在实践层面积极构建属于自己的美好未来。

参考文献

[1] 孙连京 . 高校教学管理理论与实践 [M]. 南昌：江西高校出版社，2019.07.

[2] 阮艳花，张春艳，于朝阳 . 教育管理理念与思维创新 [M]. 汕头：汕头大学出版社，2019.09.

[3] 高连宏 . 高校创新创业教育理论与实践 [M]. 北京：现代出版社，2019.04.

[4] 李刁 . 互联网＋时代高校德育实践创新研究 [M]. 武汉：华中师范大学出版社，2019.06.

[5] 胡凌霞 . 高校教育管理理念与思维创新 [M]. 长春：吉林大学出版社，2020.08.

[6] 宋丽萍 . 新媒体环境下高校学生教育管理工作创新研究 [M]. 长春：吉林大学出版社，2020.07.

[7] 陈民 . 高校教育管理创新与实践 [M]. 长春：东北师范大学出版社，2020.03.

[8] 解方文 . 高校教育创新及其管理体系的建设 [M]. 北京：经济管理出版社，2020.10.

[9] 李喆 . 地方高校创新创业教育研究 [M]. 济南：山东人民出版社，2020.03.

[10] 宫磊 . 高校图书馆管理与服务创新研究 [M]. 长春：吉林大学出版社，2020.09.

[11] 关洪海 . 高校教育管理与创新实践研析 [M]. 北京：冶金工业出版社，2019.10.

[12] 郭晓雯 . 高校教育教学管理创新发展研究 [M]. 北京：北京工业大学出版社，2010.10.

[13] 林榕 . 大数据背景下高校教育管理信息化发展与创新研究 [M]. 长春：吉林大学出版社，2019.03.

[14] 沈金荣 . 高校创新教育与创业管理 [M]. 长春：吉林大学出版社，2019.10.

[15] 郝岩 . 我国高校教育创新管理的多元化研究 [M]. 北京：新华出版社，2019.01.

[16] 陈景桥 . 地方性应用型本科高校教育管理机制优化与体系创新研究 [M]. 北京：中国国际广播出版社，2019.12.

[17] 丁兵 . 当代高校教育管理研究 [M]. 西安：西北工业大学出版社，2019.05.

[18] 陈攀峰 . 新时代高校继续教育创新研究 [M]. 长春：吉林人民出版社，2019.12.

[19] 王爱文 . 高校创新创业教育发展动力机制研究 [M]. 广州：中山大学出版社，2019.12.

[20] 叶瑞洪，陈国荣，陈秀兵 . 地方本科院校创意创新创业教育体系构建与实践 [M]. 北京：国家行政学院出版社，2019.02.

[21] 冉启兰 . 教育管理理念与思维创新 [M]. 长春：吉林出版集团股份有限公司，

2010.01.

[22] 叶云霞.高校人力资源管理与服务研究 [M].长春：吉林大学出版社，2020.04.

[23] 王书贵.高校立德树人的理论探索与实践创新 [M].银川：宁夏人民出版社，
2020.03.

[24] 商应丽.建构高校艺术教育管理的生成之维 [M].长春：吉林大学出版社，2020.03.

[25] 索金龙，申昉.高校财务管理技术创新研究 [M].北京：北京工业大学出版社，
2020.06.

[26] 王利平.网络环境下高校思想政治教育方法研究 [M].武汉：武汉大学出版社，
2020.06.

[27] 刘思延，张潍纤，郑莹.高校教育教学管理实践与创新发展 [M].哈尔滨：哈尔滨出
版社，2021.05.

[28] 赵莉莉，赵玉莹，严婕.新形势下高校人才管理及素质教育创新研究 [M].延吉：延
边大学出版社，2021.08.

[29] 周芸.高校教育教学管理模式创新研究 [M].北京：中国财政经济出版社，2021.12.

[30] 洪剑锋，屈先蓉，杨芳.互联网时代下高校教育管理与评价创新 [M].延吉：延边大
学出版社，2022.